U0606889

10分钟读懂

孙子兵法

钱 亮◎编著

中华工商联合出版社

图书在版编目(CIP)数据

10分钟读懂孙子兵法 / 钱亮编著. —北京:中华
工商联合出版社,2014.2（2024.1重印）
ISBN 978-7-80249-897-6

Ⅰ. ①1… Ⅱ. ①钱… Ⅲ. ①兵法-中国-春秋时代
②《孙子兵法》-研究 Ⅳ. ①E892.25

中国版本图书馆CIP数据核字(2013)第319837号

10分钟读懂孙子兵法

编　　著：	钱　亮
责任编辑：	吕　莺　郑承运
装帧设计：	吴小敏
责任审读：	李　征
责任印制：	迈致红
出版发行：	中华工商联合出版社有限责任公司
印　　刷：	河北浩润印刷有限公司
版　　次：	2014年2月第1版
印　　次：	2024年1月第2次印刷
开　　本：	710mm×1000mm　1/16
字　　数：	230千字
印　　张：	16
书　　号：	ISBN 978-7-80249-897-6
定　　价：	68.00元

服务热线：010-58301130
销售热线：010-58302813
地址邮编：北京市西城区西环广场A座
　　　　　19-20层,100044
http://www.chgslcbs.cn
E-mail:cicap1202@sina.com(营销中心)
E-mail:gslzbs@sina.com(总编室)

前　言

1

上古时期,有很多兵法类著作在部族之间代代传承,由于种种原因,它们有的仅在传说中留下了蛛丝马迹,有的只在史籍中留下了只言片语。

相对而言,现存最系统、最可信的兵法著作只有《孙子兵法》。

《孙子兵法》共十三篇,约六千一百字,言简意赅,为古老而又早熟的中华文明的代表典籍。这部兵法被历代名将所珍视,哺育出了孙膑、韩信、曹操、诸葛亮等众多军事家。毫不夸张地说,"文治"离不开《论语》,"武功"不可缺少《孙子兵法》。北宋神宗时,它被列为"武经七书"之首,是皇帝钦定的武学圣典。

《孙子兵法》对战争中的重大问题均有所阐述,完全排斥了远古时期的神怪迷信之谈,因此书中的结论具有永恒的价值和相当普遍的哲学意义。历代研究者对这部兵法倾注了极大的热情,仅传世的研究著作就多达二百多部。他们根据不同时代的战争特点对这部兵法不断进行充实,并以此书为基础建构了庞大而又深厚的中国军事理论体系。

2

如今,《孙子兵法》的许多论述已经融入我们的日常生活之中,深深地影响着一代代中国人的思想和行为。而战争亦和我们个体的生存密切相关——过去,我们的祖先可能为了一颗野果、一个山洞不得不战斗;如今,我们可能为了一个职位、一个理想不得不竞争。

既然竞争和奋斗不可避免,那么,我们何不用兵家的谋略思维,全面解读现代社会的竞争与奋斗呢?

3

本书为我们简明扼要地介绍了《孙子兵法》的军事谋略在商业上的运用。从战略目标的制定，到冲突管理，再到公司内部和外部的沟通，生动展示了孙子这位伟大的战略和战术思想家的智慧在现代企业管理各项任务中的广泛应用和价值。

本书的目的就是把《孙子兵法》中的概念和思想具体化为战略原则，从而能够比较容易地理解这些概念和思想并将其运用到企业中。在本书中，这些原则是通过企业中的实例来解释说明的，所举出的事例清晰地描述了这些原则会对现实世界上的公司战略产生怎样的直接影响。

我们会发现，它们比我们现在所看的每一本新式管理理论教科书都更实用，因为它们包含着古老的智慧。本书通过事例的列举，详尽的描述使得孙子的智慧显得很简单、普通，每位读者很快就能认可。

同时，读者又会自问，这么简单的道理为什么执行起来却很难？

读者最终可能会为自己找到许多借口，但最终都会充满敬意地认识到——2500年前已经有人这样去想、去做并且取得成功！

那么，我们现在要做的无非就是学习、思考、模仿！

4

所有的员工在一定程度上都是士兵，而每一位管理人员都是将军，他需要进行战术安排，以便取得最好的结果！

从这个意义上说，企业的经营已经打上竞争的烙印，而这些竞争决定着管理人员的人生。管理人员必须经受住竞争的考验，取得竞争的胜利。

再忙，也要抽出10分钟，为你的企业制定一流的战略目标！

目 录 | Contents

　　过去,我们的祖先可能为了一颗野果、一个山洞不得不战斗;如今,我们可能为了一个职位、一个理想不得不竞争、奋斗。

　　孙子反对滥用武力,更重视认真研究战争,主张用合适的手段应对战争。这种慎战、重战的观念启发我们要居安思危,勇于面对挑战才能迎来辉煌的人生。

　　孙子说:"以治待乱,以静待哗,此治心者也。""治"指治理,"以治待乱"指把自己一方的内部治理好了以便解除纷乱。"哗"指喧哗躁动,"以静待哗"指调整到安静状态应对喧闹的外部环境。

　　人也好,企业也好,做事心静才能做好。

第三章 10分钟读懂"用众"——善于利用团队的力量　　　

　　《孙子兵法·军争篇》里指出:"勇者不得独进,怯者不得独退,此用众之法也。"在一个团队中总有勇敢者与怯弱者,如果任勇敢者目无纪律一味争先,或让懦弱者循规蹈矩一味逃避,那么这个团队就容易散掉。只有约束了这两种极端行为,团队才能团结作战。

第四章 10分钟读懂"迂回"——曲线成功,以迂为直　　　

　　《孙子兵法·势篇》指出:"声不过五,五声之变,不可胜听也。"意思是五声能变出千声万声,五行相生相克,杀着无穷,攻势亦无穷。孙子指出谋事要曲折,最忌莽撞行事。

　　《孙子兵法》揭示的"以迂为直"的做事之道完全符合科学定律,它指出:我们做事越走曲线,就越快捷,越早达到目标。

第五章　10分钟读懂"粮草"——聪明地利用资源有助于取得胜利　　/140

　　孙子曰:"凡用兵之法,驰车千驷,革车千乘,带甲十万,千里馈粮(里是中国的长度单位,一里约等于500米)。则内外之费,宾客之用,胶漆之材,车甲之奉,日费千金,然后十万之师举矣。"

　　孙子可以非常准确地知道他的花费是多少,这对于一位准备去竞争的管理人员也是一样。每一次的抢占市场、内部重组、组建新网点等诸如类似的行动,都需要代价。因此,把所作的决定与现有的或者是可以支配的资源联系起来很重要。

第六章　10分钟读懂"贵患"——大困难本身就会带来大丰收　　/174

　　孙子说:"军争之难者,以迂为直,以患为利。"前面说过,"迂"就是迂回,"以迂为直"就是用迂回的方法走最短的路线。而"以患为利"就是以困境为支点,以解决困境为出路。只有具备永远的忧患意识,企业才能追求永远的活力。

第七章　10分钟读懂"统御"——将帅的能力是胜利的决定性因素　　　/212

"将听吾计，用之必胜，留之；将不听吾计，用之必败，去之。"孙子这样说，意思是："如果听从我的计谋，任命我当统帅就一定会取得胜利，我就留下来辅佐您；如果不听从我的计谋，即使任命我当统帅也必定失败，我只有离开这里。"

将帅高超的统御能力是战争胜利的决定性因素之一。优秀的将帅犹如一位高明的船长，即使在狂风暴雨中也能像罗盘指针一样指挥船队走在正确的航道上。

第一章

10分钟读懂"战争"

——勇于面对挑战才能赢得创业辉煌

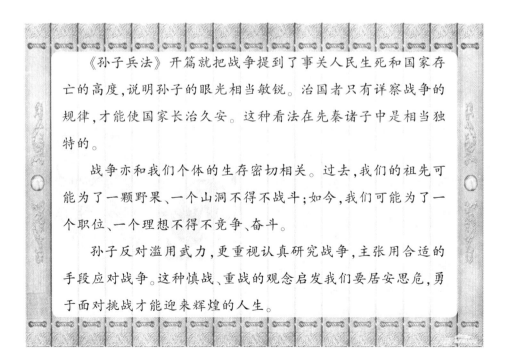

《孙子兵法》开篇就把战争提到了事关人民生死和国家存亡的高度,说明孙子的眼光相当敏锐。治国者只有详察战争的规律,才能使国家长治久安。这种看法在先秦诸子中是相当独特的。

战争亦和我们个体的生存密切相关。过去,我们的祖先可能为了一颗野果、一个山洞不得不战斗;如今,我们可能为了一个职位、一个理想不得不竞争、奋斗。

孙子反对滥用武力,更重视认真研究战争,主张用合适的手段应对战争。这种慎战、重战的观念启发我们要居安思危,勇于面对挑战才能迎来辉煌的人生。

成功的创业,离不开有序的准备

决定战争胜负的条件是哪些呢?孙子认为取决于道、天、地、将、法五个条件。先秦诸子都特别喜欢谈"道",但内涵各有侧重。以老子为代表的道家所说的"道"指万事万物运行的自然规律。以孔子为代表的儒家所说的"道"指儒家伦理道德。而孙子所说的"道"则侧重指政治因素。

天、地指气候与地理。《三国演义》中,没有诸葛亮借得的东风,周瑜火烧赤壁的计划就难以落实。拿破仑征战俄罗斯,应对当地严寒的气候准备不足,最终铩羽而归,这便是忽略了气候的恶果。

将帅们还要了解战场地势的情况,这样才能制订合理的计划来保证战争的胜利。在《九变》、《行军》、《地形》和《九地》中,孙子详细论述了作战计划要适应各种条件的变化,并以此作为胜利的首要前提条件。

孙子认为,战争的胜负既然取决于以上五个因素,那么指挥者就应当围绕这五个方面进行战争的准备工作,准备得越充分,也就越容易获胜,否则就容易失败。

从现代企业科学规划的角度来看,创业实践首先是一次科学规划的探险游戏,有规划的创业才是成功创业的前提条件。创业行动,规划先行。

创业规划虽不是万能的,但却能大大提高成功的概率。一个创业的成功者不是在所有时候和任何商机面前都能把握,而是能够把握其中的大多数。

中国最著名的创业成功者史玉柱先生,从做"脑白金"开始起家,3年多时间使销售额达到10亿元以上,之后其推出另一种保健品"黄金搭档",依然在3年内实现高额赢利。如果说上述两个属于相关产业的成功模式的复制，那么2004年进入网游产业，并在3年后在美国纽约证交所上市，成就了另一个产业的创业神话就很有说服力。如今，"黄金酒"再次撼动市场，力图打造一个高端的礼品养生保健酒品牌。

还有"携程四君子"，几乎都进入了风险投资领域，其中之一的季琦先生通过携程网的成功，继而又进入经济性酒店，如家成功上市后，再次成功地运作了汉庭酒店。

而世界上最负盛名投资人孙正义投资了包括盛大网络、阿里巴巴、新浪、网易、8848、当当网、淘宝、顺驰不动产、分众传媒等著名的企业，许多都获得了成功。

近5年来，国际风险投资机构的进入并大力度投资中国的企业，使得中国民营资本创业基金得到发展，给创业成功带来了新的机遇。从本质上说，风险投资机构虽然不能够全面介入企业的运营，但是却能够在战略和历程上进行规划和指导，甚至在后段进行帮控。由于一个风险投资机构具有多个行业众多企业的投资经验，因此其帮助企业成功的能力是非常强大的。

对于许多成功的创业者而言，结合过去的创业经验和运作方法，对新的创业项目进行运作无疑更加得心应手，并且增加创业成功的概率。草根创业者如果能够接受系统的创业实践管理教育，那么成功的概率将会大大提升，反之，创业失败的概率会增加。

一、创业要有承担风险的意识

创业最大的风险是什么？最坏的结果是什么？我是否能承受？许多人开始创业时都是只想到乐观的一方面，公司一开张，几个月内如何赢利、回收资本，但对风险的出现缺乏一定的心理准备和应对举措。一位成功的企业家曾说过：创业时要做最坏的结果打算，你能承担多大的损失、支撑多长的时间，如何应对创业瓶颈阶段等，才是最重要的。做企业，产品开发风险、市场风险、资金回笼风险、供货商的风险等时刻围绕在你的周围，必须时刻保持清醒的头脑，防患于未然。

二、经营管理能力最重要

很多人在创业的时候,手里都是至少有一两个项目才开办公司的。这个时期,创业者个人的能力非常重要,事无巨细,都要自己亲自动手,创业不是一件轻松的事情。在创业者的个人能力中,业务能力、开发客户能力、综合应变能力十分重要。创业者其实很多时候就是一个业务经理,只要能够拿到订单什么都好办。很多创业成功者,都是做业务出身。有了客户,有了订单,自然事情都变得容易了。

经营赚钱的能力是最重要的,只要有非常出色的经营能力,自然会找到投资者。

三、创业要有足够的资源

很多人在初次创业的时候,资源都是十分欠缺的。资源不足,使企业创业成功的概率降低,但要有完全充分的资源也是不可能的。在资源具备上,一般来说,要符合两种条件:一是要有进入一个行业的起码资源,另一方面是具备差异性资源。如果任何条件均不具备,创业成功的可能性就很小。

创业资源条件主要包括以下几个方面:

业务资源:赚钱的模式是什么;

客户资源:谁来购买;

技术资源:凭什么赢取客户的信赖;

经营管理资源:经营能力如何;

财务资源:是否有足够的启动资金;

行业经验资源:对该行业资讯与常识的积累;

行业准入条件:某些行业受到一些政策保护与限制,需要进入资格条件;

人力资源条件:是否有合适的专业人才。

以上资源,创业者不需要100%具备,但至少应具备其中的一些重要条件,其他条件可以通过市场化方式来获得。创业者如有足够的财务资源,其他资源的欠缺也可以弥补;如果有足够的客户资源,其他资源的欠缺也容易改变。

孙子对战争要素的论述提醒我们:在规划事业的过程中,确立目标时要多从国家、民族和道义的角度加以考虑,这样才能有远大的发展前景。实现目标的过程中,要顺应宏观政治、经济环境和各地风俗民情,这样阻力就会降到最小。此外,还要有坚强的领导核心和严密规范的制度保障,不给居心叵测的人以可乘之机。

把握机遇,懦弱和犹豫是成功的大敌

孙子主张一定要避免长期作战,除了因为战争有巨大的消耗外,还由于长期作战会影响士气,导致战斗力下降,进而给敌方可乘之机,使国家陷入不利的局面。所以诸葛亮六出祁山,即使在战斗最为艰苦的时候,也要遵守诺言,让前线士兵按时撤到后方休整。

只有速战速决才能避免节外生枝。春秋时吴国主力北上与齐、晋争霸。在长期的拉锯战中,南方的越国乘虚而入攻打吴国,等吴军主力回师时,其都城早已沦陷了。因此,高明的领导者在审时度势之后,往往能够把握机遇,迅速行动,从而使效益最大化。

记得曾有人说过:一个人的成功靠三个条件,忍耐、机遇和公共关系,尤其是机遇。

机遇就在我们每一个人的身边,我们跟它之间没有距离,或者用时髦的话说是——零距离接触;关键的是,看我们当中谁能首先看到机遇;更关键的是,看我们当中谁能够一把抓住机遇!

很多人艳羡创业成功者曾经碰到过的机遇,抱怨自己为什么就没碰到过机遇呢?因此,很多人怨天尤人,怪上帝不公,怪爹妈错生,怪"既生瑜何生亮",甚至怪自己遗传基因的密码排序可能紊乱,怪……其实,当你突然有一天发现了一个机遇的时候,你会非常震惊,原来机遇和你是旧相识。

机遇是永远存在的，就在你的身旁，只不过是你能否看到并能否抓到它。

首先，你要爱好你身边的这个商品世界。

既然是创业，当然就是参与商品世界的行为；既然是参与商品世界的行为，当然你首先要爱好这个世界。如有爱好大自然的人，也有无所谓爱好大自然的人，只有爱好大自然的人，才能切身地聆听小鸟和溪流的诉说；商品世界也是一样的，只有爱好它的人才能用心去体会它的丰富和多姿多彩。

你爱逛商场吗？你爱参观展览会吗？

如果你爱逛商场爱参观展览会的话，当你看到琳琅满目的商品时，你会有什么感想？你想过它们是商品吗？你想过它们的价值吗？你想过它们的成本吗？你想过它们的利润吗？从儿童玩具到文化用品到服装鞋帽到中西医药到农副土特产品，你更喜欢哪一类？你为什么喜欢那一类？

当你熟悉商品的价值、成本和推算出利润的时候，你就已经要看到你的机遇了。

如果你眼中的商品已经是活生生的"生物"时，你会发现它们的生命力，它们的呼吸，它们的喜怒哀乐。与爱好大自然的人钻到热带雨林中一样，你会从商品的集合中找到神奇的新品种，如植物学家在热带雨林中发现了一个新树种一样，你的机遇就摆在你的面前了。

所以说，只有热爱这个商品世界的人才能看到创业的机遇。

例如，有一天甲在逛商场的时候，看到了一架遥控直升飞机模型，因甲从小爱好航模，所以至今仍然对飞机模型充满了浓厚的兴趣。这架模型是用汽油发动机做动力，和甲小的时候所做的"线操纵"或"遥控"模型差不多，但现在甲面前的这架模型已经不单单是一架玩具，它是商品。于是甲根据自己的经验，判断它的成本是多少？加工工艺如何安排？制造注塑模具需要投资多少？原材料成本大约多少？目前的零售价是9000元，成本估计不超过1500元,厂家的利润空间大约在3000元,市场有多大? 可投资否? 机遇就是这么摆在面前的。

其次,你要具备对商品属性的感性认识和理性认识。

商品到底有什么属性? 这应该是经济学家们研究的范畴。但作为一个创业者,需要对商品的基本属性具备感性和理性的认识。

如,商品具有成本属性、价值属性、交换属性、使用属性、社会属性和生命周期的属性等;每个成本低的、价值高的、可交换的、具有实用性的、拥有社会效益的、甚至牢固的商品对于创业者来说都是一次创业的机遇。

一个创业者,只有当你具备了对商品属性的深刻了解后,你才能看到眼前的机遇。

再次,机遇非常"圆滑"。

从物理学的角度来讲,机遇的摩擦系数很小,它像鲇鱼和泥鳅,不用巧劲儿你就难抓到,抓到手里又容易滑脱跑掉。

很多创业者也会经常发现机遇,并不比后来依靠此机遇而创业成功者发现得晚,但是,他们没有"抓"住那个机遇,因为机遇非常"圆滑"。

所谓机遇的"圆滑",并非机遇的外层也包裹着黏液;而是机遇并不给人以太清晰的外观,机遇并不想明确地告诉看到它的人们,你只要"抓"住我的哪一点就可以使你发财成功,否则现在创业的成功者也不会那么少了。机遇常常会影响你的"视觉",常常让你的视力"散光",让你看不到机遇的"边际"和"轮廓",让你无从下手,它想让你去猜,看你的猜测能力有多强;机遇让你去判断,就像我们用鱼叉捕鱼,从水面上看到的鱼的位置其实并不准确,因为水的折射率与空气不同,人的眼睛经常受到大自然的欺骗;另外,机遇需要力量,需要勇猛,如你站在水田的田埂上抓蟮鱼,当火把照到它浮出水面的头时,你要用竹夹子狠狠地立即夹住它不放手。

最后,机遇可重复的次数有限。

对于我们每一个人来说,机遇都具有它的独特性:别人抓到的机遇对你可能没有用,因为它姓"别",而不姓"你"。

机遇的重复次数永远有限,有时对于全世界来说也只有一次,最多者也是有限的重复次数。他投资奶业你也投资奶业,他投资速冻食品你也投资速冻食品,但最终这个机遇被后来者冲击消失了,机遇反成了败遇。

应该说,绝妙的机遇没有重复,只有一次,或者说占先的才叫机遇。

机遇像万花筒,随着时间车轮的转动,随时变换着各种动态的花色图案。当你需要用心来体会并企图记住一个图案的时候,它就变了,它不再等待你去记忆。

很多绝佳的机遇都是发生在极短的时间段中,如你接到一个电话,对方提供你一个机会,但要求你必须在电话中立即答复对方你的决定。如果你肯定地选择了,结果只有两个,一个是成功另一个是失败;但如果你肯定地放弃了,虽然没有失败的可能,但成功也许会被你永远地、或终生不可再得地错过。

机遇的时效性对每个已经看到的创业者来讲,都是一次"生死抉择"的考验。

创业者的综合素质决定企业的未来

孙子在提及决定胜负的条件时,首先重视君主和将领的作用,也就是把领导者作为战争胜负的决定性因素。毫无疑问,没有比尔·盖茨就不会有成功的微软公司,任何伟大的军队或成功的企业都离不开卓越的领导者。

那么,什么是卓越的领导者呢?上帝造人时,并没有任何偏爱,平等地给予每个生命同样的机会,每个人都可以为自己的人生目标作出不懈的努力。可是造化弄人,这个世界总是有人出类拔萃,而有的人虽然吃了很多苦,流了很多汗,却一生平庸,这是为什么呢?因为不同的人的综合素质不同,导致了成就的差异。

对于一个人,综合素质主要包括五个方面:品德、精神、智商、情商、行为素质。

第一,优良的品德,诚信的经营意识。

机遇对于每个创业者固然重要,但机遇究竟垂青什么样的人？无疑是具有良好做人品德的人,具有高尚情操的人。对于创业者而言,品德最直接的表现就是诚信。

华人首富李嘉诚成功的核心秘诀只有两个字:诚信。正如他所说:"我绝不同意为了成功而不择手段,如果这样,即使侥幸略有所得,也必不能长久。"

李嘉诚是从生产塑胶花开始驰骋商界的。当初,李嘉诚为了与外商签一批订单,确保自己有供货的能力,需要寻找一家有实力的工厂做担保。但李嘉诚白手起家,没有背景,虽然跑了几天,磨破了嘴皮子,依然无人愿意为他作担保。无奈之下,李嘉诚只得对外商以诚相告。

而结果却让所有的人感到意外,李嘉诚的诚实感动了对方。外商对他说:"真没想到,在无商不奸,无奸不商的时代,你竟然能够以诚相待,从你的坦白之言中可以看出,你是一位诚实的君子。"于是,外商决定,即使没有一个愿意为李嘉诚作担保的工厂,他也要与这位具有诚信的人合作。他对李嘉诚说:"我深信诚信不仅是你的做人之道,更是你的经营之本,你是一位令人尊敬的可信赖之人。为此,我愿预付货款,以便为你扩大生产提供资金。"

诚信是一个创业者最大的资产,这个资产可以给创业者带来信任和财富。如果一个创业者失去诚信,那么他或许可以获得暂时的成功,但是长久的成功是不可能的。

第二,良好的精神素质。

精神是一种莫名其妙的想象力,但是这种想象力却能够超越一个人的智力和情感的弱点。很多时候,创业者在遭遇巨大困难时,在外人看来是无法解决的。但是一个创业者却能依靠自己的精神素质来激发自己的无限潜能,并且变得充满智慧,焕发了行动能力,提高了智商和情商,这有时让人

觉得非常奇怪且神秘。

有很多企业家把精神转化为一个企业共同的价值观和精神指导,于是就有了企业文化。文化的力量之所以伟大,就是因为他代表了某种统一的价值认识和精神力量,这种力量能超越人们内心的恐惧、怯懦,并能激发智力,从而获得成功。

第三,智商。

智商方面的教育我们每个人都在接受,中国的教育特别注重提高人的智商。很多高分的孩子就是智商特别高的孩子,中国的家长也喜欢说自己的孩子智商很高。但仅仅智商高是不够的,我们看到很多智商高的孩子被畸形地培养,他们缺乏良好的心理素质,要么自傲要么自卑,或者缺乏行为锻炼,缺乏动手能力。因此,有时智商高的人未必能成为优秀的企业家,因为他们的情商不够高。

第四,情商。

高分低能就是说那些智商高但是情商很差的人。作为一个企业家,除了智商高以外,更加重要的是情商。

情商包括一个人的心理素质和感性思维。一个人能否控制自己的情绪,调整自己的心态,这些都是情商。

世界巨富沃伦·巴菲特在有人问他为什么会比上帝还富有时说:"这个问题很简单,就像聪明的人会做一些阻碍自己发挥全部功效的事情,原因不在智商,而在于心理素质。"当时在场的比尔·盖茨深表赞同。情商对于一个创业者是非常重要的,为什么很多没有上过大学的人能够创业成功?例如,华人首富李嘉诚只上到中学毕业,台湾经营之神王永庆只是一个店伙计,中国的首富家族刘永好仅仅是乡村教师……这些人都具有非常高的情商,这就是为什么并不是学问越高或者智商越高就越容易赚钱的道理。

第五,行为素质。

很多人只是空想,但是缺乏真正的动手能力和实践能力,这也会阻碍他创业。对于很多温州和义乌的商人而言,他们从十六七岁就开始进入商业环境内,并且不停地在生意中磨炼自己,从而锻炼了非常强的行为素质,因此能够成功的赚钱和创办自己的企业。

实践能力和行为素质是一个创业者必须具备的素质,因为创业家不仅仅是规划者,更是践行者。

创业者应该随时关注自己综合素质的发展

胜负是多种条件综合作用的结果,孙子既重视统帅和士兵的主观能力,也注重天、地等客观因素。这种冷静全面的分析态度启发我们,一个创业者应该随时关注自己综合素质的发展,并且不断通过后天的各种实践和教育方式提升自己的素质。

创业者的综合素质是可以培养的,而随着社会发展对创业者不断提出更高的要求,创业者为了更好地适应、满足、促进社会发展的需要,也必须不断地提高自己的素质,以应对企业的发展和变化。

主要包括如下方面:

通常,校园里帮助你进行的智商教育,包括你的语言、写作、数学、逻辑能力等,接受大学教育的人,一般都会得到较好的智商培养。即使是已经创业的老板,也可以再次走进校园,接受这方面的训练。当前很多总裁进入大学学习工商管理课程就是很好的后天的素质培养方式。

通过心理教育、社会实践锻炼等可以获得情商的锻炼,另外也可以参加关于情商的专业培训课程。目前在中国,这方面开展得比较少,但相信在将来,这方面将会越来越被重视。

经过工作实践与总结可以锻炼创业者的行动素质,可以培养一个人的行为能力。因此拿破仑说:先投入战斗,再见分晓!创业最终还是来自于实践的磨炼,只有经历失败的人才会明白失败会给自己带来什么,只有经历成功才会体会创业的快乐。

创业者在长期的创业活动中,经过自己的学习、认识和亲身体验,也可以判断怎样做是对的,怎样做是错的。而这种有意识地内化、积淀和升华的结果,就是综合素质培养的结果。

必须在专才和全才间作出选择

当我们决定走上创业道路时,就面临着一个选择,那就是做专才还是做全才。

专才指在某一个专业领域具有较多专业知识,精通某一方面,拥有特殊技能的人才。当今时代,社会分工越来越细,因此需要专才。一个专才可以把社会分工的一部分做到最好,因此能够提高效率,创造更大的生产力。早在100多年前,亚当·斯密在《国富论》中就阐述了社会化大生产及分工协作带来生产力的巨大进步,马克思在《资本论》中也详细地阐述了社会分工带来生产力的推动。但是如果我们留心就会发现,专业人才需要组织和整合,需要领导和管理,而管理和组织恰恰需要的是全才。

这里的全才并非指一个创业者必须什么都非常精通,而是指综合知识和能力全面、协调发展的人。一个创业者什么都需要了解一些,这样才能更好地去领导和组织一个团队去完成任务。在如今的大学教育中,也越来越注重大学生的综合素质教育,注重培养复合型人才。

一个最优秀的专才并不一定是一个好的领导者,例如,律师、作曲家、科学家、技术工程师等,他们在各自的领域成为最卓越的人才,但是要去当领导可能需要学习得更多。

创业者必须在专才和全才之间作出选择。因为创业和职业生涯有些冲突,职业生涯的目标是专才,自主创业在开始的时候更多的是全才。

我们知道一个优秀的大学毕业生进入外企后,企业会把大多数人培养成为专才,让最优秀的人去做一个单一方面的事情来提高效率。很多外企的职员经过几年培养后更加不适合去创办企业,因为阻碍他们的恰恰是专才的思维。生活中,恰恰很多创业者来自于一些民营企业和小公司,因为进入这些公司后的职员几乎没有什么固定的岗位,什么都要去做,反而锻炼了他们的综合能力。因此,当他们自己创业时,他们的行为能力更强。

那么,从决心创业那一刻起,就让自己成为一个全才。

全不是所有,全是多方面的意思,是指在一方面突出,在多方面也有所了解的人,这是最理想的人才形式。这里的"全"有三层意思:一是创业者要具备通才的能力,能在指导各部门的工作中发挥强有力的协调作用;二是创业者不仅要精通本专业的业务,还要了解其他部门的工作内容和工作思路,才能做到用"全局的眼光"看问题和真正站在客户的立场看问题;三是创业者要聚集专才,培养全才。如果把企业比喻成一台机器,那么人就好比机器上的一个"零件",只有把这些零件全部放在合理的位置上,机器的功能才会完善。

SONY的盛田昭夫指出:"对日本最卓越的企业而言,成功并没有什么不传之秘。没有一个理论、计划或政府的政策可以使企业成功,唯一的关键因素就是人,人决定了企业的成功与失败。一个企业家就算什么都不懂,只要他会用人,他的企业就会成功。"

汉高祖刘邦说:"运筹帷幄之中,决胜千里之外,吾不如子房;镇国家,抚百姓,给饷馈,不绝粮道,吾不如萧何;连百万之众,战必胜,攻必取,吾不如韩信。此三者,皆人杰也,吾能用之,此吾所以取天下也。"

成功的创业者一定是全才。创业者优点明显,不仅有热情、有韧性,而且有知识、有勇气,但缺点往往也很明显,要么是懂技术不懂管理,要么是在管理经验上有一手但缺乏技术的前瞻性。但随着在市场上的摸爬滚打,很多成功的创业者慢慢变成了"全才"。

越来越多的企业已经意识到全才的造就和培养是企业创办、成长、壮大的根本任务。因为尽管各自的专业不同、分工不同,但协同作战是必需的。要看谁更能适应社会的竞争,主要是看谁被社会淘汰的概率更小。

我们都知道,已经过去的20世纪既是风风雨雨、跌跌宕宕的世纪,又是从农业时代到工业时代再到信息时代快速发展的世纪。但是,谁又能预测21世纪的社会是什么样,如何才能在当今这个剧烈变动与不可预测的社会中立足?很显然,唯一可靠的方法就是,活学多用,多才多能。

社会岗位是有限的,因为任何事物总有饱和的时候,所以专才难免会首先被社会淘汰,只有全才能更快地适应社会变化。例如,我们把所说的全才看作是生活在南方的熊(自然界中的杂食性动物),而专才则相当于狼或者羊(自然界中的肉食性或草食性动物),当食物资源短缺的时候,哪种动物更能适应自然界的竞争呢?答案毋庸置疑,杂食性动物拥有更多的选择。全才也是这样,全才在社会竞争中拥有更多的选择,也定会更适应社会竞争。

创业是一个系统工程,创业者有了好的项目或想法,只是代表"创业的长征路"刚跨出了一步,它要求创业者在企业定位、战略策划、产权关系、市场营销、生产组织、团队组建、财务体系等一系列领域有一定的知识积累。所以,创业者即使现在不是全才,也要着眼于全才。

创业者的综合素质决定企业的未来。管理学大师彼得·德鲁克认为:"一个成功的企业首先需要有一个一流的管理者,其次才需要有一大批一流的技术人才。"一条小溪只有汇入大海才会重获新生,一个优秀的人才只有放在好的事业平台才会大有作为,一个企业只有在高素质创业者的引领下才会乘风破浪、扬帆万里。

素质决定成败,已不再是某个时代的特殊现象。漫漫历史长河中,从君王到乞丐,世界上的每一个人都生活在自己的梦想之中,都和今天的你我一样渴望着成功,而靠素质决定企业的未来已经成为普遍共识,创业者只有提高综合素质,才能在激烈的竞争中赢得属于自己的一席之地。

创业之初,威信非常重要

孙子见吴王阖庐时,吴王说:"你的兵法十三篇我都读过了,可以试一试。"

孙子说:"好。"

吴王又说:"能用妇女试吗?"

孙子说:"可以。"

于是吴王选了一百八十名宫女由他的两个爱妃分别带队,孙武给她们讲解规则并三令五申。随后孙子传令向右转,宫女们大笑起来,没人听他的。孙子再向她们讲解了一遍,然后又一次发令,宫女们还是大笑,不听将令,于是孙武把两个领队的王妃绑起来要杀掉。

这时吴王赶紧派人来阻止,要孙子刀下留人。

孙子讲:"我已经奉命做了将领,那么,将在外君命有所不受。"于是,杀了吴王的两个爱妃,又另派了两个人做领队,再次击鼓为号,这次宫女就没再敢吭声了,严格按照命令行事。

杀了吴王的两个爱妃后,孙子报告吴王说:"队伍已经训练有素,请吴王检阅。"吴王因两个爱妃被杀心情不好就没有去,说:"将军回去休息吧。"孙子说:"看来大王只是爱好我的理论,却不能让我去实践。"

吴王知道孙子善于用兵,终于任命他为将军,利用他攻打楚国,把楚国的国都占领了,从此威震诸侯,扬名天下。

可见,领导者如果缺少威信,那将是件很糟糕的事情。领导者要树立威信,是因为领导者不同于众人。

普通大众只要干好自己的事就可以,不用借助威信去带领别人做什么。而领导者不然,领导者不树立威信,就无法起到"领头羊"的作用,无法依靠众人取得成功。

大家都知道,没有威信的领导者,不可能在组织中起到领军作用。有些人,虽然担当了主管职务,但没有威信,员工对他的指令及要求视而不见。那么威信是什么?

威信,包含威望与信誉,是无价之宝,是领导者必须具有的素质与资本。领导者要有虎威,即像老虎一样威风八面,人见人畏(敬畏),业绩突出,行动迅速,诚信为本,它不仅仅关系到个人的成功,更影响着团队的士气与前程。《辞海》说:"有威则可畏,有信则乐从,凡欲服人者,必兼具威信。"

威信是一种大品格、是一种大诚信、是一种大能力、是一种大智慧、是一种大勇气。

在企业内主要由专业专长、从业经历、工作绩效及人格魅力构成。他不

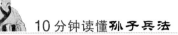

是靠权力去管理,而是通过人格魅力的影响来构筑主管的虎威。那么领导者又如何获得真正的虎威呢?

以"德"树虎威

领导干部要以德立威,既要注重修心立德,注意非权力影响,力求品德高尚,做到平民化。良好的品德是职场的通行证,它能散发出一种自然魅力,是一种让人在不知不觉中被影响的力量。领导者如果能做到心正、言正、行正、身正,正气凛然,才会赢得敬重,才能成为员工的贴心人。

以"公"立虎威

一个领导者是为"公"还是为"私"、是为"员工"为"企业"还是为"个人",是决定人心向背的关键,是检验一个人是否全心全意为企业奋斗、是否具备作风正派特质的试金石和分水岭。领导者在企业管理活动中,如对干部使用、评先评优、员工福利及对人事处理等方面,一定要切实做到公开、公平、公正。这样才能赢得员工的认可,继而赢得员工的尊敬。在用人上做到任人唯贤,不搞任人唯亲;量才而用,适才适所。坚决抵制和纠正用人上的不正之风,必威信满企业。

以"能"添虎威

"能"是指领导者的领导能力、管理能力、沟通能力、解决问题的能力。也包括思想教育能力、宣传鼓动能力、用人处事能力、观察分析能力、联系众人能力、创新开拓能力等多方面。领导者能力的强弱决定威信的高低,能力强的领导者能维护好众人的团结,发挥出集体的战斗力,调动起众人积极性,处理好周围的关系,能使集体中的每个人佩服他、信任他,从而服从他。

以"诚"取虎威

诚,就是诚实、守信,此乃领导者最基本的要求,也是中国人民引以为傲的美德。历史事实说明:人无诚信不立,家无诚信不和,业无诚信不兴,国无诚信不宁。一个诚实守信的民族,才能跻身世界民族之林;一个诚实守信的国家,才能为国际所信赖;一个诚实守信的领导,才能为群众所拥护。

领导者尤其是一把手决不能对副手不讲诚信,更不能对部属在提拔上压着、相处上挑着、交往上冷着、关系上僵着。这样,必将失去自己的威信。要学会在工作中淡化权力意识,把事情交给可放心的部属去完成,是对他人的一种信任,也是一种良好授权。

以"绩"固虎威

领导者在工作上凭自己的努力和聪明才智,创造良好的个人业绩,就能树立自己在公司领导和员工面前的虎威。在工作中能很好或超额完成岗位的KPI指标,每个月都能干成几件实事、每年都能干成几件大事、平时有机会就做点好事,一定能赢取员工的威信。在美国NBA闯天下的姚明,刚开始,队友都不愿传球给他。为什么呢? 球技不行,打球能力不够,队友不信任。随着能力的提升,球技的提升,在比赛中不断创造良好的业绩,最后充分赢得了队友的信任,成为火箭队的领导者。

以"和"凝虎威

"和"是指领导者要与众人"打成一片",以情带"兵"。"和"为两种:一种是"宽",就是要对下属"动之以情,晓之以理,导之以行",进行"软"处理;另一种是"狠",就是对一切违反原则的行为,要绳之以"法",众人才能"明其威"。威信成于民心,存于民心,这就要求领导者加强锻炼,严于律己,防微杜渐。一个现代企业的领导者,要有爱心还应有一点人情味,这是一种品德、涵养乃至境界。例如：批评员工，要讲究方法，懂得批评艺术的真谛是使人欢而不是招人怨，以致把事情办得合情合理。历史事实说明：不讲原则就没有战斗力，不讲感情就没有凝聚力。领导者要善于和人，方可和天下。

孙子敏锐地意识到胜利取决于将帅的独立决断能力，故而掷地有声地表明了自己的态度：合则留，不合则去。这种毫不苟且的处世原则正是春秋战国时代将星闪烁的重要原因。孙子、吴起、伍子胥、乐毅、廉颇等众多名将在面临重大抉择时，决不向君主的错误妥协，为寻求明君甚至不惜离开故土，从而在历史的天空中留下了耀眼的光芒。

在历朝历代，中国企业一直都特别重视主管的作用。譬如，我们经常听到这样的说法："兵熊熊一个，将熊熊一窝"、"虎父无犬子，强将手下无弱兵"。因此，一个不合格的领导，对于组织的影响是直接深远的，是决定大局成败的关键所在，而作为现代企业的领导人来说，威信，可以说是他们身上的光环。失去了它，再有能力的领导者在众人眼中也显得一无是处、暗淡无光！

创业型企业一定要做到"各司其职"

优秀的将帅是国家兴盛的关键因素之一，贤明的君主要想建立丰功伟业，离不开那些见识高超、智谋出众、英勇果断的将帅的辅助。君主和将帅关系和谐，国家必然走向兴盛；互相猜疑、相互牵制，也就埋下了日后失败的种子。

孙子提出领导将帅的方针，即充分信任：给将帅以充分的自主权，使之能放手指挥，切不可事事横加干涉。

作为现代的创业型企业，也是如此，在进入发展正轨前，面临的挑战和压力非常大。企业组织架构、系统流程、职责分工都不清晰明朗，需要安排落实的事情烦琐复杂。在这个阶段，"各司其职"显得尤为重要。

如果做不到这一点,就会使得大家分工不明确、职责不清晰,企业发展停滞乃至退后。

第一,分工明确。

从创业之初起,就必须明确各主要成员的分工。这是最基本的一点,也是必不可少的一点。

创业型企业一般都有分工,但是很多时候,这种分工都是不明确的。创业型企业最常犯的错误是:每个人都关心营销,每个人都在抓营销,每个人都要对营销进行"指点"、"评价"、"考核"。因为大家都明白:"营销"就是"业绩",而"业绩"是企业的生命线。恰恰创业型企业在创业之初,最欠缺的就是"营销业绩",所以每个人都很重视"营销",每个人都要插上一手。

这种心情,我们能够理解。但是,这种"众人全部都来抓营销"的行为,实际上就决定了营销是"多头管理",没有人真正具体负责营销了,也没有人会愿意承担"营销业绩"的总被考评人。在这种情况之下,企业的营销实质上是处于瘫痪的状态,只有自然式销售。

某创业型企业召开半年度工作会议。结果,该企业的五位股东,每个人都在大会上,对营销、研发、制造、行政、人事、财务等工作进行"总体评价及打分"。事实上,这五位股东在企业内部各有分工,有的挂职企业董事长,有的挂职总经理,有的挂职营销总监,有的挂职技术总监,有的挂职行政人事总监……看上去分工很合理,但是通过这次会议,就可发现企业内部分工极其不明确,所有人都在扮演着"总经理"的角色!

这种分工导致的结局就是:该企业经营始终进入不了正轨,五位股东每天废寝忘食想找出问题的"症结",让企业进入良性发展,结果却一直不理想。这样的分工,企业能够进入正轨,那才是不正常的——因为企业根本没有明确分工,主要成员都是在"内耗"!

当然,现在该企业已经初步进入正轨了——因为在残酷的现实面前,企业五位股东最终"忍痛"实行"壮士断腕"手术——每个人明确分工，每个人只负责做好自己的那块工作。经历了一段时间的"阵痛"后，企业经营开始正常了。所以，分工明确是极其重要的。

第二，各尽其责。

与"分工明确"相辅相成、一脉相承。每个主要成员，各自有一块负责的工作，那么就需要各人将各自的工作完成好，不能掉链子，不能拖整个企业发展的后腿。

比如说：企业的营销总监，他就需要对企业的产品定价、营销策略、销售业绩、销售团队管理总负责，通过各种营销的方式方法，实现销售业绩的提升和增长，为企业发展提供源源不断的利润来源。

同样，企业的人事总监，他就必须对企业人事招聘、管理、考核、薪酬设置、社保等相关工作全权负责。

补充一下：企业员工的社保问题非常重要，企业人事总监对此必须高度重视，并且专项研究，否则会使企业承担巨额社保成本。

依次类推，每个主要成员都有一个非常明确的分工，同时每个主要成员的职责、权利、义务都很清晰，每个主要成员都能做到"各尽其责"，这样企业的发展才会良性、持续。

第三，干了再说。

创业型企业基本上都会碰到这种情况：创业成员，以前所从事的工作与现在创业所负责的工作（分工）有一定偏差。比如，营销总监以前从事快速消费品销售，现在从事耐用消费品销售；技术总监以前从事金融行业的软件开发，现在从事财务管理软件的开发……诸如此类的情况，比比皆是。

在这种情况之下，不少创业型企业就希望这些创业成员，尤其是转行过来的创业成员尽快熟悉这个新的领域，然后才开始划分工作。

乍看上去，这个思路很正确。但事实上，这很不利于企业的发展和员工工作的开展，因为创业型企业没有那么多的"时间"，我们必须牢牢控制住我们的"时间成本"。边干边学边提高，干了再说！

邓小平同志提到"实践出真知",这句话对创业型企业来说,更是如此。

一位朋友,从事传统行业营销10多年,后转行去做IT营销,与几个志同道合的朋友一道创业。结果,前两个月,这位朋友快郁闷死了,因为其他几个创业成员认为他必须先熟悉IT行业,然后才能真正具体负责营销。而在这两个月内,其他几个创业成员(都是技术类或行政管理类人员)兼顾着营销工作,搞得销售一团糟,月度工作总结时还让他来"背书",他觉得非常冤枉和委屈。后来,在他的强烈要求下,企业同意由他直管整个销售,他在实际操作过程中,边干边学边总结提高,不但自己很快熟悉了IT营销,而且企业的销售业绩也蒸蒸日上。

另外一位朋友,以前一直担任某中央级媒体的编辑,后来担任某贵金属企业的营销总监,也是在实践中快速成长起来的,现在企业年销售额已突破6亿元!

所以,干工作,干了再说,不能寄望于先学会了再来干!

第四,一官一职,一职一官。

简单地说,就是"一个职位,只有一位负责人;一个员工,只有一个职位"。

创业型企业在创业之初,由于人手有限,经常出现"一人多职"、"能者多劳"的现象。但是,随着企业发展,企业必须对员工的职责、分工更加明确。每个成员就只负责某一块的工作,不能让一个成员同时负责多个,尤其是多个不相关的工作岗位。分工必须明确、细化。

大多数企业对"一官一职"都比较认可,也容易落实;但是,很多企业在"一职一官"方面容易犯大错误。

比如说:某创业型企业,事业才刚刚有点起色,主要创业成员的七大姑、八大姨、同学朋友就开始想"加盟"企业。

陈明担任某创业型企业的营销总经理,经过半年多的苦难日子,终于将企业的销售拉入正轨，企业开始每月赢利。这时，占据最大股份的企业总经理的亲弟弟看到企业的发展形势不错，就主动提出加入。总经理觉得这是好事，"上阵亲兄弟"，就将这个弟弟给招进来了，并且安排担任营销副总经理这一职位；由于企业规模还很小，这个营销总经理和营销副总经理实际上也没有办法进行具体分工，结果就开始产生"内部争斗"。陈明在三个月后，选择了退出；随后不到半年，原本经营形势看好的企业也关门了。

知彼知己，百战不殆
——走出当代创业战略思维的九大盲点

孙子提出了著名的军事原则——知彼知己，百战不殆。充分掌握敌我双方的一切情况，这是制订一切战争大计的根本出发点和克敌制胜的法宝。中国古代兵家对这一原则倍加推崇，视之为指导战争的金科玉律。不少国外军事著作也把它列为作战的指导原则，可见孙子的这一主张具有超时空的价值。

那么，当今社会面临着比以往复杂得多的企业竞争环境，一个成功的企业家，如何做到"知彼知己，百战不殆"呢？

作为一个成熟的创业者，至少要做到"知己"。也就是，要了解其职业特征和工作使命必将是——"带着目标出去，带着结果回来"。

那么，有战略思维能力的企业家，可以用三个方法来验证自己的结果是否珍贵：没有目标的事不做，没有计划的事不做，没有效益的事不做。

下面的九个关于企业家战略思维的盲区值得企业领导和企业有志之人关注和规避。

盲点之一：用经营思维替代战略思维

所有的企业家不管处于任何进程阶段，他要时刻思考的思维点一定会围绕四个要素：

　　钱从哪里来？（资本的流向质量和速度）

　　货到哪里去？（市场的走势与顺应）

　　人才怎么用？（人力资源的合理配置）

　　利益怎么分？（成果分享的价值）

　　纵观各业界的竞争，从产业始发期的先入为主到乱"市"出英雄，直至产业优化后的各行其道、一统天下，企业家能随势而上的关键要素不仅在业务能力，而是在业界内外资源和能力整合的战略手段。松下说过："当我的企业只有10人时，我最能干；当我的企业有100人时，我和他们一起干；而当我的企业有1000人时，我只能站在后面感谢他们。同时，信任来自责任，我会更加负责地看好松下的未来。"

　　目标决定作为，沉迷于企业经营的企业家往往只能在业务层面奋战，在产业变革和企业创新时，缺乏战略思维的企业家会处处被动，隐入迷茫和恐惧。

　　曾有一位草根创业者，从几万元的企业创始资金到目前资产达3个亿，可以说是个经营高手。但由于公司的体制一直无法确定产权归属，目前高层的积极性每况愈下，这位经营型老总不得不停止经营扩张的步伐，重新进行重大的体制革新与产权评估，企业人心动荡，二十年的努力一夜之间进入迷茫。

　　所以说，战略思维意识和能力是企业家职业生涯中一个重要的核心质素，以为搞好经营等于成功是一个令人担忧的误区。

　　盲点之二：关注市场重于关注管理

　　过去二十多年的政策经济转型时期，抓商机找市场是企业家立足于商界的本能特质。现在让大多企业家谈市场、谈营销、谈关系一定如数家珍，头头是道，甚至每一个打市场创业的历程都是一部动人曲折充满哲理的故事。

　　但几乎找不到几位老板能自信地认为，这些年创下的几十亿规模的企业最大的原因是因为他们重视管理。相反，只要提管理，他们就会回避、头痛，甚至痛斥，或指责自己的下属不行。

创业的初期是打市场,创业的中期是管理企业,创业的后期是管理企业文化。如果企业解决了市场生存能力后不回头重新梳理企业的管理内控流程的话,这个企业的运作必将因内部失衡走向崩盘。

盲点之三:企业家缺乏对自身创业经历的有效总结

一个企业家在企业发展中期后的一切决策习惯大多是由良好的习惯养成的,而这些良好的习惯又都是由创业初期锤炼而成的。

企业家不可得意忘形,更不可全面否定自己。低头需要勇气,抬头需要底气,奋斗中的企业家有必要对自己的行业历程做一个理性盘点,总结以往的成败得失有利于企业家发展的创新。

世界上任何的果子在成熟之前都是苦涩的。成功的企业家以平常心思维会发现,创业是艰苦的,回忆是甜美的,向往是动人的。

盲点之四:忽视人才和知识的管理

方法比知识重要,企业可以很容易的管理固定资产,但是管理人才的知识和思想就没那么简单。

《天下无贼》中的贼头黎叔名言:"你知道二十一世纪最珍贵的是什么吗?——人才!"企业没有人才就谈不上企业的未来。大多中小型企业均是精明的老板带一群常被他称为像驴一样的下属,强将手下是弱兵,这种"马驴文化"特质的企业很难走远,因为老板缺乏选才标准,没有留人方法更没有人才规划意识。优秀的企业家会让庸才变人才,劣等的企业家只会让人才变庸才,为什么呢?因为机制比人才重要!没有一套管理人力资源的机制,孔明也不可能为刘备鞠躬尽瘁、死而后已。

有一位台湾商人认为:大多人才有依赖感难有归属感。于是,他要求管理人员必须每天写工作日记。"没有记录便没有发生",他每月发工资时必须查看员工的工作日记,经理辞职必须把工作日记留下,新任经理必须详读上任经理的业务历程——这叫人才可以走,把知识留下,老板不会为离去的人忧伤,只会为留下来的人祝福!

盲点之五:无法从战略问题向战略思维升级

曾经有家航运公司的船长在海上指导船员维护保养机舱设备时,有一个关键螺丝少拧了三圈,导致机器渗油机舱爆裂,经抢修直接损失300万元。

失败在于细节,成功在于系统。中国人长期习惯表扬救火英雄而忽视防火人员。战略问题指企业走不动了、走错了或重大危机了才反省的思维方式,在检讨中成长很痛苦。战略思维是个系统论的能力,企业家必须对企业走势布局的各种变数进行预测,做最好的计划,最大的努力,最坏的打算,凡事预则立,不预则废。

盲点之六:不能从个人智慧向团队智慧决策转化

"我们公司的决策成本很低,也很原始简单。"一位大公司的经理说:"企业决策规律是老板拍脑袋、高层拍胸膛、经理拍屁股(走人)"。这种"三拍决策"在早期单纯的经济市场可以一夜暴富,但在目前这种知识经济时代,这样干非一夜破产不可。规模扩大的企业,其责任一定会从企业家个人能力精力扛不动转向高层一起共担风险,最终共享成果。

世界上没有完美的个人,只有完美的团队。比尔·盖茨说:"我们微软是打群架的。"看一个企业的未来先看他现在的团队。这提示企业家:在企业上规模后个人决策将被团队代替,千斤重担人人挑,人人头上有指标,这样的企业才不会放走一个人才,同时也不会留下一个庸才。

盲点之七:缺少为实现战略目标而配置的企业文化

从农业社会走过来的中国经济社会始终尚未完成工业化的演变进程,所以企业文化在工业化产业进程中对企业的功能价值到底有多大?影响有多深?何时有作用?

企业文化不是企业文字,随便写上"团结、务实、奉献"这些词就代表企业文化了。二十年的"海尔,真诚到永远"实则是一种企业承诺文化,企业的一切行为从骨子里必须依这句话去用行动实现自己的诺言。市场残酷人有情,企业竞争最终是文化竞争,同产品比品质,同品质比品牌,同品牌比文化。有梦想未圆的企业家有必要把企业文化作为重要的战略内容去思考。带一个人走只用一个承诺,带一群人走要靠利益,带一个强大的事业团队出发,没有坚定的思路感召和文化模式终将难于前行。

盲点之八：只注重战略而忽视策略

战略和战术在企业家的运筹当中已经具有很强的思维结构定式，随着西方管理学的深入影响，定方向、会行动是企业进化中的一个关键性成熟标记。战略选择后的执行力需要决策分解战略意图，形成执行方法，这个过程是策略选择过程。企业家对盲目执行的奴才型高层很厌恶，而对不读懂老板意图就乱执行的下属则很恐怖和担忧。

企业家战略决策是以投资为核心思维的一种艺术，因为企业是以赢利为导向的，而策略则是选择最佳的方法手段去实现战略目标，要讲究的是技术。当企业高管还没有做到可以让企业家高枕无忧地睡觉或打高尔夫时，企业家对策略的关注则是一个理智的工作重心。

盲点之九：对企业声誉规划缺少系统的长远谋略

做人有流芳千古，也有遗臭万年。企业家对自己个人的声誉和企业诚信都应有一个正面自我塑造的意识和规划能力。市场经济社会的商界竞争名望声誉是一笔最昂贵的无形资产。

企业家多靠实体创业打拼出来的企业王国，最终如何让员工和社会认同、对自己的声誉进行规划打造和有效传播是个人职业生涯及企业战略目标实现的一项重要课题。

有一学生向在台大演讲的台湾首富王永庆请教："您能告诉我，从您一生的成功路程来看，到底是勤奋重要还是运气重要吗？"王永庆答："我负责地告诉你，年轻人，我用一生的勤奋就是为了证明我的运气比别人好！"

知识年代的竞争是学习力的竞争，谁停止了学习就失去了未来，学习的态度决定进步的速度。战略思维是企业家重要的能力素质，今天你不思考未来，未来你将生活在过去。目标决定作为，心胸决定远见，有作为才有地位，而没有对过程的关注是很难有美好的结果的。

人生不要空谈事业,凡事勿贪心方可进取

孙子成名后不久就对诸侯之间的攻伐战争失去兴趣,他见吴王日渐骄横,听不进忠言,就急流勇退,再也没有出山,而他所著的《孙子兵法》十三篇却成为中国文化的瑰宝。

《易经》上讲:"功成,名遂,身退。"大凡有智之士,必然不会死缠烂打,做事差不多就行了,他会在适当的时机选择退。

所以,人生不要空谈事业,只要尽兴就好。因为,事业你永远做不完,永远做不到"够大",切勿贪心,方可进取。凡事有度,才可以长久。

近二十多年来,以阶层式崛起的中国企业家群体,因被主流经济文化逐渐认同为"经济脊梁",成为了财富、事业、名誉的象征,也理所当然地被人们认为是活得最幸福的人。直到近几年,越来越多的企业家自杀身亡,人们才觉察到他们也有非常脆弱的一面。

中国企业家因不堪心理重负而自杀的现象,近年来日趋严重。世界经理人网站统计,今年以来有21位浙商企业家自杀。来自北京心理危机研究与干预中心的数据表明,最近20年我国至少有1200名企业家因种种心理障碍走向了自杀之路。

浙江省十佳青年企业家、浙江一新制药股份有限公司董事长郑亚津,在办公室自缢;温州泵阀厂老板朱吉光因不堪承受"非法担保"带来的还款压力,服毒自尽。再往前追溯,曾经叱咤中国资本市场的涌金系掌门人魏东在北京家中高楼一跃而下;华县知名企业家——陕西华乾工贸有限公司董事长段民乾自杀身亡……从他们的自杀案例来看,起因都是企业发展遇到了困境。而困境可能是今年大多数企业都在面临的——能源、电力与原材料价格飙升压缩了盈利空间;银行信贷的大门几乎向大部分民营企业关

闭;民营企业向民间借贷市场融资,融资利率越来越高;股市暴跌,公司和个人投资者都损失惨重……竞争的激烈和残酷让许多企业家的心理负担过重。

广东省年仅29岁的面粉厂老板冯永明,在企业经营过程中因压力过大患上重度抑郁症,其遗书中留下了这样一段话:"现实太残酷,竞争和追逐永远没有尽头……我将在另一个世界寻找我的安宁与幸福。"

但是,除了自杀难道就没有其他办法了吗?

心理专家表示,面对"社会精英"的角色期望,面对市场残酷的竞争机制,许多企业家往往"载不动,太多愁",精神的弦总是处于紧绷的状态,内心不堪重负。由于受传统观念的影响,企业家往往对看心理医生有着根深蒂固的误解,觉得这是很不光彩的事。加之企业家群体处于社会上层,领导着成百上千的员工,需要维护自己的权威形象,因此更加不愿就诊。而这就留下了一个很大的隐患:负面情绪一天天累积,直到有一天爆发酿成恶果。

综观这些企业家不堪心理重负而自杀的现象,"压力过大"是普遍原因,压力过大就会导致连锁反应。比如魏东在遗书中,就说到自己受到失眠、抑郁、强迫症的长期困扰,不愿再拖累家人。

几乎每一位企业家都说到自己"压力过大",觉得自己肩上"担子过重"、"社会责任太重",有几千名员工要自己养活,所以总是感到"力不从心",不少企业家说自己每天工作时间都超过12小时。所以他们基本形成一个共识:一个人一旦选择了办企业,就意味着他的一生从此将与压力、竞争、劳累和焦虑结伴而行。

除了深感工作繁忙,心理压力过重,身心疲惫外;还有相当部分企业家劣性情绪增加;许多企业家有强烈的"亲情减少引起的心理失衡"感受;许多企业家觉得朋友减少,内心孤独感加重;不少中年企业家缺乏安全感,心理承受能力下降;很多中年企业家对工作产生厌烦感,甚至想干脆"退出社会"。

心理学家认为企业家的压力主要来自这几方面:社会、经济体制的剧烈变革、激烈的市场竞争、人际关系的困惑、家庭的变故和不幸、传统偏见及贫富差距的不断扩大。

给重压之下的企业家一个建议:别把自己看得太重要,你办企业赚了钱,结果却没能改善自己的生活,没能让你变得更快乐,反而活得更辛苦,那你办企业又有何意义?

人就像一根弹簧,当拉力过大时,弹簧就无法再缩回去。如果自己所承担的责任过大,就会超出自我调节限度,心理的失衡就会由此产生。

在许多人看来,企业家总是强大而光鲜的。这种认同感无形当中成为了企业家的压力。

如果企业的成功要以企业家透支精力和牺牲个人幸福为代价,那么这种成功是可怕的,也是脆弱的。难以想象一个身心疲惫、生活失衡、终日被困于重重压力之下的企业家能够真正经营好一家具有价值的企业。企业发展的高度与人格发展应该是一致的,人格的缺陷最终也会反映到企业经营上来。所以要办好企业首先就要把自身的心理调节好,人生如沼泽,难免不陷进去,但只要你抽身得快,同样可保无忧。

当日本松下通信公司突然宣布不再做电子电脑时, 公司内外都很震惊。因为在此之前他们已花了5年的时间去研究开发,并投入了不下10亿元的巨额研究费用,眼看着就要进入最后阶段,却突然宣布放弃。加上松下通信公司的经营也很顺利,不可能是财政方面的原因,因而这项决定格外令人难以理解。

然而松下公司的老板松下幸之助自有其打算。

他认为,当时公司做的大型电脑的市场竞争相当激烈,万一不慎而有差错,将对松下通信公司产生不利影响,到那时再撤退,就为时晚矣!要保持公司的发展立于不败之地,趁着现在尚有可为时,撤出竞争激烈的队伍,才是最好的选择。

事实上,像西门子、RcA这种世界性的大公司,都陆续从大型电脑的生产中撤退,广大的美国市场,几乎全被IBM独占。

孙子辅佐吴王取天下,已有减楚之功,称霸南方,君臣二人如日中天。但孙子知道自己只是一个军事家,不是政治家,他的才能极限就是组建一支强大的军队,打败一个强大的国家,这些他已经做到了。他知道自己不如苏秦、张仪,他更知道自己无法统一天下,因为他不是做帝王的料。

那么,他该做的事都做完了,并且都做好了,就应该见好就收。孙子说走就走,把美好的印象留给吴王,何必等君臣二人有矛盾了再走?

当断则断,才是好汉。我们在陷得越深时就要走得越快,否则就要深受其害。《孙子兵法》精髓就在于"有度",见好就收,才可以做大。

第二章

10分钟读懂"治乱"

——心中清净才能管理纷乱的局面

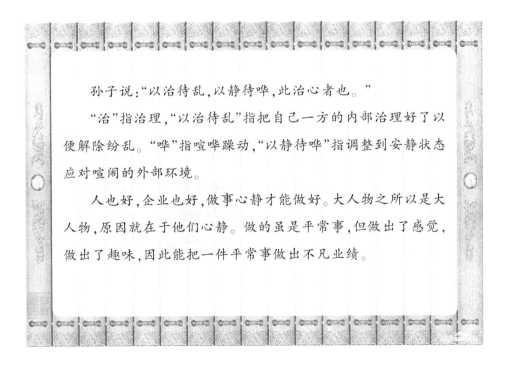

孙子说:"以治待乱,以静待哗,此治心者也。"

"治"指治理,"以治待乱"指把自己一方的内部治理好了以便解除纷乱。"哗"指喧哗躁动,"以静待哗"指调整到安静状态应对喧闹的外部环境。

人也好,企业也好,做事心静才能做好。大人物之所以是大人物,原因就在于他们心静。做的虽是平常事,但做出了感觉,做出了趣味,因此能把一件平常事做出不凡业绩。

"惑"与"疑"是做事的大忌

"三军既惑且疑,则诸侯之难至矣。"孙子指出:"惑"与"疑"是做事的大忌,尤其人多的时候不可以在人群中有迷惑与怀疑的事情发生,必须有铁的纪律、钢的意志与金的精神。

影响将帅决断的最大因素无疑来自国君或上级。南宋名将岳飞在中原与金兵展开决战时,连克重镇,形成了夺回东京开封的有利形势,但秦桧却主张以淮河为界与金兵议和,宋高宗一日连下十二道金牌令岳飞撤兵,岳飞不得不挥泪回师。其后岳飞以"莫须有"的罪名被杀于风波亭,一代名将就此凋零。放眼历史,"飞鸟尽,良弓藏;狡兔死,走狗烹"的悲剧不断上演,从春秋时的伍子胥、南宋的岳飞到明代的袁崇焕,多少军事天才未被敌人击败,却因上级的猜疑而丧命。

怀疑员工等于"虐待"员工

绝大部分员工都忍受不了领导的怀疑,尤其是自尊心很强的员工,对他们来说,怀疑就是虐待。

人是有感情的动物,一切行动都受着感情的支配。很多企业的领导也懂得这个道理,在发挥员工的作用时,非常重视感情的作用,对员工体贴入微,晓之以理、动之以情,使大家对企业领导产生特殊的感情,对他们的事业也就会全力去支持。也就是说,假如企业领导能够做到对员工处处信任、给他们一定的权力,放手让他们工作,这样企业就容易形成合力,创造出理想的业绩。

信任是为人处世所必需的,相互信任更是一种境界。

保罗·盖蒂与他的员工就是相互信任，事实上，在他创业初期就发生过许多与员工互相信任，并且最终产生了极好效果的事情。

曾经在森林里有一块地，而且那块地的所有者愿意出租。但很多石油公司因为嫌这块地面积太小，而且道路不易铺设而放弃了。保罗·盖蒂和他的员工也到现场考察了这块地，他们发现这里是可以采出石油的。但保罗·盖蒂经过仔细分析和研究，认为这块地也没有多大前途，因为这块土地有几项劣势：第一，面积太小，甚至比一间房子还小；第二，交通不方便，唯一通到这块地的只有一条4尺宽的小路，卡车没有办法开进去；第三，由于这块地太小，不适合用一般的开采办法进行开采。

经过仔细分析，开始保罗·盖蒂准备放弃租用此地，员工们也都没什么反对意见。不过保罗·盖蒂仔细想想，决定还是让员工们一起讨论一下，各抒己见，看看是否有办法克服这块地的劣势。员工们见领导如此信任大家，很受感动和鼓舞，所以他们毫无拘束地议论起来，你一言我一语，不少好主意就接二连三地被提出来了。

"我想我们可以使用小一号的工具挖掘。"一位员工认真考虑后突然说。

这位员工的一句话，给保罗·盖蒂带来了一点启示，他一直认为交通不便是这块狭小油田得到开发的死结，如果可以使用小一号的工具挖井，那么为什么不可以考虑使用小一号的铁路作为通向这块油田的交通工具呢。于是，他顺着那位提建议的员工的话接着说："如果我们能找到人设计和制造出小一号的工具，那么我们公司就可以着手在这块地开采石油。但是，一个新的问题又出现了，如开采出了石油，怎么使用小一号的交通工具把那里的石油运出来？刚才那位员工的主意实在太好了，希望有更多的人能够大胆地发挥自己的智慧！"

员工们见保罗·盖蒂如此一讲，受到很大鼓舞，他们都在开动脑筋想办法。由于大家都是长期与油田打交道的工作人员，在工作过程中，既深深地体验了挖井采油的方法和难处，又练就了各种克难制胜的本领，每个人都有不少经验和体会。因此，所有人都畅所欲言，把自己的看法讲出来，人多力量大在这个时候得到了充分的诠释,员工你一言我一语,由小一号挖井工具谈到小一号铁路和火车问题,进而又谈及找谁设计和制造这些工具以及交通工具的具体方案,在谈话过程中,不断地提出了新的问题,都得到了很好的解决方案。

在保罗·盖蒂的一番激励和鼓动下,经过大家的讨论,员工们为开发森林里那块含油丰富的小油田找到了一个比较合理的方案。保罗·盖蒂决定用小型铁路和小型器材进入那块油田。后来,在所有员工的共同努力下,盖蒂石油公司终于在那块地上挖出了第一口井,并且后来接二连三地挖出好几口井,最令人欣慰的是,每口井都产出大量原油,每天共产油17000多桶。在短短几年间,这块油田就为保罗·盖蒂带来了数百万美元的利润。

盖蒂石油公司在这块油田的成功开发很大程度上归功于保罗·盖蒂的用人策略——大胆地让员工表达自己的想法,传递自己的智慧。

信任是保罗·盖蒂获取成功的关键,是他的一笔宝贵的财富,是企业造势的根本。

企业领导必须学会相信员工,调动他们的积极性和主动性,这样才能实现更多的产出。他还认识到,只有当领导要实现的目标与员工的意愿相符合时,才更可能有效地调动员工的积极性和主动性。为此,他还专门采取了许多办法来激励企业员工,如给予不低于同行业的工薪和福利待遇、尊重和信任员工、对有贡献或者有好主意的员工视其贡献大小给予一定奖励等,从而使企业"百将一心,三军同力",促进企业得到了很大的发展。

盖蒂石油公司的成功告诉我们,作为企业的领导,不要怀疑员工,放手让他们去想、去做、去发挥他们的智慧,对他们来说,怀疑就是虐待。

信任、引导、激励员工去解决问题

信任是一种无形的力量,但它却能产生一种巨大的驱动力,使整个团队在领导的组织下,展现出"众人拾柴火焰高"的磅礴气势。领导者要管理好他的团队，就必须最大限度地发挥每个成员的力量，达到1+1>2的效果。这就要求领导者发动员工，让他们放手去做，因为这样能使员工获得信任感，这在精神层面上无疑是一股巨大的驱动力。而事必躬亲的领导，整天忙忙碌碌，也只能落得个眉毛胡子一把抓——什么都没抓住的下场。

作为领导，他的工作就是管理和捏合他的团队，而管理是在领导的带领下通过员工来完成工作的一种程序或艺术。这算不上是一个新鲜的命题，却直到当前才得到它应有的重视和认同。管理已经被带入一个全新的时代——管理者必须学会驾驭，即从自己解决问题，到信任、引导、激励员工去解决问题，这就涉及领导要对员工建立起信任。

成功的领导往往能够比一般的领导更早地感觉到管理角色的变迁。应该说，知识经济时代的管理不再是"做事"的方法，而是"让人做事"的艺术，信任是实现这项艺术的第一要素。

"建立信任就建立了成功的基础"，前人总结出来了这样一条宝贵的经验，意义非常深刻。信任可以换来忠诚，信任可以激发人的潜能。在实际工作中，很多人才都有这样一种心理，就是希望得到领导的信任和尊重。而建立信任正是一种"投桃报李"的策略，让人才迸发极大的能量，真正地为你所用。

所以，领导一定要对人才建立信任，放手让他们工作，大胆负责。信任是对人才最强有力的支持。首先，领导要相信他们对事业的热情和创造力，不要束缚他们的手脚，让他们创造性地开展工作。其次，领导还要相信他们的工作能力，既要委以重任，又要授予权力，使他们敢于对工作负责，明确自己的职责。对员工的信任和使用，还包括当他们在工作中出现了新问题，走了弯路时，领导要勇于承担责任，并站出来帮助他们总结经验，鼓励他们继续前进。尤其是当处于变革时期，他们遇到阻力和困难时，领导一定要挺身而出，给予强有力的支持和帮助，从而把变革进行到底。

对于员工，企业领导者既想利用他们的才能，又对他们放不下心，总认为员工与自己离心离德，这是用人之大忌。建立信任，是一条重要的用人经验，要真正做到确实比较难，但并非无章可循。

领导者要对所用的人才以诚相见。对于人才,一旦委以重任,那么就应该推心置腹、肝胆相照。因为只有相互信任,才能形成上下齐心协力的局面,才能赢得人心,使他们自愿地忠心不渝地献身事业,切忌对员工怀有戒意,妄自猜疑。善于用人,敢于信任人,可以使优秀人才与领导者把心思和力量共聚于一个焦点上,共同创造伟业,收获胜利的果实。

　　当然,世间任何人的经历,都不会一帆风顺,常胜将军不常有。所以,即便员工在执行任务时干得不好或出现失误,也不要大惊小怪。只要帮助员工正确对待,认真总结经验教训,员工一定会产生有负领导重托的自责感和将功补过的决心,这样肯定会为今后的工作打下良好的基础。员工受挫的原因是多方面的,有主观的、客观的,可能还有领导决策指挥的原因等。如果一旦出现失误,领导就对员工一味地指责、埋怨、批评、训斥,而不给予丝毫的温暖和善意的帮助,便会挫伤员工的积极性,甚至产生叛逆心理,结果会更糟。

　　领导对于失败员工的正确态度应该是:先了解员工失败的原因,再观察他受挫后的态度——是心灰意冷还是重整旗鼓,是怨天尤人还是引咎自责,是满不在乎还是羞愧难当,然后再根据其反应对症下药,以挽颓势。

　　领导与员工都生活在现实当中,所以世俗之众对人皆免不了议论纷纷、说长道短,被领导所任用的员工自然是被议论的对象。这些议论的人有的是出于嫉妒心理,有的可能是出于自身利害,散布流言蜚语,甚至无中生有,恶意中伤。在这个时候,如果领导者头脑不清醒,就很容易被俗议和诽谤所左右,从而对所信任的人产生怀疑。也就是说,如果领导者要真正做到无所猜忌,他就必须对世俗偏见、流言蜚语、嫉妒心理保持一定的距离,不被其影响和左右,以更有效地建立起信任,顺利开展工作。

　　领导在用人时,必须要有广阔的胸怀。有的领导只能容下能力、知识、才华低于自己及功劳小于自己的员工。此时,领导可以信任这些员工并用他们;反之,如果员工的才华、能力高于他,他就会疑神疑鬼。领导必须气度恢弘,才能做到信人不疑,才能用好那些超过自己的能人。

　　作为一个领导,就要大胆放开你的手,敞开你的胸怀,特别是高层领导,更应该懂得"放手、信任"的道理,清楚哪些事应该自己亲自去做,哪些事应该交给下属或员工去做。对于自己应管的事,就要亲手把事管好,对于那些应由下属做的事就要选贤任能、大胆放手。

在这一点上,孙权任用陆逊就是一个经典的例子,这段佳话表现出了孙权的超人胆识。为了保吴抗蜀,孙权不畏流言蜚语,非常信任并大胆起用人才,任命年轻的陆逊为都督,统帅诸路军马。一批老臣宿将,如张昭等认为陆逊年纪轻、资历浅、官职小,遂竭力反对。但由于孙权非常信任陆逊,连夜筑坛拜将,并当着众官的面,把至爱宝剑赐给陆逊,宣布如果有人胆敢不听号令,可先斩后奏。后来,陆逊没有辜负孙权的信任,首战大捷,一把火使刘备数十万大军溃败。

信任员工,就要放手让他们去做,去创造,给他们一定的权力,激发他们的主人翁意识。在分配工作的时候,要赋予员工相应的权力,准许他们在一定范围内调度人力、物力和财力。同时在工作中,给他们一定的自由度,允许他们自行作出决定,以达到任务所要求的结果。而且据专家跟踪调研,在这种方式下工作的员工,基本都能完成任务,可见,信任是最好的武器。

如何才能有效地使用信任

从上事例我们不难得知,信任必不可少,信任势在必行。那么,如何才能有效地使用这个最好的武器呢?

一、要舍得用

武器是需要使用的,只有使用了,才知道该武器的威力有多大,否则放在武器库里,只能让它生锈或多年以后用不上。信任亦然,好比诸葛亮,每每事必躬亲,总是把权力攥在手里不肯下放,不信任手下能把事做好,手下又如何为其分担工作、如何承担责任呢?所以可以说,权力虽好,但必须有效下放,领导必须使用信任这个武器,才能真正强有力地发挥武器的作用。

二、要敢于用

武器必须是敢用才可能用起来的,如果不敢用,总担心使用后走火或者其他不好的情况,那武器也只好搁在武器库里作摆设了。因此,信任必须敢于用,然后才能起到应有的作用,不要担心信任后员工就会"走火",大胆地去信任,让其在天地间自由驰骋,相信他能把事情办好。

三、有效使用

有效使用武器,就是对特定的事用特定的方法,就像打野兔,用枪就可以了,而要炸毁敌人的碉堡,用枪就不行了。信任也必须有效地使用,对不同的员工,让他们做不同的事,才能起到最大的作用。信任员工,让他们放手去做,只要不超越了自己能力控制的范围都行,超过控制范围的,就要小心谨慎。这样,一方面,既可以让员工拥有适当的权力,使他们在给定的权限范围内积极工作;另一方面,又便于领导开展工作,最大限度地减轻自己的工作量,让自己拥有更多的时间,并用这些时间来做更有价值的事情。如某公司的一位生产经理,在生产过程中,他应该将每天生产部门内的日常工作交给助手或员工去安排,自己更专心地对生产进程、产品质量进行跟进。这样一来,既有效地锻炼了助手和员工的能力,也使自己有更多的时间去做总体上的宏观决策。

四、信之有度

信任是一个武器,也要用之有度,滥用的话会造成难以接受的后果。因此,领导在权力下放过程中,就必须要注意不要放松对权力下放后的跟进,要时刻了解工作进展的情况和出现的问题。要知道,情况随时都可能发生变化,稍不注意,就可能发生意想不到的事情,如不注意及时跟进和了解情况,就可能悔之莫及。所以,即便是信任员工,把权力下放后,也一定要随时跟进,及时了解情况,把整个事情发展的态势牢牢控制在自己的手心。

五、掌握控制力

对信任的控制,就像对武器的控制,有人能够把武器用得出神入化,而有的人拿起来就显得笨手笨脚。所以,领导在权力下放过程中,一定要掌握足够的控制力,千万不要让局面超出自己力所能及的控制范围。

领导要信任员工,权力不是不可以下放,但要掌握一定的尺度,有效地使用信任,要能掌握局面,则权力可以尽情地下放,使员工得到被信任的使命感,最重要的是能激发整个团队不断超越,开创新的局面。信任是最好的武器,聪明的领导能更好地掌握这个武器的使用技巧。

心不乱,局不乱——分清轻重缓急,作好决策

孙子在著作中强调:"故知兵之将,民之司命,国家安危之主也。"意思是,真正懂得用兵的将帅,掌握着民众的生死,主宰着国家的安危。常言道,一群在狮子领导下的绵羊可以打败一群在绵羊领导下的狮子,可见将帅是多么重要!而优秀的将帅往往具有坚定的信念和敏锐的洞察力。在群情激奋时,他们能够保持镇静,避免在狂热状态下作出错误的决定;在面临挫折时,他们能够保持乐观的态度,在坚定的信念支持下度过危难,因为他们无论面对任何局势,都能保持一颗沉静的心。也就是孙子兵法中说到的"守静"。

可很多创业者却缺乏这个"守静"能力,当企业日进斗金、经营状况良好时,便感觉一切良好,可当企业经营状况日渐萎缩,财务危机便日渐显露,于是一筹莫展,狼狈不堪,才知道已无回天之力。

一个真正的企业家,是公司无论规模如何,也要拟订轻重缓急的策略,否则就将一事无成,公司无论处于什么样的阶段,都要随时抽出时间对自己的经济特点,长处与短处,机会与需要做个决策分析。

那么，想成为领导者的你是否具有决策力呢？身为领导者的你是否又是一个优秀的领导者呢？做完下面的测试你就会知道了。

测试开始

1.你的分析能力如何？

A.我喜欢通盘考虑，不喜欢在细节上考虑太多

B.我喜欢先做好计划，然后根据计划行事

C.认真考虑每件事，尽可能地延迟应答

2.你能迅速地做出决定吗？

A.我能迅速地做出决定，而且不后悔

B.我需要时间，不过我最后一定能做出决定

C.我需要慢慢来，如果不这样的话，我通常会把事情搞得一团糟

3.进行一项艰难的决策时，你有多高的热情？

A.我做好了一切准备，无论结果怎样，我都可以接受

B.如果是必需的，我会做，但我并不欣赏这一过程

C.一般情况下，我都会避免这种情况，我认为最终都会有结果的

4.你有多恋旧？

A.买了新衣服，就会捐出旧衣服

B.旧衣服有感情价值，我会保留一部分

C.我还有高中时代的衣服，我会保留一切

5.如果出现问题，你会怎么做？

A.立即道歉，并承担责任

B.找借口，说是失控了

C.责怪别人，说主意不是自己出的

6.如果你的决定遭到了大家的反对，你的感觉如何？

A.我知道如何捍卫自己的观点，而且通常我依然可以和他们做朋友

B.首先我会试图维持大家之间的和平状态，并希望他们能理解

C.这种情况下，我通常会听别人的

7.在别人眼里你是一个乐观的人吗？

A.朋友叫我"啦啦队长"，他们很依赖我

B.我努力做到乐观，不过有时候，我还是很悲观

C.我的角色通常是"恶魔鼓吹者"，我很现实

8.你喜欢冒险吗？

A.我喜欢冒险，这是生活中比较有意义的事

B.我喜欢偶尔冒冒险，不过我需要好好考虑一下

C.不能确定，如果没有必要，我为什么要冒险呢

9.你有多独立？

A.我不在乎一个人住，我喜欢自己做决定

B.我更喜欢和别人一起住，我乐于做出让步

C.我的配偶做大部分的决定，我不喜欢参与

10.让自己符合别人的期望，对你来讲有多重要？

A.不是很重要，我首先要对自己负责

B.通常我会努力满足他们，不过我也有自己的底线

C.非常重要，我不能贸然失去与他们的合作

计分标准

选A得10分，选B得5分，选C得1分，最后计算总分。

测试结果

24分以下：差。你现在的决策方式将导致"分析性瘫痪"，这种方式对你的职场开拓来讲是一种障碍。你需要改进的地方可能有下列几个方面：太喜欢取悦别人、分析性过强、依赖别人、因为恐惧而退却、因为障碍而放弃、害怕失败、害怕冒险、无力对后果负责。测试中，选项A代表了一个有效的决策者所需要的技巧和行为。做一个表，列出改进你决策方式的办法，同时，考虑阅读一些有关决策方式的书籍或咨询专业顾问。

25~49分：中下。你的决策方式可能比较缓慢，而且会影响到你的职场开拓。你需要改进的地方可能是下列一个或几个方面：太在意别人的看法和想法、把注意力集中于别人的观点之上、做决策时畏畏缩缩、不敢对后果

负责。这样的话，就需要你调整自己的心态并做一个表列出改进你决策方式的办法。

50~74分：一般。你有潜力成为一个好的决策者，不过你存在一些需要克服的弱点。你可能太喜欢取悦别人，或者你的分析性太强，也可能你过于依赖别人，有时还会因为恐惧而止步不前。要确定自己到底在哪些方面需要改进，你可以重新看题目，把你的答案和选项A进行对照，因为选项A代表了一个有效的决策者所需要的技巧和行为。做一个表，列出改进你决策方式的办法。

75~99分：不错。你是个十分有效率的决策者。虽然有时你可能会遇到思想上的障碍，减缓你前进的步伐，但是你有足够的精神力量继续前进，并为你的生活带来变化。不过，在前进的道路上你要随时警惕障碍的出现，充分发挥你的力量，这种力量会决定一切。

总分100：很棒。完美的分数！你的决策方式对于你的职场开拓是一笔真正的财富。

事实上，决策本身既是一件硬性工作，也是一件弹性工作，但不能眉毛胡子一把抓，更不能固执行事，应该采取灵活的方法，控制好决策的过程，该先就先，该后就后，做点弹性处理也是管理者的智慧所在。即使最优秀的领导者也会不可避免地作出一些错误的决策。

对此，钢铁业巨头肯·埃佛森有过一段精辟的论述："从哈佛取得工商管理硕士可以说是不错的了，可是他们所作的决策有40%都是错误的，最糟糕的领导者作出的决断则有60%是错误的。"

在埃佛森看来，最好的和最糟的之间只有20%的差距。即使经常出现差错，但也不能因此就回避作出任何决策。埃佛森认为："管理人员的职责就是作出种种决策。不作决策，也就无所谓管理。管理人员应该建立起一种强烈的自尊心，积极地敦促自己少犯错误。"如果掌握了正确的思路，领导者们完全可以把错误率降低。正确的思路即是对决策的难易程度做到心中有数，处理棘手的问题一定要格外谨慎。

\\\ 42

尤其要注意下列4个方面的问题：

首先，决策时务必全面掌握信息，参与竞争必须谨慎。

20世纪90年代，在美国享有极高声誉的两家制笔公司展开了一场空前激烈的竞争。出人意料的是，实力雄厚、财大气粗的派克公司竟一败涂地，走向衰落，而克罗斯公司则乘机崛起，成为美国制笔业的新霸主。

知情者说，克罗斯公司的兴盛，关键是其反间计谋高出派克公司一筹。

被称为"世界第一笔"的派克笔，于1889年申请专利，至今已历经100余年而长盛不衰，年销量达到5500万支，产品销至全世界120多个国家和地区。克罗斯笔有90多年的历史，年销量达到6000多万支。所不同的是，派克笔占领的是高档的市场，克罗斯笔则热衷于低档的市场。这两家公司的产品流向并不是一开始就是这样的，而是经过几番竞争才形成的。数十年来这两家制笔公司虽然在表面上井水不犯河水，但在暗地里却不断加强自己的力量，双方斗智斗勇，各使绝招。派克公司派出间谍多次策反克罗斯的技术人员，而克罗斯公司也以牙还牙，利用收买对方关键人员和窃听等手段不断获得派克公司的经济情报。

20世纪90年代初，钢笔市场的竞争日趋激烈，为了在激烈的竞争中进一步拓展市场，派克公司任命了新的总裁彼特森。与此同时，克罗斯公司也在采取对策，除调整营销策略外，还加紧搜集彼特森的兴趣、爱好以及上任后所要实施的营销策略。

由于种种原因，钢笔的高档品市场呈疲软状，为了不使公司的经济效益受影响，也为了打响上任后的头一炮，彼特森意欲在拓展市场方面下一番功夫。正密切注视彼特森决策动向的克罗斯公司获悉这一信息后，立即召开会议研讨对策，决定实施反间计，和派克公司展开一场殊死的较量。

克罗斯公司通过一家有名气的公共关系信息咨询公司向彼特森提出了"保持高档市场，下大力量开拓低档产品市场"的建议，这正中彼特森下怀。咨询机构的权威建议，使彼特森没有把主要精力放在针对市场变化改进派克笔的款式和质量，巩固发展已有的高档市场，而是采纳了开拓低档产品市场的建议，趁高档产品市场疲软之时，全力以赴地开拓低档产品的市场。

听到这个消息,克罗斯公司欣喜若狂,赶紧实施第二步计划。一是装模作样地召开应急会议,做出一副惶恐、胆怯状,制定出了和派克公司争夺低档产品市场的措施。克罗斯公司假装非常害怕派克公司前来争夺低档品市场,全公司上下一片恐慌,而且没有制订行之有效的应变措施;二是由公司总裁给派克公司总裁致函,声言两家产品市场的流向是有协议的,你们不能出尔反尔,逾行规行不义之事。克罗斯这么一番逼真的表演,愈发坚定了彼特森的决策信心,紧锣密鼓地开始向低档钢笔市场进军。为了不使派克公司看出破绽,克罗斯公司还做了几次广告,制造竞争的紧张气氛,摆出一副决战的架势。这一切派克公司看在眼里,急在心头,为了抢先一步,派克公司凭借财大气粗和品牌效应,投以巨资大做广告,制造声势。

克罗斯公司见已达到预期目标,便倾全力向疲软的高档钢笔市场挺进。

尽管派克公司花了不小的力气,市场效果却甚微。试想,派克笔是高档产品,是人体面的标志,人们购买派克笔,不仅是为了买一种书写工具,更主要的是一种形象,一种体会,以此证明自己的身份。派克价格再昂贵,人们也乐意接受。而现在,高贵的派克笔却成了3美元1支的低档大众货,这还有什么名牌可言呢?派克公司虽然顺利地打进了低档市场,但没有达到预期目的。不仅如此,消费者感觉像受了愚弄似的,拒绝接受廉价的派克笔。

有时候出于种种原因,我们还没来得及掌握全面的情况,就不得不凭直觉作出各种决策。在这种情况下作出的决策极可能是错误的。

其次,千万不能过于自信。

自信给人勇气,使人作出大胆的决策。过分自信则是自不量力,毁人毁己。在体育界,这样的事例不少。

一次,一位富商想买一支球队。当时要价特别高,而他认为只要有钱什么都不用担心。过分的自信迷惑了他的视线,使他看不到球员的巨额薪金和日渐下降的电视收视率,做这样的投资实在不如把钱放在银行里。

然而还是有人在不断地下赌注,收购球队。过分的自信使他们觉得自己承受得起这种昂贵的消费,他们相信风水会变,自己不会惨败,但结果是他们往往一败涂地。成功的投资者绝对不会高估自己,他们会三思而后行,绝对不会为似是而非的好消息盲目乐观。

生意场上会时时传来各种好消息与坏消息,我们常因好消息而忽略了坏消息的存在。

设想为了把一种新型洗发香波投放市场,我们做了一个市场调查。调查结果显示:58%的消费者对这种香波表示认可。这是一个令人鼓舞的数字,它说明超过一半的消费者会去购买这种产品。

不过,事情还有另一面。42%的消费者不喜欢这种香波,这又说明有将近一半人会拒绝使用这种产品。人们往往只见那58%,而看不见这42%,他们沉浸在58%所带来的喜悦之中。殊不知,如果他们再稍微关心一下那42%,结局也许会更完美。

好消息就这样把你带入自满、自足的境地。它能削弱人的积极性、上进心。即使在竞争激烈的体育界也存在这样的现象。有这样一位网球选手,经过多年苦练终于享有世界第七的排名。她能轻松地对付那些排名不如她的选手,却从来没有击败过任何排名在其前的选手。在这样的事实面前,存在两种截然相反的态度。她可以认为自己排名世界第七,成千上万的网球选手都不能与她同日而语;相反,她也可以加紧苦练,向排名前六位的选手发出挑战。

人一旦得到提升,有了个响当当的头衔,便会认为大功告成,可以松一口气了。没有多少人会想到,如果加倍努力,也许会换来更大的成绩。

这种好消息带来的盲目乐观也会给公司的经营带来不利。可如果得到的是坏消息,效果就截然不同了。有人组织一场体育比赛,计划获利5万美元。可实际结果却与设想大相径庭,主办者反而赔了5万美元。消息传开,上上下下为之动容。大家会纷纷要求削减开支,裁减冗员,甚至一张纸也不会轻易浪费。令人不解的是,为什么在有利可图的时候大家想不到节约,而非要等到火烧眉毛的时候才作"何必当初"的感慨呢?

再次,不要墨守成规。

生意场上最可怕的是认为万事不变:顾客不会变,他们会一如既往地购买自己的产品;委托人不会变,他们永远觉得你真诚可信;竞争对手不会变,他们将永远停留在原来的实力水平上。

成功的企业家和领导者绝对不会有这种墨守成规的想法。他们知道敏锐的洞察力和快速的反应力是事业成功的关键。尤其在当今政治、经济飞速发展的时代,快速的应变能力尤为重要。

许多人在作出决策的时候往往只凭经验,不去考虑环境发生了什么变化。他们会凭几年前的失败经验告诉你:"老兄,5年前我就这么做了,根本行不通。"他们没有想到,五年后情况发生了变化,以前不适用的做法现在没准是恰逢其时。

还有一种人,他们死死抱住以前的规矩,不敢越雷池一步。他们顽固地认为:"这个方法5年前有效,现在当然还有用。"在他们眼里世界是静止的。

朱利安·巴赫年轻时在《生活》杂志做记者。第二次世界大战后的一天,他与一名从纳粹集中营逃出来的罗马尼亚小伙子共进午餐。小伙子靠在纽约大都会剧院门口以兜售演出纪念品为生。当时剧院正上演著名指挥家索尔·赫罗克指挥的芭蕾舞剧。

那是个五月的星期二,天气晴朗。演出票被销售一空,小伙子的纪念品也全卖了出去。又过一个星期,还是星期二,天气依旧晴朗,剧院上演着同样的舞剧,演出票又销售一空。可这一次,演出纪念品却几乎一份也没兜售出去。

演出结束后,小伙子在剧院走廊上遇到赫罗克,告诉他自己实在想不通原因。赫罗克的回答出乎意料的简单:"因为这是另一个星期二。"

因此,每当你作出新决策前,千万不要犯墨守成规的错误。不要以为你以前失败过现在还会失败,也不要以为你以前成功过现在还会成功。

最后,保持清醒,避免被误导。

并非做任何事,作任何决定,都能保证我们没有一点失误而绝对正确,每个人都一样,常常在情况不明之时作出错误的决策。

容易使人产生错误而被误导的情形主要有以下几种:

1) 情况不明

有位经理从不认为与之打过交道的人都要记住自己的名字。每当第二次见面,如发现对方记不起自己时,总是主动上前自我介绍,以避免重提过去的事而使人感到难堪。

类似情况时常在商务谈判中出现,有人因为初次见面的拘谨而不好意思将自己不清楚的地方提出来就参加谈判,甚至不认真思考就匆忙决策,而没有仔细反省一下,这样妥当吗?

2) 真理并非掌握在多数人手中

靠多数人的意见来决策并不能保证完全正确。在讨论中,坐在会议室的人都讲同样的话并不是件好事,这里面必然有其他因素作怪。当领导者讲完或同仁发言时,迫于领导者的威严或不愿与同人争执而伤和气,不少人总是予以附和,提出雷同或不痛不痒的意见。这往往会使会议的主持者和决策人难以了解真实情况,靠此作决定自然会脱离实际。

这种随大溜的思想,不过是犯了多数人的想法不会错这种认识上的错误。正确的做法是,认真听取大家的意见后,经过论证和思考,自己再作决定。

3) 别被美妙的誓言迷惑

有两个投资合作项目,一个成功的机会是80%,另一个有20%失败的可能,你选哪一个呢?实际上这两个项目成功与失败的机遇对等,只不过前者只提成功,后者强调了失败。但常理中,多数人总会选中前者,原因很简单,成功的字眼顺耳,使人兴奋。精明的销售员会用自己口才去向顾客描述产品优质、齐备的功能,以讲"好"来推销。但聪明的顾客将不会为这表面现象和技巧所诱惑,他会根据多方面的观察作出自己买与不买的决定。

4) 不过分迷信经验

许多商人总爱用老办法来处理新问题。实际上过去的辉煌已变为历史,不一定就适合当前已经变化了的世界,何况从来就没有常胜的将军。如果你仍用以前的框框来指导当前的生意,期望从中找到共同之处,那只会使你失去更多认识新事物,把握其特殊性的机会。因此,正确的原则是:过去的经验是成功的总结,但并不一定就是包治百病的灵丹妙药。

5)不忽略基础数字

领导者都有这样的体会,与基层的职工在一起交朋友,会使你得到更多在高级职员中听不到的信息。真正准确的报表应该是来自各个车间。有不少的经理,往往忽视了报表的作用,对来自各方的信息和数字,只要与自己的主张对路,就认为没问题了,而不愿多下些功夫去挖掘更深层次的情报资料。例如,总经理问销售经理:"这个月汽车的销售情况如何?"他回答:"行情不错,已有50辆车被客户预订了。"如果他掌握的信息更多,就会汇报说:"这个月的销售量与上个月或与去年同期相比情况怎样,与竞争对手比较又是如何;从50辆车的选型看,哪种品牌、哪种价格的车行情看好,我们应采取哪种促销手段就能卖出更多数量的车等。"这些情况,对于每一个承担推销任务的人来说,都应该掌握。

不战而胜——企业管理需要"谋略"

孙子认为战争的最高境界是"不战而屈人之兵"。"不战"就是不通过正面的军事交锋,这样既能使自己免受损失,又能保全敌人。保全敌人并非姑息放纵,而是使战果免受损害。"不战"绝不是放弃武力,而是以强大的实力为后盾,迫使敌人在权衡利弊之后放弃武力对抗。

公元前630年,秦、晋两个强国合力攻打弱小的郑国,郑国大夫烛之武冒险求见秦穆公,指出这场战争会使郑国灭亡,而郑国的灭亡只能使晋国更强大,加快晋国称霸的步伐,这反而会影响秦国的崛起。这番分析使秦穆公不但退出了秦晋联盟,而且倒向郑国,派三员大将帮助郑国抵抗晋国。

孙子认为,用兵作战的上策是用谋略取胜,其次是通过外交途径取胜,再次是与敌兵直接交战,下策是攻打城池。攻打城池的办法,只有在不得已的情况下才使用。

这个道理对现代企业管理不无启发,我们知道,现代企业普遍加强企业制度的建立,其中内部管理日益走上科学化、程式化的道路。但是也存在管理受到管理理性主义影响的情形,走到了另一个极端面上——机关很"忙",基层很"乱",裁员造成了很大的恐慌,导致人心的流失。

古人说:"天时不如地利,地利不如人和。"不到万不得已,我们没必要动用"武力"去管理,管理的最高境界也是"不战而胜"。利用一些"谋略"的管理者,可以巧妙地处理管理的难题,在建立和谐的人际关系的同时,提升员工以及企业的绩效,能够在工作中充分发掘他人最优秀的一面。他们懂得如何打开他人心扉,而不是令人心存戒备、拒人于千里之外。他们不制造紧张气氛,而是非常善于缓和紧张局面。他们以身作则,为他人树立了良好的榜样,并能够对那些不善于与人相处的员工产生积极的影响。

下面我们针对管理中遇到的10大难题,来一一"谋略"化解。

一、员工业绩滑坡

你只有首先了解了员工出现的问题,才能够设法解决问题。你应当采用"面谈"的方式了解他们对现状的看法,而不应当采取质问的态度。面谈是一种积极的倾听,其目的是获得真实的情况,而绝不应有质询的倾向。

在这种面谈中,你应当耐心地与下属促膝谈心,采取一种平和而坦诚的态度提出你的问题,告诉他你注意到他的业绩近来有所下降,并征求他对这种情况的看法。你可以这样问:"与你过去的报告相比较,你觉得你的这份报告怎么样?"在他回答的时候,要注意认真倾听并做出回应,最好的办法就是对他的回答进行归纳与解释。

通过归纳,你实际上是用你自己的语言对谈话中的重要内容进行了言简意赅的反馈。所以,你与下属之间的谈话大致会是这样的:

你:你觉得,与你过去的报告相比较,你的这份业绩报告怎么样?

下属:我觉得这一阶段的业绩水平是有些下降了,对不起。

你:嗯,看来你对这一点也不是十分满意。那么照你看来,要怎样做才能扭转这个局面呢?

下属:因为吉姆调到销售部去了,我就不能像以前那样得到我需要的信息,我觉得这一点直接影响了我的业绩。

你:听起来你好像有些怨气。

下属:我当然有怨气啦!我的工作表现根本没有问题,可是缺少了应有的支持,我怎么可能保持工作成绩呢?

你在深入了解了真实情况之后,就能够进入解决问题的阶段了。只有搞清楚问题的本质,你才能够找到卓有成效的解决方案。

二、新员工不了解团队术语

文化不同,语言习惯与表达意见的方式也不同。此外,几乎每一个行业,甚至每一个企业都有自己的一套术语,其含义是局外人与新来者都无法领会的。作为领导者,如何帮助新员工克服这一障碍?你可以采取下面两种方法。

第一,主动为新人提供翻译帮助。首先要确定那些外人难以领会的术语以及这些词汇可能引起的迷惑,然后主动为新人解释那些他们不懂的语言。如果你的企业为新员工发放工作程序手册或其他指导资料的话,还可以考虑在里面增加内部术语词汇表的内容。

第二,变化表达方式。不要固守传统的内部表达方式,应当时常采用一些新的方法,措辞上尽量做到通俗易懂。你的成员可能习惯用棒球术语来描述某位有团队精神的人,例如他清楚什么时候应该恰到好处地放个短打,而不是每次都拼了命要把球击出体育场。这时,你应该尝试换一种说法,说不定别人就可以明白你在表达什么。

语言是一个群体吸纳或排斥外来成员最有效的工具之一。只有留心工作队伍内对专门性语言的使用,并积极帮助新成员融入集体,才能在团队内部实现人际关系的和谐。

三、你怀疑下属是否理解你的指令

不要问"清楚了吗?"之类的问题。对这种问题的回答不过只是简单的是或否,对于澄清你的疑问几乎没有任何帮助。你的下属们可能只是自以为理解了你的指令,只有等到造成了损失才能发现他们的错误。要验证下属对你的命令的领会程度,不妨考虑一下下列办法:

询问如果发生某种情况,你怎么办一类的问题。提出一些假设性质的情况,以检查你的员工是否能够贯彻落实你的指令。提出问题时要注意策略,不要伤害到员工的自尊心。比如,你可以说:这些指令听上去好像很简单,其实有时候不太说得明白。比如说:如果……,你怎么办呢?

要求下属证明给你看。请你的下属们对你所布置的活动或任务进行一个简要的示范。你要尽量把这种对下属的考察搞得像是一次预演,让员工们认为你们这样做的目的是对活动的程序进行检验(而不是针对他们自身)。或者,你还可以真的搞一次试运行,使大家都能够对执行程序进行评估,并做出必要的调整与改进。

四、督促员工全力以赴

如果你没有直截了当、清楚明白地对员工做出明确的要求和布置,现在,就应当向他们明确你对他们的看法与要求。首先要把自己的立场完全想清楚:你对每个团队成员的要求到底是什么?明确你对所提要求的坚决程度,并为你的要求提供简要而合理的依据。一旦确定了这些问题,就该对你的人员大声发布指令。如果有人提出异议,要保持冷静与自信,千万不要大动肝火。你应该坚持自己的立场,对反对的意见表示理解,同时重申你的要求:雷,我知道你这一周很不容易,但是弗兰克周五就要我们交报告,所以我们恐怕都要加一些班才能按时完成。你愿意承担哪一部分呢?

另一个方法是与同事们坐下来,提出你对他们各自的工作表现的看法,不要等到出现了危机才来进行反思。选择一个合适的时间,心平气和地说出你对当前状况的看法以及这一现状对你与整个部门工作效率的影响。你需要提出具体的实例和改进的设想。然后,要注意你的同事们的反应,询问他们计划采取什么措施来改变现有的局面。

五、处理绩效低下的员工

对于这样的人员,你表现了耐心,提供了协助,但是收效甚微。这时,与其坐等成果慢慢出现,不如主动加大行动力度,采取换挡加速式的新方法。

在传统的关系模式中,换挡的手段通常是指换慢挡,即减轻员工的压力,对后进人员给予积极的支援与鼓励,或是耐心地与之建立和谐与信任的关系。但是,不妨采取一种新的督促方式:严格要求,狠抓下属人员的工作业绩。你可以这样说:现在,我们来统一一下对目前现状的认识。我想知道你为了保住工作,打算做出哪些改进。然后,倾听他的计划并且做出反应。不错,你很清楚我对你的期望与要求。那么,从明天开始,你每天一上班,我们两人先开一个五分钟的碰头会,你要告诉我你这一天的工作安排。下班前,我们再花五分钟的时间,总结你当天的工作成果。

接着,你必须坚决落实这个计划,坚持你对该员工的要求与反馈。这样做并不能保证员工的表现有所改善,但是至少确保了他决不会出现退步。

六、员工在工作中半途而废

员工无法履行工作承诺的情况屡见不鲜。要鼓励员工继续努力,关键是要坚持不懈。但是坚持不懈并不等于唠叨不休,唠叨抱怨的人通常表现出的是一种失败与挫折的情绪,而坚持不懈则需要采取策略。鼓励员工继续努力,可以采用以下三种策略:

提醒:如果你发现某个员工有半途而废的明确迹象,一定要不断地提醒他你的要求,但是不要批评或者带有责怪的情绪,对一切积极的努力都要给予赞赏。比如,琼,只是提醒你一下,我这周四要去汇报工作,那些数字你弄得怎么样了?很好,很高兴看到你把这件事列入了工作计划。我们周二再碰一下头,看你完成得怎么样了。

要求:与提醒不同,要求则是明确对人员施加压力,迫使他制订出实际的行动计划。在提出要求的时候,首先指出对方行为的错误之处,然后再询问对方打算如何补救。比如,琼,明天就要汇报了,但是你还没有把答应给我的数字交给我,现在你打算怎么办呢?如果对方做出的保证可以接受,你可以说:我对你的保证感到满意,希望你能够说到做到。

鼓励:如果你看到员工在向着你所要求的目标努力,应当恰如其分地给予鼓励。比如,琼,我听马丁说,你问他在哪里可以找到我需要的数字,很高兴你正在努力。

七、打破员工的沉默

如果你的下属保持沉默,只是说:我不知道。你就需要提出更加明确具体的问题。例如：

如果你愿意说的话，你觉得这个提议中哪一部分最好？

你觉得是什么使你觉得很难对这一问题发表意见呢？

你怎么看报告的最后一部分？

……

等他回答了这些问题之后，可以利用表达观点、给出理由和提供框架等手段，提出后续的问题，获得反馈。

观点：在询问别人之前，首先提出你自己的看法。比如，我觉得我们提供的数据本来可以更充分一些，你觉得呢？这种态度可以向对方表明，你是欢迎建设性的批评意见的。

理由：提出无可辩驳的理由，证明你需要了解对方的意见。比如，这份报告我已经写了很久，脑子都有些麻木了，现在正是急需你的新观点的时候。

框架：为方便员工提出自己的意见，可以为他准备一份问题清单，或者通过电子邮件提出你的问题。与当面询问相比，这样做可以使员工有更充分的时间先整理自己的想法和思路，然后再回来表明意见。

八、与牢骚不断的员工打交道

一个团队里如果有一个总是牢骚不断的成员，就好像是办公室里安放了一个不断播放哀乐的喇叭，可以搞得全体人员情绪低落。这个问题必须由你来解决，你应当与这位消极员工单独谈话。在表达意见的时候，既要表示理解，同时又要态度坚决。

首先，你要搞清楚他是否意识到自己总是在抱怨。这时应当给予他一些理解与支持。然后，要向他说明他的行为的后果，并提出解决的办法：如果抱怨已经成为你的本能反应，就会产生两个后果——其一，别人对你敬而远之；其二，你的怨言也传播了一种消极情绪。这两个后果对你个人和团队都没有好处。如果你觉得不吐不快的话，那我们就一起来找出你的困难，看看能否加以解决。

为确保他能够完全理解你的意见，你可以接着问他：你明白我的意思了吗？或者你对我的话有什么问题和意见吗？

一定要让这位牢骚不断的员工清楚，你希望他直接向你反映他的问题，而不是在团队里到处散播负面消息。同时，对他改正习惯的努力要给予积极的肯定。你可以说：加利，看到你这样痛快地接受了那个新任务，我真高兴，你可帮了我的大忙了。

九、团队成员的话语权不平等

如果一些人员在讨论中包揽了所有的发言，那些比较沉默寡言的人员就会慢慢放弃发言机会。而他们越不发言，那些积极发言的人就需要说更多的话以避免冷场。长此以往，就形成了一个恶性循环。采取下列策略有助于改变这种情况：

在征求他人意见时，可以这样问：哪几位想说说想法？通常，会有几个人举手。这时候你就可以说：我想听到三个人的意见。这样一来，你就表明了自己希望听到那些不常发言的人员的意见。

使讨论的形式多样化，以鼓励参与精神。比如采用人人发言的形式，使每个人都有机会进行简短的陈述。或者可以组织二人或多人小组进行分组讨论，然后再在全体范围内交换讨论意见。

为讨论设定长期的或暂时的基本规则。比如，你可以建议：我希望每个人都能够畅所欲言，并且形成一个惯例，在别人发言时认真倾听，不要随便插话。或者，你还可以改变固有的讨论程序，宣布在十五分钟之内，任何人不得重复发言，确保所有希望表达自己观点的人员都能得到发言的机会。

如果有人确实垄断了发言的机会，你就应该积极地倾听，不失时机地插话，对他的意见进行简要的总结，并询问别人的意见。如果此人继续滔滔不绝地把持着讨论，你就需要与他进行个别谈话，解决这一问题。你不妨请他帮助你，鼓励那些沉默的人员积极发言。

十、员工超负荷工作

员工们在自顾不暇的情况下，是很难实现互相协作的。此时，千万不可表现出恼火的情绪，那样做只会增加他们的压力。要想最大限度地获得他

们的支持与合作,可以采取下列策略:

确定工作的优先顺序。不要总喊狼来了,切忌夸大自己的需要。确保有一个尊重他人意见的工作环境,使大家愿意主动地向你表达自己的看法并提供帮助。

密切联系下属核心人员。重视与你的工作密切相关的重要人员,把你的工作情况及时通报给他们,他们可能会更加主动地提供自己的意见,同时由于了解了具体情况,他们的协助也就更加具有针对性。实现与他们的密切联系,采用简短且不必回复的电子邮件就可以了。

为员工的回应提供方便条件。要求你的下属员工采用简便省时的方式与你交流。如果打电话就可以解决问题,就无须召开会议了。如果你通过电子邮件向员工提出问题或困难,最好尽量提供一些可能的解决方案供他们考虑。

互惠回报。对别人花费时间来帮助你的要报以由衷的感谢。在力所能及时,也要主动对别人提供帮助。

最后一点,在别人没时间帮助你的时候应当表示理解。你要说:我知道,如果你有时间的话一定会帮助我的,下次再说吧。

以最小的成本,取得最大的成果

孙子说:"善于用兵的统帅能够不通过直接交战的方式使敌军屈服,能够不通过硬攻的方式夺取敌国的城池,能够在短时间内攻破敌国。一定要用'全胜'的方略争胜于天下,军队丝毫无损,胜利完满取得,这就是用计谋来进攻的法则。"这里的"全胜"就是以最小的代价取得最大的战果。

"全胜"切忌用武力强攻,要正确分析战场的形势,寻找获得利益最大化的最佳途径。

三国时蜀将姜维命令句安、李歆守曲城,魏将陈泰带兵前来围城,姜维率兵救援。陈泰认为牛头山是姜维退兵的要道,只要守住牛头山,切断姜维的归路,姜维必然被生擒。于是他命令重兵严守牛头山。姜维看到退路被断,未战即退,句安等人看援兵无望,只好归降。陈泰就是抓住了牛头山这个关键,从而不费一兵一卒就取得了胜利。

南北朝时,前燕慕容恪攻打广固,众将劝他急攻,他认为己方的力量占有绝对优势,完全可以通过较小的代价夺取城池。他命令部队在城外构筑好工事,然后修建房屋、开垦田地,使守军完全绝望,最终兵不血刃地占领广固。这就是从心理上击溃敌军。

管理企业也是一样,需要用"最小"的成本,来取得"最大"的成果——也就是怎么用现有的积木搭出更漂亮的造型。

下面教你几招,在资源有限的情况下,如何利用"小"成本来取得团队管理的"大"成果。

好事一起享受不如分开享受

如果你有几个好消息要公布,你是该分开宣布呢,还是把它们一起宣布?答案是:好事一起享受不如分开享受。

人在"得"的时候是边际效用递减的,所以分两次听到两个好消息等于经历了两次快乐,这两次快乐的总和要比一次性享受两个好消息带来的快乐更大。

同样,如果你要给员工发10000元的奖金,那么最好分两次,每次给他5000元,这样尽管他拿到的总和还是10000元,但较之你一次性给他,他所获得的快乐更大。当然,好事分开享受可以带来更大的快乐,但并不是说要你把10000元的奖金分一万次,每次1元钱发给员工。

坏事分开忍受不如一起忍受

如果你有几个坏消息要公布,你是该分开宣布呢,还是把它们一起宣布呢?

把几个"失"结合起来,它们所引起的边际效用递减会使各个坏消息加总起来的总效用最小。人们常常讨厌雪上加霜、火上浇油的做法,可是在能够承受的限度内,对于很多人来说还是快刀斩乱麻来得更加爽快一些。因为同时知道两个坏消息的痛苦程度并没有分两次知道两个坏消息的痛苦程度的总和那么大。你把两个坏消息一起告诉对方,只会给对方造成一天的不快乐;如果你把两个坏消息分两天告诉对方,却会让对方两天都不快乐。

好事晚说不如早说

如果你今年业绩出色,公司奖励你一次去巴黎旅游的机会,那么请你想一想,你什么时候最开心呢?是在巴黎游玩的时候吗?可能不是。其实,最开心的时候是你听到这个消息以及期盼着去巴黎的那段时间,是在你为巴黎之旅进行规划和整理行囊的时候。很多时候,快乐来源于对快乐的期待,期待也是一种快乐。所以,如果说要给员工奖励的话,晚说不如早说更能极大化他们的快乐,当然也就更能达到激励的效果。

好事静止的不如变动的

A经理管理的部门这几年经济状况比较好,于是他想给手下的人增加报酬以提高他们的工作积极性。增加员工的报酬有两种最直接的方法:第一种是加工资,比如把员工原来50000元/年的工资加到55000元/年;第二种方法是发奖金,就是保持员工现在50000元/年的工资不变,但是每年不定期地给员工发几次奖金,奖金的总额约为每年5000元。事实上,对公司而言给奖金要比加工资好,这主要有以下两个原因:

第一,尽管大家会选择加工资,但在总数相同的情况下,给奖金却会使人更开心。

第二，发奖金给公司带来较大的回旋余地。"由俭入奢易，由奢入俭难"，发奖金比涨工资有更大的回旋余地。

人们的适应性是很强的。尤其是对于物质的东西，人们以为会为它开心满意很久，其实过了一段时间就习以为常了。所以好的事情要以变动的形式呈现，这样才不至于让人习以为常。

小奖不如不奖

一般人们总认为要让别人做点事情，就应该给他们奖励，不管多少、不论大小，有总比没有的好，但其实不然。要激励他人积极地做事，除非给予和这件事情相匹配的外在激励，否则小的外在激励还不如没有来得效果更好，因为小的外在激励会抹杀内在的动力。

如果公司员工出于内在的动力很积极投入工作时，最好不要采用外在激励的手段去鼓励他们。因为一旦有外在激励的加入，内在的动力就容易被扼杀，让人感觉做这件事情只是一个经济行为，尤其是奖励比较小的时候，人们会觉得不值得为这点小钱去做事，于是连本来不拿钱自己也愿意做的事情都不愿意做了。

好事有选择不如无选择

当一个公司准备奖励员工时，假设公司可以让员工去度假旅游，也可以送他们每人一台高清晰度的数码电视机，并且两者是等值的。究竟应该给他们选择的权利好呢，还是不让他们选择好呢？

乍看之下，好像是给出更多的选择是对员工好，绝大多数的员工也希望可以得到选择，以为那样可以更加满意，其实不然。在让他们自由选择的情况下，选了度假的员工会感到自己是放弃了实用的电视机作为代价来参加旅游的，旅游回来后看到同事家的那台电视肯定会心中不悦；而选择电视的人，在家里看到电视中的那些度假胜地，想到其他员工正在尽情游玩的时候,一定会顾影自怜的。因此,当你知道两件事情都是对方喜欢的时候,就不要给对方选择的机会,免得导致他患得患失。

送礼的人在选择礼物时,为了满足收礼者的最大效用,经常会问他们想要什么,但这种做法其实不明智。为什么呢?有两个原因:第一,给接受礼物的人选择会使他们觉得放弃哪个都不舒服,最后拿到哪个礼物都觉得不完美;第二,正如我们在前面说的,接受礼物的人往往会从经济利益的角度来选择,而经济效用大并不一定会让他们更开心。

公开的不如不公开的

有些公司对员工的工资和奖金公开。从管理透明、避免作弊来讲,这可能是好的。但从员工的角度来讲,则不然。对于员工而言,公开还不如不公开好。

首先讲讲不公开有些什么好处。一方面,人往往是过于自信的,他们一般会认为自己的能力比别人的强,因而在工资水平不公开的情况下,他们也会认为自己比别人要拿得多。这种过于自信会让他们产生一种满意感,因而对公司来说,也能起到安抚、稳定的作用。另一方面,不公开也就没有比较,也就无从知道分配是不是公平。

再来看看公开工资或奖金有什么坏处。由于大家都觉得自己比别人好,自己比别人的贡献大,如果两个人拿的钱一样,两个人都会不满意。如果有一方拿的钱比较多,拿钱比较多的那个觉得这是理所当然的,拿钱少的那个肯定非常不开心,说不定还会暴跳如雷。大家都要求公司为自己涨工资,结果是公司不得不为所有的人涨工资,最后大家仍旧觉得自己拿的钱应该比别人多,所以还是不开心。

另外,还有一些小策略,可以让你的公司顺利度过眼前的危机,同时确保在经济景气时期,员工不会另攀高枝:

杜绝双重标准。如果你自己不遵守某项规章制度,不要指望你的员工会遵守。韦瑟瓦克斯的建议是:"不要自己跷着二郎腿,而吆喝员工干这干那"、"只许州官放火,不许百姓点灯"是行不通的。

不逼迫员工干他们不喜欢的工作。在所有行为中,没有比不停地让员工卖苦力更具杀伤力了,这将加剧老板与员工之间的对立。比如,让员工做一些不道德的事情,或者无理地要求员工超时工作。若要获得员工的尊重,达尔比建议老板们恪守"己所不欲,勿施于人"的准则。

让他们开怀一笑。在消除压力、减少谈话的紧张感等方面,适当的幽默是个行之有效的方法。韦瑟瓦克斯认为:"领军者在设定工作的节奏、营造工作氛围时拥有无可替代的号召力,而快乐是有感染力的。所以,如果老板乐意与自己的员工开玩笑,让他们保持愉快的心情,那么,员工们会自然而然地将这种感觉传递到顾客那儿。"

及时进行结果评估。不管是表扬员工的出色工作,还是总结他们的失败教训,老板都要开宗明义地进行评估工作,这将有助于员工理解上司的具体愿景。墨菲提醒:"在经营困难时,我们往往会忽略一些坏习惯,同时也看不到优秀员工所创造出来的价值。"

及时与员工通气。在经济困难时期,员工们尤为担心自己能否保住饭碗,所以,如果老板愿意及时与员工沟通,表达自己渡过难关的想法(比如,究竟是裁员还是减少开支),将赢得更多尊重。据墨菲分析:"分享一些关键数据,解释清楚这些数据的来源,以及你作出这些决定的原因。老板们向员工传达自己的想法越多,就越容易赢得员工信任。让员工们恐惧的正是对前途的不确定性,有些问题如果不开诚布公地进行探讨,员工们会朝最坏的方向揣测。

感恩与施恩,管理者的必修课

对同你一同创业的同事、下属,是作为应该去感恩的共同创业的伙伴?还是把他们看成只是你创业经商的工具?

感恩是一种心理互动活动。一个人如果有了一颗感恩的心,他就是一个幸福的人。为什么我们不少创业者,在得到了金钱、地位、名誉之后,并没有我们想象中的那么幸福。他们整天口口声声说同事不理解他们,下属不理解他们,客户不理解他们,就连父母、妻子、孩子也不理解他们……

这其实就是一个心态的问题。怀着一颗感恩的心来面对身边的人和物,你会突然感到原来世界如此美好。

创业者要学会感恩

创业者在晋升的过程中,常常会得到很多人的帮助,只不过有些帮助是有形的,而有些是无形的。因此,创业者要学会感恩。

一只老猫在猫际社会中悟出了一系列如何成为猫上猫的哲理警训,经过它的策划与教诲,很多猫都出类拔萃,有所建树。一只黑猫找到老猫,它想超过所有被老猫点拨过的猫。老猫想了想说:"要想超过它们,除非你变成身披凤羽的猫王,只有这样你才能一统猫界,独自为尊。"老猫又说,只要向南山的凤凰仙子送上厚礼,凤凰仙子自然会赐它一身五彩缤纷的凤羽。黑猫害怕老猫再把这个成为猫上猫的方法传授给别的猫,它两拳就将老猫打死了。黑猫准备了999只老鼠,送到南山。凤凰仙子大怒:"我只收亲手耕耘而获的五谷!"她当即赐给黑猫一身象征奸诈险恶的鹰的羽毛,只给它留了只猫头。此时黑猫十分后悔,它后悔没有留着老猫为自己成为猫王做更详细的指导。

当然,也不排除有这样的人,当自己成了领导后,就忘记了曾经帮助过自己的人,甚至害怕这些人对自己构成威胁,而做出一些伤天害理的事情,这样的人是不会有好下场的,正如黑猫的下场那样。

因此,作为一个创业者,要懂得感恩,要学会感恩,感恩公司、感谢领导、同事、下属以及家人、朋友等,只有拥有感恩心的领导,才能更好地做好管理工作。

感恩是一种利人利己的内心责任。很多时候我们对自然、社会、公司、股东、老板、同事、下属、客户等,甚至父母妻儿的付出都漠然置之,认为那是自己应该得到的,是天经地义的。其实,并非如此。中外历史上很多英雄豪杰,成在"振臂一呼,应者云集",败在"离心离德,孤家寡人"。所以,感恩其实就是一种利人利己的内心责任:对自己的责任,对亲人的责任,对他人的责任,对公司的责任,对社会的责任。因为只有铭恩于心,才会有恒久的责任。

做人要保持一颗感恩的心,无论是在工作中还是在生活中,都应该是这样的。如对我们的父母要心存感恩,这是由于他们给予我们生命,让我们更健康地成长,让我们放飞心中的理想;对师长心存感恩,因为他们给了我们许多教诲,让我们抛却愚昧,懂得思考,在工作的过程中实现自我;对兄弟姐妹心存感恩,因为他们让我们在这尘世间不再孤单,让我们知道有人可以和我们血脉相连;对朋友心存感恩,因为他们给了我们友爱,让我们在孤寂无助时可以倾诉、依赖,看到希望和阳光。心存感恩,一句非常简单的语言充满了神奇的力量,让那些琐碎的小事在很短的时间里变得无比亲切。

一个工作单位,其实就是一个大家庭。也许每一个人都了解并知道,大家都是这里的一员,我们努力地工作,努力地生活,努力地营造一个美好的未来。虽然平凡,但我们有自己的光芒,不妄自菲薄,也不骄傲虚浮,要在自己的位置上发挥光和热。正是有了这些平凡而又非凡的人,我们的事业才变得如此璀璨与辉煌。

有位哲学家说过:"世界上最大的悲剧或不幸,就是一个人大言不惭地说:'没有人给我任何东西。'"感恩是一份美好感情,是一种健康心态,是一种良知,是一种动力。

一位普通的邮差因其平凡但持之以恒的送给人们快乐的工作,而获得了日本政府颁发的国家级奖项——终身成就奖。

终身成就奖在通常的情况下,只授给各界名流、社会精英,授给一个普通的邮差却是破天荒的事。然而,真正的快乐是金钱无法买到的。授予他终身成就奖,皆因他在清苦的工作中,把快乐传递给了人们。

他每天一大早出门,用自行车驮着报刊和邮件,穿梭于大街小巷。在现代社会的日本,很少有人以此为终身职业,因为这差事辛苦且收入微薄。但是,他一干就是25年,且不打算放弃。人们这样评价他说:"凡是接受过他服务的居民都很喜欢他,因为他每天都很快乐,居民从他手中拿到信件的时候,也收到了一分快乐。"

其实每一个人都应该像这位邮差一样,始终抱着感恩的心,把快乐送给每一个人。作为管理者,你有信赖的上级对你委以重任,有团结的下属为了工作不遗余力,有合作愉快的客户和合作伙伴,有那么对真心为你的成就喝彩的人……你的感恩之心,会像邮差一样将快乐送给身边的每一个人,你也一样会赢得周围人的尊敬和信赖。

感恩,会使我们在失败时看到差距,在不幸时得到慰藉。就像换一种角度去看待人生的失意与不幸,对生活时时怀有一份感恩的心情,则能使自己永远保持健康的心态、进取的信念。

感恩不纯粹是一种心理安慰,也不是对现实的逃避,更不是阿Q精神胜利法。感恩,是一种歌唱生活的方式,它来自对生活的爱与希望。有了感恩的心情,我们即使遭受挫折,感觉到我们受到某些不公正的待遇,碰到一些无法逾越的障碍,也不会怨恨失望,更不会自暴自弃。同时我们只有拥有了一颗感恩的心,才能放开自己的胸怀去宽容待人。

一个优秀的管理者一定懂得在关键的时刻施恩于人

"善将者,不恃强,不怙恃,宠之而不喜,辱之而不惧"。你有宽宏的胸怀,平等的精神,不仗势,不凌人,不清高,对于跟随的人多提拔,多赞美,有过予以承担,有功予以分享,自然能获得下属的拥护。

最好的管理,就是自己管好自己;最坏的管理,就是自己言行不一。

仁者的最后一个修炼叫慧,慧者足以使人,这个慧就叫恩惠,叫施恩于人,惠及他人就是施恩于人。一个有慧的人,一个要修炼成仁者的人一定懂得与人分享。所以要栽培一个人，成就一个人，都要懂得分享的意义，不要什么都觉得是我的，我要去占有，你要懂得把拥有的东西拿去与人分享，这样就会有很多人愿意追随你。就像你们是管理者，不管是管理一个部门，还是管理几个人，你的团队为什么认同你？首先认同你的人品，然后认同你做事的风格，认同你的价值观，你的人生愿景，还要认同你不单可以共患难，还可以共享福。要懂得把自己拥有的无形文化和精神，有形财富与物质拿去与人分享，这样的人就不缺团队，就不缺追随者，这就是大智慧。

一个优秀的管理者一定懂得在关键的时刻施恩于人，这叫智慧，这叫仁者。恭、宽、信、敏、惠，只有修炼成一个仁者，才能天下无敌。

一、待人要平和有礼

作为一名管理者，对待你的部下乃至所有相关人的往来，最要紧的，要能亲切和蔼，要让他感到你平易近人。有云："将不可骄，骄则失礼，失礼则人离，人离则众叛。"愈是最高领导者，你的态度愈平和有礼，部下也会生起恭敬心，接受你的领导。

二、做事要精简有道

作为一名管理者，要关照的层面会很多，但是你不能过分烦琐，过分地啰唆。烦琐令人厌，啰唆令人烦。化繁就简，受领导的人才会清楚地明白你的原则方针，才会愿意跟随你一起做事。

三、论理要中道有分

一个事业团体一定要有其创办的理念，身为管理者，你必定要认识并抓稳这一理念，无论做什么事情才不会有所偏差闪失。持之以正，中道行事，才不会偏失大方向。

四、领导要融和有义

人心最大的陋习是"同归于尽，嫉妒偏狭"，因此统领大众必须要有融和的雅量。只有融和，才能宽大和众；只有融和，才能彼此交流。不但融和，更要有义。"与人交，要有情有义；为人谋，要有忠有信。"你对人有义，不必领导，他也会愿意接受你，追随你。

第三章

10分钟读懂"用众"

——善于利用团队的力量

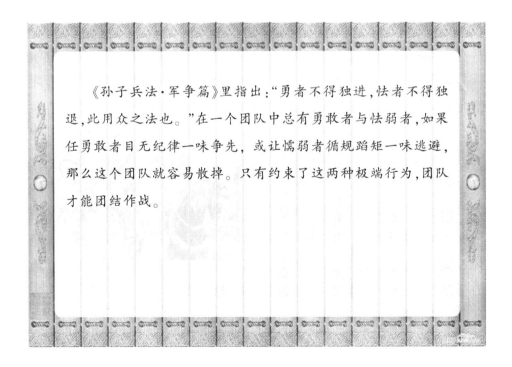

《孙子兵法·军争篇》里指出:"勇者不得独进,怯者不得独退,此用众之法也。"在一个团队中总有勇敢者与怯弱者,如果任勇敢者目无纪律一味争先,或让懦弱者循规蹈矩一味逃避,那么这个团队就容易散掉。只有约束了这两种极端行为,团队才能团结作战。

一股绳胜一团麻，团队精神比什么都重要

在远古的时候，上帝创造了人类。为了检验人们之间是否具备团结协作、互帮互助的意识，上帝做了一个试验：他把人类分为两批，在每批人的面前都放了一大堆可口美味的食物，但是，却只给每个人发了一双细长的筷子，并要求他们在规定的时间内，把桌上的食物全部吃完，而且不许有任何的浪费。

试验开始了，第一批人各自为营，只顾拼命地用筷子夹取食物往自己的嘴里送，但因筷子太长，总是无法够到自己的嘴，而且因为你争我抢，造成了食物极大的浪费。上帝看到此，摇了摇头，感到失望。

轮到第二批人类开始了，他们一上来并没有急着要用筷子往自己的嘴里送食物，而是大家一起围坐成了一个圆圈，先用自己的筷子夹取食物送到坐在自己对面人的嘴里，然后，由坐在自己对面的人用筷子夹取食物送到自己的嘴里，就这样，人们在规定时间内吃掉了整桌的食物，并丝毫没有造成浪费。第二批人不仅仅享受了美味，而且还获得了彼此更多的信任和好感。上帝看了，点了点头，为此感到欣慰。最后上帝在第一批人类的背后贴上五个字，叫"利己不利人"；而在第二批人的背后贴上另外五个字，叫"利人又利己"！

社会其实也是一个团队，我们中国人当然更是一个大的团队。如果我们自己的团队成员都不能互相帮助，我们的国家如何能有竞争力呢？有一句老话：帮人即帮己，也就是利人又利己。德国企业及社会非常重视一个人的"人品管理"——一个经常帮助别人的人更有团队精神，也更爱公司。

谈到团队精神的重要性，首先应该知道什么是团队精神。

团队精神是指团队整体的价值观、信念和奋斗意识，是为了实现团队

的利益和目标而由相互协作的个体所组成的团队表现出来的精神,是团队成员为了团队的利益与目标而相互协作、尽心尽力的意愿与作风。用通俗的话说,团队精神就是团队上下精诚团结、目标一致、协同共进,就如航行于大海的巨舰,有智慧舰长的正确指挥,有勇敢船员的协同配合,在这艘巨舰上每一个人都发挥着重要的作用,凝聚成劈波斩浪的巨大动力。一个成功的团队,只要具备这种精神,就能在激烈的竞争中长盛不衰。

团队精神对任何一个团队来讲都是不可缺少的精髓,否则就如同一盘散沙。一根筷子容易弯,十根筷子折不断,这就是团队精神力量的直观表现,也是我们之所以把团队精神置于和谐团队文化的第一塑造点的根本所在。

作为团队文化的一个重要组成部分,团队精神包括团队成员之间的高度信任感和团队合作意识、团队凝聚力以及团队成员的高昂士气三个层次。

加深了解增强互信

信任是高效的、团结一致的团队的核心。没有信任,团队合作无从谈起,也就无从拥有团队精神。因此,团队精神的一个特点是:团队成员之间相互高度信任。也就是说,团队成员彼此之间相信各自的正直、个性特点和工作能力。赢得他人信任是团队合作的前提,这种信任应做广义的理解,不仅包括对个人品质的信任,而且包含对专业能力的信任。

信任是相互的,对于团队成员来说,赢得他人信任的同时要信任他人。团队成员应具备豁达的胸襟,充分信任他人,认可他人的个人品质及专业素养。或许你认为他人在某些方面不如你,但你更应该看到他人的强项和优点,并对他人寄予希望。

虽然这是很理想的情况,但是,只有非常优秀的团队才能够建立起这种信任,以深化合作。这需要团队成员敢于承认自己的弱项,而且不用担心别人会以此来攻击自己,这些弱项包括性格弱点、技术不足、人际交往的困扰、失误以及无法独立完成任务,需要别人的帮助等。

而增强团队成员间信任的最有效的方法之一就是加深彼此之间的了解。了解是增强信任、深化合作的基础与前提,这既包括对团队成员性格的了解,也包括对其行事方法方式的了解。从团队成员之间的关系角度看,要塑造和谐的团队文化,建立团队精神,首先得加深团队成员间的彼此了解,以增强团队成员间的信任,从而深化成员间的合作。

生命力建设至关重要

一个具有和谐的文化氛围、拥有团队精神的团队的主要特点就是具有生命力、战斗力、凝聚力,团队成员之间相互高度信任。因此,进行团队的生命力、战斗力、凝聚力建设,是全面建立和谐的团队文化的又一途径。

生命力是说明一个团队是否有良好的新陈代谢、积极创新性的标志;战斗力既是对每个成员工作能力的评估,同时也是对团队资源整合后向既定目标发起进攻的能力的体现;而凝聚力则是团队精神的最高境界,它是从松散的个人集合走向团队最重要的标志。它来自于共同的价值观,来自于共同的奋斗目标,来自于良好的人际关系,来自于团队成员自觉的内心动力等。

可见,从概念内涵中不难发现,团队生命力、战斗力、凝聚力都是以高度信任为基础的。因此,要进行团队生命力、战斗力、凝聚力的建设,首先必须培养团队成员之间的信任。

由此可见,团队成员诚实可靠、相互信任,而且具有较强的承担风险的意识,这样既可以形成强大的生命力、战斗力和凝聚力,又可以形成团队相互尊重、信任、宽容、团结协作等和谐的文化氛围。

鼓舞士气让热血沸腾

一个没有士气的军队不可能打胜仗,一个没有士气的团队同样难以取得良好的成就。

古代将士们上阵杀敌时，主将往往会宣誓或训话以鼓舞士气，可见，士气与效率的关系非同寻常。

研究表明：一个人哪怕只有60%的技能，但只要充满自信，就可能在工作中发挥出100%的能量。虽然实际工作中的变数很多，但最终会因为士气高昂而创造出奇迹般的工作成就。

我国古代的军事专家和统帅也非常注重士气，"一鼓作气，再而衰，三而竭"，就是对此的精辟论述，著名战役"破釜沉舟"和"背水一战"也都诠释了士气的重要性。专家通过对秦始皇陵兵马俑的考证得出结论，秦军每次战斗之前必大量饮酒激发杀敌士气，激发建功立业改变自身命运的豪情。当年红军长征过雪山草地时，环境多么险恶，但将士们的信念是：风雨侵衣骨更硬，野菜充饥志越坚，官兵一致同甘苦，革命理想高于天。大家为着一个共同的革命理想走到一起，这个理想既为国家民族的前途，又能从中实现个人的人生价值，所以即使经历许多艰苦挫折和牺牲，士气总是高昂的。

诚然，在一个团队中，精英的地位不可低估，但形成积极、易沟通、协同合作的幸福的团队文化往往更能促使实现团队1+1>2，即"整体大于个体之和"的目的。俗话说：态度决定人生的成功高度，而幸福的团队文化就像这人生的"态度"，能否全面建立幸福的团队文化，决定着团队效力是否1+1>2。

真正的成功来自和谐团队

在今天的企业界，靠个人单打独斗已经很难赢得市场的决胜权，只有通过团队的力量才能提升企业整体的竞争力。

作为企业的一分子,一名优秀的员工能自觉地找到自己在团队中的位置,能自觉地服从团体运作的需要,能把团体的成功看作发挥个人才能的目标。他不是一个自以为是、好出风头的孤胆英雄,而是一个充满合作激情,能够克制自我、与同事共创辉煌的人,因为他明白离开了团队,他将一事无成,而有了团队合作,他便可以与别人一同创造奇迹。

蒋志国是一家营销公司的优秀营销员。他那个部门的团队协作的精神十分出众,因此,每一个人的成绩都特别突出。

后来,这种和谐而又融洽的合作氛围被蒋志国破坏了。

前一段时间,公司的高层把一项重要的项目安排给蒋志国所在的部门,蒋志国的主管反复斟酌考虑,犹豫不决,最终没有拿出一个可行的工作方案。而蒋志国则认为自己对这个项目有十分周详而又容易操作的方案。为了表现自己,他没有与主管磋商,更没有向他提出自己的方案,而是越过他,直接向总经理说明自己愿意承担这项任务,并向他提出了可行性方案。

他的这种做法严重地伤害了部门经理的感情,破坏了团队精神。结果,当总经理安排他与部门经理共同操作这个项目时,两个人在工作上不能达成一致意见,产生了重大的分歧,导致团队内部出现分裂,团队精神涣散了。项目最终也在他们手中流产了。

一个团队的伟大并不是由于某个成员的伟大,而是因为他们作为一个集体的伟大。正如海尔的张瑞敏说过:"就单个员工而言,海尔员工并不比其他企业员工优秀,但能力互补、具有良好团队合作精神的'海尔团队'的确是无坚不摧的。"

在现代社会,团队的力量远远大于一个个单独的优秀人才的力量。在当今世界,任何具有重大意义的科学研究、理论探索、技术工程等,都不可能凭借个人单枪匹马的奋斗完成。

　　秋去春归的大雁在飞行时总是结队为伴,队形一会儿呈"一"字,一会呈"人"字,一会又呈"V"字,它们为什么要编队飞行呢?

　　原来,编队飞行能产生一种空气动力学的节能效应。一群由25只编成"V"字队形飞行的大雁团队,要比具有同样能量但单独飞行的大雁多飞70%的路程。也就是说,编队飞行的大雁能飞得更远。

　　当大雁向下扑翅膀时,在它的翼尖附近就产生了一种上升流,每一只在编队中飞行的大雁都能利用到邻近它的另一只大雁所产生的这股上升流,因此大雁只需消耗较少的能量就能飞翔。大雁的这种行为并不是出于它们对这种上升流的理解,而是感觉到这样飞行时不太费力,只需要调整它们的飞行姿势就行了。

　　以水平线形飞行的雁也可获得这种邻近升力,但以这种方式飞行时,中间的那只雁要比排列在任何一侧飞行的雁获得更大的上升助力。而在"V"字形编队中,这种升力的分布相当均匀,虽然领头的雁所受到的空气摩擦力要比后面的那些雁大,但这一点由排在两侧飞行的雁所产生的上升流弥补。那么排在"V"字形队末飞行的雁只能从一侧获得这种上升流,它消耗的能量是否多些?并不是这样,因为其他的雁都在它的前面飞行,所以这种来自一侧的上升流是相当强的,而且雁的这种"V"字形编队不需要绝对的对称也能具有这种升力特性,即排列在一侧的雁可以比另一侧多一些。

　　一滴水是微不足道的,整个大海却是无限的。一个人的力量是有限的,集体的力量却是巨大的。真正的成功来自和谐团队,只有企业中的整个员工队伍紧密团结起来,才会产生巨大的力量和智慧,最终走向胜利并获得幸福的人生。

约束极端行为，尊重个别的差异和不同

为什么一个团队会出现"心不齐"的情况呢？究其原因，"心不齐"往往发生在首尾环节，即发生在喜欢冒进与退缩的两种人身上。解决了这两种人，公共事业才能壮大、获利。

冒进者看似勇敢，但多半都只是逞一己之快，属匹夫之勇，历来成不了大事。并且，冒进者做事往往是为了自己而不是为了团队，一旦得手，就会先下手摘取胜利果实，势必损害大多数人的利益。

退缩者的危害就更大了，一件事还没开始做他就说："不行啦，我实在完不成。"灭自己志气、长他人威风，让人痛恨。做都没做怎么知道不行？退缩者往往不是缺乏能力，而是缺乏信心。如果任由他们：将出现一匹害群之马带坏一群好马的不良局面。

对付冒进与退缩

对付冒进者的手段一般有三种：

一是让他冒进，看谁先冒进先整谁。有的人注定要冒那么一下他才高兴，你让他不冒进他很难受，说不定还要给团队添乱。如果管理者实在不能制止，就不妨让他跳出来，这样就会把问题摆在明处，比较好解决。当然，不能任由他冒进，准确说是在他"冒而未进"的时候收拾他。

二是化冒进为计划内的进攻。不管怎么说，除了极个别别有用心的人外，冒进者往往也是为了大家，他的冒进具有献身精神与先锋精神。这时我们就应该理解这种冒进，不能凭空打击。冒进者往往能把发展计划提前一步走，如果引导得好，可以变坏事为好事。我们要变冒进为正常进攻，约束冒进者在纪律内大胆进攻对方,这样就不会打乱计划,反而可能提前完成任务,这种办法的难点在于约束冒进者(要理解也要管理),在于化冒进为正常进攻(及时调整进攻策略)。

三是大家冒进。这种做法实际上是肯定了冒进的做法,风险较大,但如果把握机会,也可以趁机形成强烈进攻,占主动、占先机,胜算也极大。

比如一群狮子一起冒进,冒险攻击一头暴躁的野牛。

无数次实战表明,单打独斗狮子是打不过野牛的,野牛尖锐的长角与灵活的弹腿可以让狮子根本无法得手,而且往往死得很难看。但一群狮子就不同了,它们一起进攻,有的咬尾巴,有的缠住头部厮咬,有的跳上牛头抱住牛角,有的爬上牛背抓住牛颈,有的抱住牛腿直啃。野牛怒火冲天,往往能把较弱的狮子踩成肉饼或用角截死,但野牛毕竟不敌群狮进攻,不多久一只庞然大物就这么被掀翻了。群狮斗野牛的案例说明:"大家"冒进是有用的,是可以吃到肉的。缺点是风险大、牺牲大,优点是报酬丰厚。

对付退缩者的手段极简单,那就是清除出去,越快越好,绝不能手软。个别情况可以教育留用。

尊重个别的差异和不同

在我们的工作中,总是充满形形色色的人,即有各种背景的人、有各种性格的人、有不同生活经验的人,我们要尊重个别的差异和不同并要找出共同点。一个好的企业文化是能包容不同个性,塑造共同价值观的。人人生而不同,但对我们的工作都会有独特的贡献,切不可只用一种人,用一种方法来做事。

身为管理者的你要学习用不同的方式管理不同的人。要承认人的最大特点是人与人之间存在差异,克服自己的偏见,这样才能使公司更和谐,也更具效率。

1)尊重下属的不同意见

管理者不愿听取下属的意见,大致原因是认为下属能力不足,意见不具备参考价值,这实际上是个误区。下属能力较你弱或许是事实,但并非他们的每个意见都不高明,有些意见可能对方案有补充作用,或者可以通过这些意见本身了解下级在执行中会有什么心态及要求。总之,无论从哪个角度讲都有必要认真倾听不同意见,因为一个人考虑问题不可能十全十美,况且,就怎样做成一件事来说也很少有标准答案,我们要的是结果,如果大家齐心协力共同完成一个任务,这不是一件很开心的事吗?

2)尊重下属的选择

员工有选择工作的自由,不可将员工的辞职视为背叛于你,气愤过后千万不能在你的心中留下任何不好的印象,这会让你在今后的工作中对你的下属产生不信任的态度。员工辞职本是一件可以理解的事情,也许是你的企业的目标和员工个人的发展目标想悖,也许是员工个人价值取向的改变,所以你不能过多的去强求他们,甚至戴上有色眼镜。员工选择了来公司工作,那么帮助他们个人的成长就是我们应尽的义务;切不可把员工的成长当成我们给予他们机会的某种结果,并要求员工不断地给予回报,这会让你在人格上不尊重他们,认为他们应该为你工作,或者他们应该全部听从于你。我们真正需要的是接受员工的选择,对员工的离职完全可以做到"人走茶不凉"。

下属的辞职是再正常不过的事情,我们应该正视这个问题,同时也可以发现自己身上的不足,这为你在今后的工作中也提供了借鉴,你可以因此而调整自己的领导方式,而观察管理者是否有雅量可以从对待离职员工的态度中去发现。

"用众"并不是简单地驱使众人，而要给众人利益

"用众"当然不是简单地驱使众人，而是要给众人利益。

"故杀敌者，怒也；取敌之利者，货也。故车战得车十乘以上，赏其先得者，而更其旌旗。车杂而乘之，卒善而养之，是谓胜敌而益强。故兵贵胜，不贵久"。

孙子的这段话，翻译成白话就是：要使士兵奋勇杀敌，一定要使他们群情激愤；要获得敌人的军需物资，就离不开用财物奖励士兵。车战中，缴获敌人十辆以上战车，就奖励首先夺取战车的士兵，并换上我军的旗帜，编入我军的队伍，还要优待俘虏，这就叫既战胜了敌人、又加强了自己。

牧羊人要为羊群找到青草，羊群才会为他带来更大收益

美国的罗伯梅德家庭用品公司，八年来生产迅速发展，利润以每年18%~20%的速度增长。

该公司建立了利润分享制度，把每年所赚的利润，取一定份额，按所规定的比例分配给每一个员工。这就是说，公司赚得越多，员工也就分得越多。员工明白了这个"水涨船高"的道理后，人人奋勇，个个争先，积极生产自不待说，而且主动改进产品。因此，该公司在家庭用品业中一直以高品质著称，并且赢得大量订单。

从表面上看，职员的工资高，成本也就高，利润就偏少。而事实上，该公司形成了一个良性循环的增值体系：高工资→高效率→高利润→更高工资→更高效率→更高利润……就长期而言，给雇员支付高于一般水平的工资，反而是一项降低成本的有效手段，因为雇员的工资，毕竟只是新增长的

利润的一部分。高工资手段还能起到加强企业向心力的作用,稳定雇员队伍,还能从别处挖来人才。

罗伯梅德公司"抛砖引玉"的良苦用心换得了财源滚滚来,这个明智之举已为越来越多的企业所效仿。

日本著名企业家松下幸之助认为:管理者并不是高高在上,而是站在职员背后帮助他们前进的人。他倡导管理者"替员工端上一杯茶"。这茶不一定真的要去倒,只要通过各种方式诚恳地表达出来,使员工感到振奋,从而提高工作效率,达到"引玉"的目的就可以了。关键是要体现出处处为员工利益着想,体现地位平等和尊重员工的精神。

美国罗伯梅德公司用员工利润换订单,是高明之举。

丰厚的物质奖励能非常明显地提升士气,尤其在公司组建的初期,由于没有形成特定的公司文化,职务升迁和物质奖励就成为调动员工积极性的最有效手段。

有首歌的歌词是这样的:"朋友啊,朋友,你可曾想起了我,如果你正在享受幸福,请你忘记我;朋友啊,朋友,你可曾记起了我,如果你正在承受不幸,请你告诉我!"每次听到这首歌时,我们都会被朋友之间的这份忠诚与真情而感动。但是,如果我们仅仅将这种朋友之间的真诚与忠实莫名其妙地嫁接到企业的老板与员工之间的关系上,那么,一定不会结出丰硕而甜美的果实。

因为,企业想让员工忠诚,首先的保证必须是赢利,其次才能谈到其他方面。

如果企业的员工,看不到希望与寄托,而且得不到多少利益时,也就根本无法形成对企业和老板的忠实度。好比牧羊人要为羊群找到青草,羊群才会为他带来更大收益。

高工资不仅仅是动力，还应该是压力

F公司是一家生产电信产品的公司。在创业初期，依靠一批志同道合的朋友，大家不怕苦不怕累，从早到晚拼命干。公司发展迅速，几年之后，员工由原来的十几人发展到几百人，业务收入由原来的每月十来万发展到每月上千万。企业大了，人也多了，但公司领导明显感觉到，大家的工作积极性越来越低，也越来越计较。

F公司的老总一贯注重思考和学习，为此特地到书店买了一些有关成功企业经营管理方面的书籍来研究。他想，公司发展了，确实应该考虑提高员工的待遇，一方面是对老员工为公司辛勤工作的回报，另一方面是吸引高素质人才加盟公司的需要。为此，F公司重新制定了报酬制度，大幅度提高了员工的工资，并且对办公环境进行了重新装修。

高薪的效果立竿见影，F公司很快就聚集了一大批有才华有能力的人。所有的员工都很满意，大家热情高涨，工作十分卖力，公司的精神面貌也焕然一新。但这种好势头持续不到两个月，大家又慢慢回复到懒洋洋、慢吞吞的状态。

F公司的高工资没有换来员工工作的高效率，公司领导陷入两难的困惑境地，既苦恼又彷徨不知所措。那么症结在哪儿呢？

F公司出现的这种情况是一个普遍现象，很多企业都经历过这样的过程。在创业初期，每个人都可以不计报酬、不计得失、不辞辛劳、不分彼此，甚至加班加点、废寝忘食。但是，只要企业一大，大家这种艰苦奋斗、不计报酬的奉献精神没有了，不分上下班的工作干劲和热情态度也不见了，关心企业、互相帮助、团结如一人的融融人情氛围也消失了。为什么会这样呢？原因有三：

首先，那就是企业大了，老板或忙于企业发展的大事，或忙于社会上各种应酬，与原来创业的老员工在一起的时间少了，感情必然疏远，心理距离必然拉大,以感情作为激励手段的作用自然就会逐渐消失。

其次,在创业初期每个老板可能对公司员工,尤其是一些核心骨干有过许多承诺,但当企业真的做大之后,老板并没有兑现这些诺言(或许忘了),因而老员工便产生失望情绪,接下来的自然是消极怠工,或是集体跳槽。

再次,当企业成长到一定规模之后,必须走向制度化的管理,而制度给人的感觉总是冷冰冰的,原来的那种相依为命一起创业的融洽感觉消失殆尽,称兄道弟不行了,一切都要按级别来,按公司规定来,制度容不得感情。

公司大了,其管理方式应该改变,激励方式也应该改变。讲感情不行了,那靠什么呢?

遗憾的是,我们很多企业把钱作为唯一的激励手段,在一些老板的意识里,花高价钱就能打动人才的心。因此,招聘上就会出现这样的文字:"位置加权力,高薪加福利。你还要什么?你还等什么?"言外之意给你高薪水、高福利,你就该满意了,该知足了。这代表了不少企业的想法。

美国行为科学家弗雷德里克·赫茨伯格的双因素理论告诉我们:满足各种需要所引起的激励深度和效果是不一样的。物质需求的满足是必要的,没有它会导致不满,但是即使获得物质上的满足,它的作用往往是很有限的、不能持久的。要调动员工的积极性,不仅要注意物质利益和工作条件等外部因素,更重要的是要注意工作的安排,量才录用,注意对人进行精神鼓励,给予表扬和认可,注意给人以成长、发展、晋升的机会。

还有一点是必须指出的,就是F公司把工资提上去了,工作环境和条件也改善了,但没有把员工的工资奖金同工作目标相联系,同业绩挂钩,也就是说,每个员工在没有压力的情况下就能稳稳当当拿到高工资。既然如此,大家为什么要卖力干呢?

下面两个小故事很能说明问题。

国外一家森林公园曾养殖几百只梅花鹿,尽管环境幽静,水草丰美,又没有天敌,但是几年以后,鹿群非但没有壮大,反而病的病,死的死,竟然出现了负增长。经专家分析,主要是由于鹿的生活过于安逸。后来他们买回几只狼放置在公园里,在狼的追赶捕食下,鹿群只得紧张地奔跑以保命。这样一来,除了那些老弱病残者被狼捕食外,其他鹿的体质日益增强,数量也迅速地增长。

挪威人喜欢吃沙丁鱼,尤其爱买活鲜的。渔民们为了避免沙丁鱼在运输途中死去,往往在船舱里放上几条鲶鱼。鲶鱼滑溜无鳞,常爱四处乱钻乱窜,弄得沙丁鱼十分紧张,只好跟着鲶鱼一起游动。这样,不但避免了沙丁鱼因窒息而死亡,而且抵达渔港后还能保持鲜活。人们称这种现象为"鲶鱼效应"。

由以上分析可知,F公司的问题就在于:首先,对快速成长企业的经营管理缺乏经验;其次,对怎样让高工资发挥激励作用认识肤浅;第三,激励手段简单且不配套、不系统。

解决方案:

针对F公司的现状,其重点是由人力资源部门建立以薪酬制度为基础的激励系统,使企业进入"高工资、高效率、高效益"的良性循环。

一、薪酬制度设计

薪酬制度设计的要点在于"对内具有公平性,对外具有竞争力"。这就要求我们要以实事求是的科学方法进行设计,而不是拍脑袋随意而定。一般要经历以下几个步骤:

第一步:职位分析。这是确定薪酬的基础。

第二步:职位评价。职位评价(职位评估)重在解决薪酬的对内公平性问题。

第三步:薪酬调查。重在解决薪酬的对外竞争力问题。

第四步:薪酬定位。即根据企业状况选用不同的薪酬水平。

第五步:薪酬结构设计。确定职位工资,需要对职位做评估;确定技能工资,需要对人员资历做评估;确定绩效工资,需要对工作表现做评估;确定公司的整体薪酬水平,需要对公司盈利能力、支付能力做评估。每一种评估都需要一套程序和办法,可以说,薪酬体系设计是一个系统工程。

在制定和实施薪酬体系过程中,及时的沟通、必要的宣传或培训是保证薪酬改革成功的因素之一。必要时,让员工参与薪酬制度的设计与管理,这无疑有助于一个更适合员工的需要和更符合实际的薪酬制度的形成。

二、配套激励措施

1.设计适合员工需要的福利项目。高薪只是短期内人才资源市场供求关系的体现,而福利则反映了企业对员工的长期承诺。

2.重视内在激励。在注重企业为员工提供高工资、福利和晋升机会的同时,强化基于工作任务本身带给员工的胜任感、成就感、责任感、受重视、有影响力、个人成长和富有价值的贡献等。

3.引入适度竞争。让员工感觉到差距的存在,让他们感觉到竞争的危机,落后就意味失去工作。引入竞争后,员工的惰性没有了,不思进取不存在了,他们都在暗暗地努力,工作效率就会明显增长。

4.奖惩适度。奖励过重会使员工产生骄傲和满足的情绪,失去进一步提高自己的欲望;奖励过轻会起不到激励的效果,或者让员工产生不被重视的感觉。惩罚过重会让员工感到不公,或者失去对公司的认同,甚至产生怠工或破坏的情绪;惩罚过轻会让员工轻视错误的严重性,从而可能还会犯同样的错误。

5.创造公平的企业环境。公平体现在企业管理的各个方面,如招聘时的公平、绩效考评时的公平、报酬系统的公平、晋升机会的公平等。任何不公的待遇都会影响员工的工作效率和工作情绪,影响激励效果。

6.重视对团队的奖励。为了促使团队成员之间相互合作,同时防止上下级之间由于工资差距过大导致出现低层人员心态不平衡的现象,奖励团队的措施也应加强。

1)物质奖励

可以借鉴唐浩明写的《曾国藩》中,曾氏兄弟对湘军的激励方式,还是比较高明的。令谭小芳印象深刻的有——曾国荃赤裸裸的物质奖励法:如进攻太平天国首俯江宁(南京)时,曾国荃明目张胆地鼓励下属,攻下南京城可以七天内烧杀抢掠奸淫、保举升迁(制造愉悦)。如攻不下,或有临阵脱逃者,则杀无赦(制造恐惧)。说实话,单从对底层将士的激励来说,曾国荃的效果要远远好过其兄曾国藩。当然曾氏善于用人驭人各有一套。相对而言曾国藩比较偏重于精神激励、制造荣誉感,如奖励腰刀、精神关怀、儒家伦理说教等。

2)任命升迁

楚汉争霸时,投靠了刘邦的陈平对西楚霸王项羽的评价大意是:项羽表面上很爱他的士兵,他的士兵生病他也会因此落泪,但当他要奖赏将士时却特别吝啬,手里拿着发给下属的"印鉴"(相当于公章、任命书),连印鉴的角都磨光了,却迟迟不肯发下去。下属得不到应有的赏赐,就会觉得他并不是真的爱惜下属,连看见士兵生病流泪的事也显得虚伪了。时间一长,英雄的"本色"会被下属看得很清楚,跟着他的人也就会越来越少。

3)表扬激励

表扬对于物质激励来说是成本最低的,但是表扬激励却在团队中起到很重要的作用。主管对下属的肯定,特别是在大会上的赞许,会让上进的下属得到满足感和荣誉感,在以后的工作中更加有信心和动力,同时也会映射其他同事的警觉,向先进学习。所以主管领导,一定要善于运用领导艺术,适时地给予表现较好的下属以口头表扬,或写通知表扬,短信群发表扬,大会表扬,私下交流表扬等多种方式,告诉你的下属,他做得不错,继续努力。下属不喜欢冷冰冰、只会训斥和骂人的领导,喜欢客观的领导、和蔼的领导,所以主管要善于用表扬来激励你的团队!

4)平台激励

每个勤恳上进,有贡献、有能力的员工都会期待有一个很好的工作平台并规划他的职业梦想,所以这样的人会很仔细地琢磨自己的职业方向。如果企业不给予他们机会和支持,他们这样的人才也会在失望中跳槽并寻找新的企业,其实这样的人才是企业很需要的。

5)培训学习

当公司组织内部培训和参加其他的外部培训的时候,对于他们来说是额外的价值收获,员工们是很希望得到这样的成长机会的。因而企业定期、持续的培训学习是对员工的一种良好的激励手段。同时公司可以将传统的开会说教,改为集体在一起观看网络培训视频,购买销售、励志类书籍赠阅给员工也会得到员工的喜爱和认可,他们也会因此而焕发出新的活力。

6)文化激励,精神推动

团队激励主要以文化激励为主,为了共同的目标而在一起工作的一群人是团队的基本要素。大家有明确的共同愿景,工作如果没有愿景就会枯燥乏味,有愿景而没有实干只是一种空想,有愿景再加实干就可能成就希望。

善用良将——只选最好的人,才能真正提高效率

当代管理大师杰克·韦尔奇对他的全球高级经理说:"你们的工作就是每天把全世界各地最优秀的人才招揽过来……你们必须招揽世界最优秀的成员,因为你们有最好的声誉去吸引他们,你们也有办法,你们还有股票期权……我们有种种的方法可以招揽最佳人才。如果你们只是随便找几个人来工作,你们应该感到耻辱。不管种族或性别,只挑选最好的人才是领导者的职责所在。"

即使是在经济衰退之时,顶级人才争夺战依然是非常激烈的。你不能只是用钱来砸这些卓尔不凡的人,并且认为用大笔的钱就能够诱惑他们来为你工作。如果你想得到这些人才,你需要付出更多,才能够打动这些优秀人才中的佼佼者。

1.你是否在做重要的工作？你的公司的使命和价值是否能够和你个人的目标和价值相一致？

2.你的公司是否管理得仅仅有条？如果我计划在你的公司里工作3年、5年甚至是10年，我需要确保你的公司经营良好，管理层能够合理地分配资源，为我的成功提供必需的支持，组织的价值观应当保持稳定，并且是我一切工作的核心。

3.我的工作是否能够带来改变？告诉我我的工作将会对组织起什么样的作用。随着时间的推移，你如何评价我的贡献？

4.工作体验是否能够满足我？在你的公司里工作是否让我感到快乐、充实？每天上班是否都让我兴奋，并且有丰厚的回报？

……

如果你能够回答这些问题，尤其是回答上面全部的四个问题，那么你在和竞争对手比拼争夺顶级人才的战斗中，就已经处在了一个非常好的位置。

作为一个管理者，应如何"善用"强过自己的那些下属呢？

首先，以欣赏的心态来看待A级人才。

心态好是指心态要平和积极，不要有嫉妒心理；如果有嫉妒心理，就会有许多变形的行为和语言产生，这大大影响到管理者自身的形象和声誉。

以欣赏的心态来看待下属，这样下属不仅会有自豪感和荣耀感，而且也会积极地把能力都发挥出来，而管理者自身也会受到公司员工的尊重、信赖和佩服。大家会团结起来，进行开创性的工作，于是工作效率就会大大提高。

下属是能人是值得高兴的事情，有能人要比没有能人好得多，因为能人可以来做好多工作，而且可以做一般人做不了的工作，解决一般人解决不了的问题。

其次，把握三点：一用、二管、三养。

第一是要用

大家看到有才华的人能得到提拔，就会争先恐后地提升自己的能力，从而提高整个组织的战斗力。反之如果管理者故意压制能人，甚至器重庸人或小人，不仅会打击能人的积极性，使能人对组织彻底失望，而且组织中的其他成员也会有看法，严重者会造成整个组织的分崩离析。

有些管理者担心下属会超过自己，不仅不培养、不举荐，甚至千方百计地对人才采取压制、贬损、迫害等卑劣手段，这样的管理者在害了别人的同时也害了自己。这是经理人的大忌，长此以往必将被企业淘汰出局。

给能人挑战性的工作，千方百计地调动A级人才的积极性，让他们出色地完成工作，让他们的能力得到发挥，让他们的才华得到施展……只有这样才能留住他们，不然，离开只是迟早的事情。

第二是要管

能人"恃才傲物"，有时甚至爱自作主张，因此，必须要管，要有制度约束，要多与之进行思想沟通交流，力争达成共识和共鸣。目的在于让他们与你相互了解，防止因相互不了解，而产生误会和用人不当，出现麻烦和损失。

第三是要养

能人往往招致组织中其他人的嫉妒，而且他们往往把持不住自己的表现欲，甚至不分场合地张扬其才华，这就更容易引起别人的反感，因此他们很容易成为组织成员的众矢之的。

如果管理者一味地偏爱有才能的人，管理者自己也可能受到攻击和损伤，而如果顺应组织中的其他成员的心理需求，对已成为众矢之的的他们给予打击排斥，他们就很可能离开组织或转而对组织造成损害。

妥善的解决办法就是要采用"养"的办法。如果能人是鱼，那么组织就是水，而这个组织就是由组织中的每一位成员组成，也包括A级人才自己。

因此，除了要引导他们做出成绩外，还要善意地有艺术性地帮他们改掉毛病，再引导他们和组织成员融合在一起。

有容乃大，不能容就死

《孙子兵法》针对人们做事普遍动力不足的局面，开出的药方是"容纳百川"。所谓"容纳百川"指大河吃小河，才会变成大河。如果大河不容纳百川，一路单行，就会开始多大结束也多大，还会被别的大河吃掉。

地球上的水网路也是一个生物链，也完全是大河吃小河，小河吃小溪的做法，我把它叫作"水链"。"水链"的顶级就是每个大陆的最大河流，如长江。长江仅在川江段就吃掉了岷江、沱江、嘉陵江、乌江等大河，所以一旦挤过三峡，势必形成滔滔洪流。所谓"容纳百川"，也就是吃掉百川。"容纳"指气度，"吃掉"指不挑食，泥沙俱下，无条件吸收，求量不求质。

我们如果吸收各方智慧与力量，当然也会动力持久而巨大。

干大事，必须得有一帮人，所以老板必须是善于用人的人。老板要善于用各种性格的人，各种来路的人，各种技能的人，因为企业是生存在社会环境当中，老板必须千方百计培养和维护企业的生态环境，要不然就等于没有空气和阳光，企业也就不能生存了。

对偶尔犯错者：多些宽容，开诚布公

领导者解聘员工最常见的原因是某个具体的差错。如果这个差错属于道德败坏问题，解聘就完全理所应当。

举例来说，当腐败和大规模非法商业活动证据确凿时，俄罗斯总统普京解除了原子能部部长阿达莫夫的职务，维护了俄罗斯领导层的道德水准。只有正直的领导者才能赢得下属的信任，容忍胡作非为必然导致信任危机。

然而，优秀的领导人会容忍错误的发生并鼓励下属汲取教训。20世纪80年代中期，新可乐的引入成为曝光度最高的商业失败案例之一。面对消费者巨大的消极反应，七十七天之后，传统可乐重回市场。

尽管大败一场，新可乐项目中并没有人受到谴责，更没有人被解雇。

这个项目的领军人、营销主管齐曼虽然事后离开了公司，但七年之后，他又重回可口可乐，领导全球营销部。公司CEO郭思达解释说："不能容忍错误，我们就会丧失竞争力。如果你的出发点就是避免出错，你就走上了无所作为之路。你跌倒，是因为你在前进。"

原谅齐曼的大错，使公司从中汲取教训，是郭思达卓越领导力的明证。新可乐溃败之后，可口可乐重整营销策略，逐年从百事手中夺回市场份额。

正确对待错误的关键，是要用心良苦地将错误公之于众。如果员工意识到可以对问题进行开诚布公的讨论，他就知道，承认错误、改正错误会得到支持。比起独断、拒斥、惩罚或者解雇，积极的、面对面的交流效果更好。你最终将会看到，业绩、士气和团队精神将因此而大幅提升。

对不称职者：教练指导，助其成长

因为整体上不称职而解聘下属的情况很常见。商业上如此，政治上同样如此。

20世纪80年代，英国首相撒切尔夫人在组阁之际不得不做出艰难抉择："我同样也让豪威尔和扬从内阁离职。豪威尔作为内阁大臣的缺点在他任职能源部的时候就已经显现出来，而他在交通部的表现也证明我的判断没有错。无论是作为反对党还是作为特别委员会主席，他都具有足够的卓越才能，但他缺乏由创造性的政治想象力和实干才能形成的综合素质，这使他不能成为一流的内阁大臣。"

当然，即使下属不称职，一个杰出的领导也应该加以教练和指导，促使他改头换面。进行指导时,尤其要让员工更好地了解他们自身和他们的工作。这可以让他们知道如何改善心态,在面对与业绩相伴而来的焦虑、屈辱和挫折时更讲究方式方法。

耐心的指导者会注意避免操之过急,不给受训的人设定过高目标。他提出问题的时候,不是匆忙给出答案,而是诱发受训者首先说出问题的确切含义。问题了然于胸之后,答案自然就有了,受训者就可以在没有指导的情况下自发地寻求答案。

如果教练和指导没有达到预期的效果,那么领导者别无选择,只有裁员。即便如此,领导者本人也要承担部分失败的责任。正像匈奴王阿提拉所说的:"首领如果不称职,等级最高的下属也不能接替他。首领失败了,下属也好不到哪去。"

对挑战权威者:明确层级,奠定基调

所有领导者都一定遇到过自己的权威受到下属挑战的情形。是应该视而不见？还是用心对付发起挑战的人？

爱德华兹,在1990年成为首位完成环球帆船赛的女性,她曾作出过艰难决定——很早以前,爱德华兹解雇了船队中的二号人物——她的大副。

领导者一旦感到队伍中有人起了破坏作用,就必须采取行动。作出决定尽管艰难,但不可避免,此举增强了领导者的可信度,而逃避问题造成的破坏性甚至要超过那个挑事儿的人的坏脾气。

领导者有责任事先定好上下级关系,为工作方式定下基调,并把这些信息有效地传达给下属。对领导者的挑战多半来自于对既定的理念和上下级安排的不认可。一旦某些挑战破坏了队伍的运转,就必须面对它、解决它。领导者如果不得不在捣蛋分子和团队精神之间作出抉择,如何取舍是显而易见的。

对偏离既有模式者：突破教条，鼓励创新

通用电气的韦尔奇是近二十年来最著名的企业领袖之一。他在职的时候，培养了一大批杰出领导者人选，密切关注每个人的个人发展，安排他们任职于不同的岗位以获取相关的经验，为他们设定富有挑战性的目标，给他们充分的空间施展才能。据说他还在GE设立了一个人才更新系统，让绩效最低的10%的雇员离职。

成功的领导者应该是什么样子，成功的企业应该是什么样子，韦尔奇心知肚明，对于不符合的，则坚决剔除。但是，剔除那些不符合既定模式的人，本身是一件危险的事情。

如果模式本身就是错的呢？如果模式没有及时更新与时俱进呢？

刻意按照团体要求塑造员工，其后果可能是积极的，也可能是消极的。

要取得积极的效果，就要让员工明白如何在复杂的组织环境中开辟成功之路；让他们独有的、富有创造力的天性获得认可和支持；让他们不必压抑自己的本色和想法，或者感到畏惧和缺乏信任。

与此相反，如果员工不得不循规蹈矩，压制自己的行为、特点和人格，放弃自尊和自由，被当作"次等人"；或者规章制度完全是上层管理人员说了算，毫不考虑下属的愿望，而上层管理人员又可以倚仗权势另搞一套，那么，负面效应就不可避免了。

比"按照既定模式打造员工"更好的办法，是给他们提供个别的帮助、指导和支持，让他们能在完成自己的目标的时候做得更好。

这就是说，要鼓励他们增进技能、诱导他们互相合作，使他们自觉地投身于工作之中。

对言而无信者：以身作则，言出必行

信任是一种言出必行的信念，是对一种传统美德——"诚实"的恪守。

领导者的行为与他口头上宣称的信念要相吻合,起码不相冲突。有效领导的基础不是卖弄聪明,而是言行合一。

表达信任的方法很多,比如:

事先商定好明确的原则,并尊重别人的原则。

让别人有权自主决策,或者共同协商作出决策。

鼓励团队协作和参与。

倾听别人的心声,达成共鸣。

在他人遇到困难时能挺身而出。

……

同样的原则也适用于下属。一个团体要想超越每个个人的能力,争取最佳表现,领导者必须确信下属认同整个团体的目标,不会破坏它的实现。如果有些下属很明显做不到这一点,领导者就别无选择,只能重新审视依靠这些下属是否明智。

需求成就感的员工——给他们分配一环紧扣一环的新任务

一些员工喜爱征服某些东西,他们不断地给自己制定更高的目标并努力达到,这样来使自己的能力不断提高。对于这样的员工,如果能给他们布置一些使他们更加紧张并需要战胜很多挑战才能完成的工作的话,他们会感到很乐意。

可以利用他们想达到目标的动力以及打破常规的愿望,让他们尝试一些能够检验才干培养技能的工作。

可以通过给他们分配一环紧扣一环的新任务来激励员工,使他们能够向着短期和长期目标努力,以创造良好的业绩和成长记录。

需求权力的员工——让他们发表一下自己的建议

一些人热衷于对别人施加影响和对别人进行控制,他们喜欢被人关注和由关注而产生的那种以为自己很重要的感觉。这样的员工喜欢在开会的时候占据中心位置,并发表大胆的、能引起争论的观点。有时,他们喜欢抛头露面的爱好也会吸引别人的注意力,比如自愿去做小组的发言人。

这种人也许会在一个晚会上拦住公司的首席执行官,表达自己享受公司的额外待遇时的兴奋和激动之情,和奉承那些有权力和威望的外界人士。

对待这样的员工要像对待内部专家一样,不时地要求他们发表一下自己的建议、想法。这样,你可以不断地了解到什么可以激励他们工作,因为他们一定会好好珍惜这样的机会来发表自己的观点并观察你是否严肃认真地对待他们的建议。

需求归属感的员工——在能使他们畅所欲言的地方组织会议

那些想要有归属感的员工是最容易被激励的,放任他们与同事们建立和谐、友善的关系就行了。但你应确保他们有大量的机会在非正式的场合与同事们认识,比如公司的野餐会和其他郊外活动等。

因为对于这些员工而言,这份工作的社会性是其最有意义的方面,所以,你可以使他们感到自己是这个大的组织的一员来激励他们。

例如,在能使他们畅所欲言的地方组织会议,而不是正襟危坐地聆听演讲或者正式性的发言。这样,你满足他们归属感的需要,他们回报你的将是全部的努力。

需求独立性的员工——让他们自己安排自己的时间

一些员工最看中的是自立,他们想自由地完成工作任务,至少在某种程度上有一定的自主性。如果你想对他们的一举一动都加以控制的话,将会扼杀他们创造性工作的愿望。

在管理工作中,假如你发现每当发布新的公司政策或者工作程序他们就很恼火时,那么,你就应该明白,你所管理的正是这么一群有独立性的员工。他们拒绝接受新的政策、反对专横的主管。

了解这些自由寻求者的激励点的最好方法就是在给他们设定目标之后,让他们自己寻找达到目标的最好方法。

注意不要表明自己的偏好,而是尽量给他们自由,让他们自己安排自己的时间,自己作出选择,决定为了完成工作所要采取的步骤。

需求尊重的员工——多向他们表达你对他们工作的认同

一些员工在工作中仅仅想要获得别人的一些尊重。假如他们感到被忽视或者"被驱逐",他们也许会咆哮着冲出房间。

他们也许极端遵守公司的礼仪规定,身着保守的熨烫得笔挺的套装,行为举止几乎是完全军事化的仪态。

假如能做到聆听他们的讲话,他们就会感到受到了激励。当他们讲话时,你应该点头和保持眼神的接触。不要他们一开口说话就打断他们或者摇头表示不同意。应该多向他们表达你对他们工作的认同,多给他们关于他们业绩的反馈情况,特别是表扬。

尽管对于所有的员工你都应该尊重,但是对于这样的员工,上述的行为就显得更加重要了。

需求平等的员工——向他们提供客观证据

他们也许会通过比较你如何管理员工的时间、工作的权限、责任范围、报酬和福利等,来确保没有不公平的迹象存在。

他们会毅然承担起监督你的权力行使是否公正。他们会毫不迟疑地告诉你对于某件事情的想法,急切地指出你管理方式和作决策中存在矛盾的地方。

如果你想知道什么可以激励这样的员工的话,只需要像一位律师来考虑问题就行——向他们提供客观证据以证明你是一位公正的、可以平等相处的老板!

将帅要爱护士卒,管理者要关心员工

孙子说:"带兵的将帅要爱护士卒,把士卒当作自己的亲生儿子,这样,士卒也会尊敬将帅,把将帅当作自己的父母,形成了如此亲密的关系,作战时士卒就会奋勇当先,与将帅一起,同生死、共患难,这样的军队就具有坚强的战斗力,能够创造战争中的奇迹。"

在企业管理中,领导也要关心、爱护员工,如同家人一样。这样,员工也会热爱领导,把企业当成自己的家,在企业中奋力工作以回报领导的关爱。员工具有如此的积极性,必然会出主意、想办法,生产出高质量的产品,企业也会因此而兴旺发达起来。

许多有远见的企业家从劳资矛盾中悟出了"爱员工,企业才会被员工所爱"的道理,因而采取软管理的办法,对员工进行感情投资。法国企业界有句名言:"爱你的员工吧,他会百倍地爱你的企业。"

这一管理学的新观念,已经越来越深入人心,而且被越来越多的企业管理者所接受。实践使他们懂得,没有什么比关心员工、热爱员工更能调动他们的积极性、提高工作效率了。

日本桑得利公司总裁岛井信治郎听到员工抱怨:"房间里有臭虫,害得我们睡不好。"他便在晚上点着蜡烛在屋里抓臭虫。一天,新员工佐田的父亲去世了,岛井信治郎听了这个消息,立即率领全体员工来到殡仪馆,帮助料理丧事。丧礼结束后,岛井信治郎又叫了辆出租车,亲自送佐田和他的母亲回家,佐田因此深受感动。那段时间,佐田想得最多的是:怎样做才不辜负总裁的一片爱心呢?最后他决定:只要公司不辞退我,我就尽最大的努力做好自己的工作,即使是牺牲生命也在所不惜。在以后的工作中,佐田努力奋斗,全力以赴,后来他被晋升为公司主管,为公司的发展起了重要作用。

热爱自己的员工是管理者之本。只有被管理者热爱的员工,才会被管理者的真诚所感动,从而以实际行动去热爱企业。这一点,在美国的凯姆朗公司得到了完美的诠释。

美国的凯姆朗公司是一家很小的服务性公司,它的业务只不过是为住宅的草坪施肥、喷药而已。但它的经营思想、管理方针却十分独特,吸引了大批学者去研究。很多人对它的经营思想和管理方针推崇备至,称它是唯一真正以"人本主义精神"经营企业的公司。正是这种"不合常规"、强调"爱的精神"的经营思想和方式,使公司的发展取得了意想不到的效果。凯姆朗公司1969年开业时只有5名职工、两辆汽车,到了1985年,已拥有5000名职工,营业额高达3亿美元。

公司的发展归功于它的创始人——杜克,正是他创造了"不合常规"、"以人为本"的经营方法,并把它一直坚持下来,使公司取得突破性进展。杜克的经历很平凡,但在平凡的经历中也还有一些传奇性的东西。1949年,杜克为了养活父母、妻子和三个孩子,被迫停止了大学学业,回到家里的小农场劳动。在此后的10年里,全家人生活在饥一顿、饱一顿的困境中。20世纪60年代初,杜克买下了一个小规模的草皮农场。全家无论男女老幼都参加劳动,生活总算有一点好转。在那困难的年代里,杜克饱经风霜,体会到了人间的许多酸甜苦辣,也正是由于这一段痛苦的经历,使他产生了一种爱心,并在后来的经营中把它发挥得尽量完美。

在困难的年代里,杜克没有忘记奋斗,他不甘于现实。1968年,杜克终于下定决心卖掉了农场,他用这笔资金和从亲朋好友那儿借来的4万美元成立了凯姆朗公司。起初,公司的员工只有5人,这其中包括他那70岁高龄的老父亲。

凯姆朗公司成立后,由于员工少,人手不足,杜克经常一大早就开车出门,为用户护养草坪,修剪树枝,直到天黑才能回家。他这样一干就是好几年,这几年的劳累生活也成为他人本主义思想源泉的一部分。他深深地体会到了工作的艰苦,因而在他当上主管不再劳动以后,他能以自己的亲身感受去体会员工们的心,并关心他们,爱护他们。

凯姆朗公司由于诚恳、忠实的服务很快得到了广大顾客的信任,凯姆朗公司也由此和广大顾客建立了一种亲密关系。顾客们常常在上班、外出时让公司为草坪喷药和施肥。喷的药挥发性很强,一小时后就不留任何痕迹。顾客回来后,根据门上留下的纸条来判断凯姆朗公司的人是否服务过,纸条上写着:"药液未干前,请不要在草坪上坐卧。"就是这一句不起眼的话竟打动了千千万万顾客的心,使他们备受感动,信任感也随之建立,因此许多顾客都和凯姆朗公司订立了长期合同,让其长期为他们服务。

凯姆朗公司的员工都是独自外出工作,工作中难免出错,但员工们的责任心都非常强,出了错,都会自觉赔偿,并且分毫不差。因为大家知道,这关系到公司的声誉,必须认真去做。员工们高度的责任心为公司赢得了很高的声誉。

凯姆朗公司的工人之所以具有"神话"般的高度责任心,全力维护公司的荣誉,是由于凯姆朗公司用人本主义对待自己的员工,使每位员工都感到公司就是自己的"家",他们就是公司的"主人"。

杜克的老父亲传给公司的信条是:"我们的人第一,顾客第二,这样做,一切都会顺利。"杜克对这一信条非常赞同,在他的工作中始终坚持这一信条。他不仅要求员工们要尽心尽力为用户提供服务,而且自己时时和工人们在一起,和他们谈心,解决他们的困难,有时也让工人们参与管理和决策。他尽力营造一个环境,使员工们在公司里就如同在家中一样,只有亲情、友情,而没有上下级那种严肃。工人们对杜克非常尊敬,他们把公司作为自己的"家",全心全意地为公司、为顾客服务。在凯姆朗公司,喷药、施肥的工人被称为"草坪养护专家",受到企业管理层的尊重。

杜克对工人的关心是出于内心的感情,而不是装腔作势或沽名钓誉。一次,杜克提出购买莱尼湖畔的废船坞,把它改建为公司职工的免费度假村。公司高级财务管理人员费了九牛二虎之力,才说服杜克放弃了这项超过公司能力的计划。但是,杜克关心自己员工的热情并没有停止,不久,他又想在佛罗里达州的沙滩上修建公司的职工度假村,但这项计划的开支也大大超过了公司的能力,高级财务管理人员不得不再次劝阻他。杜克并不是不知道公司的财力,他明白,这些超过承受能力的计划的结果将会是什么,但为了让那些辛勤劳动的职工们过上好的生活,他可以抛开这一切。

后来,杜克瞒着公司的财务人员,买下了一条豪华游轮,让职工度假,又包租了一架大型客机,让工人去华盛顿旅游。这一切耗费了公司大量的资金,但杜克却对此毫不在乎,他的心中只有他的员工,他的目标就是与他们有福同享。事后,一位负责财务的副总裁说:"杜克要我签字时,根本不知道我是否付得起这笔钱!可是当我想到那些从来未坐过飞机的工人上飞机时的表情后,我再也无话可说。"

凯姆朗公司提升中层管理人员时,同样"不合常规",杜克根本不理睬管理教科书上的条条框框,只要工作努力,任何人都可以得到提升。杜克对人才特别重视及珍爱,他绝不会错过任何一个提拔有才能者的机会。他常常从董事长办公室"失踪",跑到草坪上和工人们谈话,了解他们的想法和需要,向他们征求意见,然后跑回办公室,把工人反映的情况变成逐条下达的指示,布置下去。

管理者对员工的关爱,可以极大地满足员工被关注的需求,这种感觉能激励员工关心他们所做的事,持续表现超标准的工作效率。也因此,善于进行"爱"的投资,日益成为每一位成功管理者的必备条件。

但管理者必须注意的是,对员工的关心不能破坏企业的基本规则,企业不是慈善机构,关心的目的是为了给企业创造价值。也就是说,管理者关心员工是带有"功利色彩"的,它要求有所回报,要求换得员工对你的忠诚。

关心下属应该避免的误区

要想达到这些效果,管理者必须避免以下误区:

1)关心下属等同于小恩小惠

这一现象在中层管理者中相当普遍。一些中层管理者觉得,既然自己对下属加薪、晋升等没有"生杀大权",因此只能靠小恩小惠来表明自己在

关心下属。小恩小惠只能博得下属一时的欢心,而更多的下属关注的是自身的职业发展和综合能力的提高。一旦你满足不了下属稍高一点的需求,下属就觉得你不是真正地关心他们。况且小恩小惠往往是以牺牲组织整体利益为代价的,一旦曝光,对自己也很不利。

2)喜好许诺空头支票

每个下属都有获得加薪、晋升的期望,作为管理者,你自然想抓住他们的这个需求进行激励。你是直接告诉他们你在为他们的加薪、晋升而努力,还是不说为妙呢?不直言相告,你担心下属觉得你根本不关心他们。但是,轻率许诺的结果更糟,成熟的公司都有自己的一套关于薪金、晋升的规定和程序,并不是你个人能随意更改的事。一旦许诺落空,你在下属面前就会威信扫地。这样做也会使你的上司对你产生不好的印象,感觉你有野心,暗地里培养自己的人马。

因此,千万不要轻易许诺。关心下属,重要的不在于说,而在于做。要让下属感觉到你真正在为他们的期待而努力、而行动。比如在经理、同事面前夸赞你的下属,给下属展露才华的空间,放手让下属挑重担等。如果你已经做出了承诺,而由于情况发生变化,以致无法兑现,此时,最好的解决办法是向下属道歉,并坦诚地告诉下属不能兑现的缘由,以求得下属的谅解。

3)把关心下属的业务混同于关心下属

关心下属的业务,管理者都很重视,毕竟这关系到自己业绩的好坏。但过于关心业务,反而会使下属反感,觉得你对他不放心,怀疑他的工作能力。而且下属是一个活生生的人,有着多种需求,如果你只关心他的业务情况,说不定会落个"冷血动物"的谴称。

4)关心的内容与下属的真正需求背道而驰

例如一名年轻的下属向你抱怨自己的工作太累,你可能觉得下属希望涨薪水,于是想方设法促使人力资源部为其加薪。其实该下属感觉到累的真正原因,是对自己不明朗的职业生涯忧心忡忡,是"心累",实际需要你关心的是其职业生涯的发展。这就需要你深入了解自己的下属,从而使自己对下属的实际关心与下属的真正需求相吻合。

5）关心下属的方式、方法不对头

如对一位新录用的推销员，你详细询问他如何宣传公司的产品、如何和客户建立关系等，你可能觉得这样做是在帮助下属发现自己的不足，但下属可能会觉得你不信任他；又如你在部门例会上对一位年资较长的推销员进行业务指导，但他可能觉得你并不是在关心他，而是让其出丑。以上两种情况，你的关心使下属误解，不但不能起到应有的效果，甚至适得其反。

6）关心下属的"动机不纯"

不少管理者关心下属的功利色彩过于明显，让下属觉得你并不是真正地关心他、帮助他，而是在为自己的晋升拉选票，这样的关心不会有好效果。关心下属必须真正为下属着想，而不是"另有企图"，否则就会弄巧成拙。

7）关心下属不是对下属有求必应

人的需求是无止境的，满足了一个需求又会产生另一个需求。下属的需求是多种多样的，有的和组织的目标一致，有的却与组织的目标背道而驰。作为管理者，你只能尽量满足下属那些与组织目标一致的需求，对不合理的需求要敢于拒绝，甚至给予严厉的批评。否则既害了下属，到头来也会害了自己。

8）关心下属就是不批评下属

批评也是关心下属的一种方式，帮助下属改进。如果下属有了问题，不及时进行批评，将会使下属走得越来越远，犯的错误越来越严重，老板或上司也会追究你管理不力的责任。当然，批评如果使用不当也会有副作用，如造成下属的逆反情绪、使上下级关系紧张等。因此，一定要注意批评的方式方法，照顾下属的自尊心，批评要对人不对事等。

测试 你对于员工的非物质性吸引力

下面是一个简单的测验,看看你对于员工的非物质性吸引力到底有多大。阅读以下20个问题,然后按"经常""时常""有时""偶尔""很少"或"从不"来回答。

(1)开会或者其他场合,你是否会给予表现出色的员工书面或口头的赞扬?赞扬并不是随便讲几句好听的话,而是给予员工应得的衷心赞美,这点你做到了吗?

(2)对于表现出色的员工,你是否愿让他们共享荣耀与成功?

(3)你是否允许下属发表意见,提出报告,或将他们的名字列在报告或备忘录上,还是一手遮天,独揽众人的心血结晶?

(4)你是否会邀请下属出席重要会议,并鼓励他们在会上发言?

(5)你是否积极鼓励及奖赏那些有心摆脱现状,以求上进,因而向你提出建议或批评的员工?

(6)你是否鼓励员工提出个人的意见及构想,甚至鼓励他们提出和你相反的意见?

(7)你能做到抽空和下属一道吃午餐或晚饭吗?

(8)你会花时间和员工聊天,借此与他们建立良好关系,同时了解他们,比方说下班后有些什么活动、关心什么、有什么嗜好和兴趣等吗?

(9)你是否鼓励下属和你讨论他们的目标及理想?

(10)你是否会和下属讨论培训及提升的机会?更重要的是,你是否会尽心给予他们这种机会,以满足他们的期望?

(11)你是否会替下属创造参与工作新目标及任务的机会呢?

(12)你是否会将下属介绍给公司最高层的人员并给予下属向他们学习的机会?

(13)你是否会给下属竭尽所能、力争上游的机会呢?

(14)当你作一项决定、派一项任务或者进行一项评鉴时,你会不会想:

"这么一来有没有影响到某些人，若有必要，我是否能减轻此举对某些人的打击，或者另外补偿他们？"

(15)你是否要求自己及他人都和气、诚实、公开及公正？

(16)你是否真正关心下属的感受及事业的抱负？

(17)你是否鼓励下属向同一工作组织、社团或报纸杂志吸取工作方面的知识，以实现个人的理想呢？

(18)你是否了解下属在工作或成绩以外的其他表现？

(19)你是否鼓励下属自己设定挑战性的目标，并协助他们完成目标？

(20)下属实现目标时，你是否会以加薪、赞美或表扬等适当方式予以奖励？

好了，现在来计算你的得分："经常"可得5分，"时常"得4分，"有时"得3分，"偶尔"得2分，"很少"得1分，"极少"或"从不"得0分。

如果你得分在90分以上，那就说明你的吸引力无与伦比，要继续保持；得分80~89分表示你还可以，不过仍应稍加改进；得分70~79分说明你还行，却需要加油；得分60~69分的你，要注意了，也许你不能长久地留住人才的原因就在这里；得分59分以下，你的工作方式该彻底改进了，如果你继续漠视员工，不久你会被员工漠视。

学会关心所有人，但是一定要重点关注能提高效率的人

很多管理者也普遍面临着这样一个问题：面对自己的团队，总无法指挥、协调好每一位下属的工作。

管理者不但要做好自己的工作，还要花时间和精力去关照每位下属。对此，大多数管理者都极为苦恼，往往感到力不从心，顾得了这个人，就顾不了那个人，总有照顾不周的地方。

从《西游记》里挑一个事件作为我们的案例来分析——白骨精事件。相信大家都知道,三打白骨精事件中,唐僧和孙悟空产生了巨大的分歧,以至于孙悟空一怒之下返回花果山,直到唐僧遇难才再度出山。

唐僧是一种典型的完美型性格,在一般冲突面前,总是力图避免出现人际关系紧张的局面。完美型本来就寡言少语,感情很少外露,在精神紧张的时候他们会变得更加内敛,尽量回避与人接触,尽量避免暴露自己的情绪。从前在观音院、在黄风岭、在流沙河、在五庄观,尽管唐僧对孙悟空多有不满,却始终采取了克制的态度。因此,当唐僧忽然变得如此强硬专横,几乎让所有的人都大吃一惊。

从正常行为转为冲突性行为,并不是一个人有意识的选择,而是一种本能的防范性反应。由于这种防范性反应,当事人在行为上变得十分僵硬,不再像以前那样,会根据人际关系的需要做出适当的调整,此时恰恰相反,通常是不顾别人的愿望和感受,只图自己情绪的宣泄和一时痛快,办事容易走极端,说话也不顾后果,唯我独尊,不肯退让。

从白骨精事件中,我们发现猪八戒与孙悟空之间也产生了冲突。在正常情况下,活泼型性格的人总是喜欢营造一种轻松幽默的人际氛围。当冲突发生之后,这种以人为中心的社会取向也使得他们会冲着对手谩骂、嘲笑,以发泄怒气,肆无忌惮地发动人身攻击。如果他们无法冲着对手发火,他们就会另外寻找一个发火的对象。让人奇怪的是,活泼型的人在大发雷霆之后,会立即感到一切如常,好像从来没有发生什么事情一样。

白骨精事件发生之后,师徒四人之间的冲突可谓是前所未有的激烈。为了一个女人,不仅猪八戒肆意辱骂他的大师兄,唐僧也是一反常态,大念"紧箍咒"。我们无法知道沙和尚深藏不露的心理动态,究竟是支持师父,还是同情大师兄。

公共关系的确不是一个善字可以概括的。与人为善固然不错,但你能确保每次都对吗?人非圣贤,孰能无过,身为一个团队的管理者或成员,有时候难免会遭遇白骨精的魔法,而不能明辨是非。

白骨精并不可怕,没有必要那样紧张。孙悟空三打白骨精的方法也许不合适,但以后可以改。然而,如果他们不能学会彼此理解,如果他们不注意团队伙伴之间的沟通,他们就会因为矛盾重重而闹得四分五裂。

唐僧之错,其实不在于受到迷惑,也不在于是非不分,而是在于没有能够在团队的管理实务上建立一个有效沟通的平台。

第二次世界大战时,美国某支军队中有一名叫克雷默的中层军官很有才华,同时对周围的士兵也很关心。在一次演讲训练中,有位年轻士兵的激情演讲,给克雷默留下了深刻的印象。自此,他就格外关注这位士兵。通过一段时间的接触和了解后,克雷默发现,这位士兵不仅有活力和干劲,而且还非常热爱学习。

由于这位士兵在入美籍之前是个德国难民,因此克雷默就推荐他去欧洲战场,做将军的德语翻译。这位士兵果然没有辜负克雷默的期望,将工作做得非常认真和出色。这位士兵从欧洲战场上回来后,克雷默又推荐他担任几座小镇的管理者。这位士兵将自己的管理才能发挥得淋漓尽致,将小镇管理得有声有色。

几年以后,这位士兵将要退役了。只有中学学历的他想要借退伍军人法案的有关规定到纽约市立学院去读书。当克雷默得知这个消息后,却非常反对。他找到了这位士兵,对他说:"绅士是不进市立学院的,他们都去哈佛。"在克雷默眼中,这位年轻的士兵是不能被一所平庸的大学埋没的,因此他全力说服这位士兵去著名的哈佛大学读书。不仅如此,他还积极地替这位士兵安排。这位士兵在哈佛读书期间,克雷默不断地给予他鼓励和支持,直到这位士兵获得了博士学位并留校任教。而克雷默对这位士兵的关注,在士兵的人生中起到了不可忽视的作用,是他成就日后事业的奠基石。

对于克雷默,也许你并不知道,但是对于他所关注的这位年轻士兵,你绝不会陌生。他,就是美国前国务卿基辛格。

与其说入伍改变了基辛格的命运,倒不如说克雷默的关注改变了基辛格的命运来得贴切。若没有克雷默的关注、提拔和鼓励,这世上很可能就少了一个了不起的外交家,多了一个平凡的小兵。彼得·德鲁克甚至在他的《旁观者》一书中这样说道:"……基辛格正是克雷默造就出来的,克雷默发掘并训练了他。事实上,克雷默正是他的再造恩人。"

我们的时间都是有限的,不可能面面俱到,我们要学会关心所有的人,但是一定要特别关注几种人,这几种人可以大大提高企业的整体效率。

第一种:最优秀的员工;第二种:最落后的员工;第三种:想成长但处于瓶颈的员工。

这三种人,是一个团队中最需要给予关注的群体。

链接:团队效率管理中的危险信号

以下几种情况的出现在团队建设中发出了隐密的危险信号,容易蒙蔽团队管理者的眼睛,如果不引起管理层的重视,团队建设将会前功尽弃。

一、精神离职

这是在企业团队中普遍存在的问题,其特征为:工作不在状态,对本职工作不够深入,团队内部不愿意协作,个人能力在工作中发挥不到30%,行动较为迟缓,工作期间无所事事,基本上在无工作状态下结束一天的工作。但是也有积极一面:上、下班非常准时,几乎没有迟到、事假、病假,团队领导指派任务通常是迅速而有效地达成。

精神离职产生的原因大多是个人目标与团队愿景不一致产生的,也有工作压力、情绪等方面原因,国内几大保险公司普遍运用的是用团队精神激励来降低团队精神离职率。

针对精神离职者有效方法是:专业沟通,用团队精神与团队愿景来提升工作状态,用激励手段提升工作热情。具体做法可以是安排假期,让精神离职者冷静思考,调整状态,下一步就是要根据实际情况考虑团队中是否需要重新接纳的问题。

二、超级业务员

团队需要的是整体的行动力、销售力、目标完成率等。逐个地分解就是要求团队的个体之间技能必须具有互补性,个体能力较大。正是因为个体差异导致了超级业务员的出现,其表特征为:"个人能力强大,能独当一面,在团队中常常以绝对的销售业绩遥遥领先于团队其他成员,组织纪律散漫,好大喜功,目空一切,自身又经常定位于团队功臣之例。

超级业务员的销售能力是任何团队所需要的,因此面对这种矛盾时,常常令组织的领导者无所适从,经常采用的办法是:放之任之,采用有别于团队其他成员的特殊政策,超级业务员对团队的破坏力是巨大的,长期采用放纵策略其结果会破坏团队的凝集力,引导团队的组织愿景向非团队发展,迅速地瓦解团队精神。

团队是由工作任务挑战性高而且环境不确定性而建设的组织,成员差异性非常大,个人素质、工作技能常常也有区别,超级业务员的出现,不会大批量地涌现超级业务员,这需要组织领导者正确领导、全面沟通,把超级业务员融入团队精神、团队文化中,建立超级业务员正确的榜样,同时要把超级业务员的分力转为团队的合力,用团队的价值观、团队的约束力等方面对超级业务员作出正确的管理。

三、非正式组织

团队作为全体成员认可的正式组织,而非正式组织的产生有两种原因:

一是团队的领导故意行为;

二是团队成员在价值观、性格、经历、互补性产生某种一致时。

前者是管理者强化自身管理职能的需要,培养亲信,增强管理效力,客观上形成的非正式组织。虽然表面上能够很好地进行日常动作,能够提高团队精神,调合人际关系,实施假想的人性化管理,在团队发展过程中,基本上向有利于团队的方向发展。但长期而言,会降低管理的有效性,工作效率低下,优秀团队成员流失。这种非正式组织通常是松散型组织。

后者则是紧密型非正式组织,其愿景通常与团队愿景不致,在团队中常常不止一个这样式非正式组织,随着这种组织的产生,团队的瓦解之日就不会远。这种紧密型非正式组织会偏离团队的价值观,破坏团队文化,阻挠团队的创新精神的和开拓精神。通常松散型组织又会向紧密型组织发展,紧密型组织又会和松散型组织对抗。因此团队领导者在团队中建立非正式组织是不可取的,是基于一种管理水平低下同时对团队极不信任的结果。

如果团队中出现了紧密型非正式组织怎么办?

a.考察评估。团队非正式组织的数量,非正式组织成员列表,非正式组织与团队愿景是否一致,非正式组织对实现团队目标的影响。

b.瓦解非正式组织。让团队管理层融入非正式组织,管理层对非正式组织的骨干成员施以影响,并积极引导,让他们融入到一些松散型的非正式组织,弱化其对骨干成员的影响力,最后彻底清除非正式组织的顽劣者。

以上三种情况是团队建设与发展中的绊脚石,出现其中任何一种苗头,团队的领导者都应引起重视,做到防范在先,疏导在后,重拳出击在次。

第四章

10分钟读懂"迂回"

——曲线成功,以迂为直

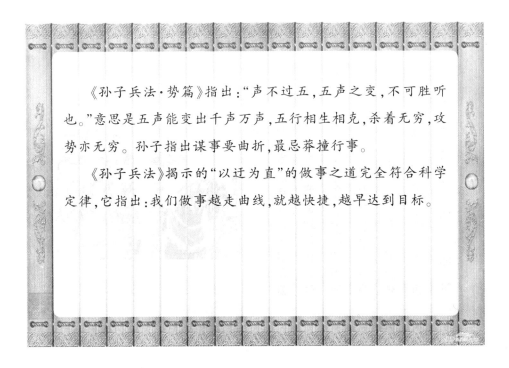

　　《孙子兵法·势篇》指出:"声不过五,五声之变,不可胜听也。"意思是五声能变出千声万声,五行相生相克,杀着无穷,攻势亦无穷。孙子指出谋事要曲折,最忌莽撞行事。

　　《孙子兵法》揭示的"以迂为直"的做事之道完全符合科学定律,它指出:我们做事越走曲线,就越快捷,越早达到目标。

培养见机行事,随势而变的心态

事物的发展总是处于变化之中,创业者应密切关注事物的变化,一旦发现不祥的端倪,就要迅速、及时地调整计划,以免陷入困境而无法自拔。

不变通,企业就没有生命力

以变应变,才有出路。顺应时势,善于变化,及时调整自己的行动方案,这是成大事者适应现实的一种方法。

这就要求我们,有一个各种情况都考虑周全的头脑,有一种灵活应变的手段,有一种"观风撒网"的策略,有一种"到什么山上唱什么歌"的技巧。

张林负责一种新型饮料产品的整体市场推广。最初,张林采取了模仿竞争对手的方式选用明星担任形象代言人,期望通过形象代言人的知名度和影响力推动市场。

很快,张林发现这是一个糟糕的方式。因为广告片播出之后,消费者对此毫无感觉。很多人劝张林再等等:"也许广告的效果还没有体现出来。"可是,他知道等待只会造成更大的损失,甚至会因此而错过饮料市场的旺季。于是,张林迅速组织人员重新设计广告,并将这次广告的重点放在产品的特征上,以区别竞争对手的产品。同时,张林还设计了终端对比品尝活动。这样,广告与终端形成了良好的互动。

新的策略很快在市场中有了反应,消费者在品尝之后对张林所在公司的产品青睐有加,这使其信心大增,于是将终端的对比品尝活动在全国范围内展开。当年,这种新产品的销售额就突破了1.2个亿。如果当时张林不能够迅速调整广告策略,结果可想而知。

现实之中,很多人往往不知道变通,不懂得见机行事,他们在问题暴露之后,表现得非常木讷、迟钝,最终错失了机会,陷入了困境。

上个月,许岩丢失了一家大客户,一提起这件事,他便不断叹气。在总结客户丢失的原因时,他说:"谁知道他们会那么快就与芒果公司(竞争对手)达成合作协议啊!"

事实上,芒果公司的业务人员早就盯上了这家客户,芒果公司的总经理还曾专程拜访过这家客户的人力资源总监。这些信息许岩全都一清二楚,但是,许岩对自己与客户的关系始终非常自信:"放心吧!他们是不会与芒果公司合作的。"

"假如我当时强化一下与他们的关系,适当地针对他们今年的需求作一些服务调整,就不会导致这样的后果了。"现在,许岩追悔莫及。

当你挣脱了习惯,转换了思路,就可以发现许许多多解决问题的好办法、好途径。

比如,在过去的千百年里,人们按季节种植蔬菜,依时令消费蔬菜,一切遵从大自然而行。北方人在冬天到来之前,用地窖储藏大量大白菜和土豆,冬天和春天的绝大部分时间的主要菜肴就是白菜和土豆了。这是千家万户不成文的规矩,是人们千百年来的传统办法,似乎是天经地义的。自从大棚蔬菜诞生后,情况完全变了。人们不必再数月如一日地食用大白菜和土豆,一年四季,菜市场里蔬菜丰足,品种繁多,根本就没有什么南方北方之别。

传统办法之外还有办法,的确如此,也处处如此。过去写字做文章,纸笔是必备的。可是,当电脑出现后,随着互联网的普及,无纸办公日趋普遍。过去花钱办事,历来是有多少钱办多少事,有多少家底过多少日子,寅吃卯粮是不会当家的典型表现。今天却不一样了,超前消费、贷款消费等方式已登上了生活舞台。

有一位著名企业家说:遇上重要事项,如果你只有一种办法,那是最危险的,万一此路不通,你将措手不及。可见,破除旧办法,创造新办法,不仅有变通的意义,而且有"狡兔三窟"的智慧。

现在的企业界正流行这么一个说法:"你不射门,就百分之百没有命中率。"

变通是一种具有高度自主性的创造性活动,依赖于不同思想、意见的相互交流和撞击,依赖于全体员工的积极参与和真诚投入。正如DB公司的一位项目经理雷蒙所说的:"我们尽可能给予基层员工更多的责任,让他们有比过去更多的机会参与公司的经营。"

企业作为一个经营运作体,靠获得利润来维持发展,每一家公司都需要用新的眼光关注这个世界的动态,以便采取相应的措施,谋求拓展。只有不断地、创造性地变通,公司才能跟得上时代的步伐,才能得到发展;不变通,企业就没有生命力。

企业家要调整自己去适应变化,在变化中求生存

我们身处一个急剧变革的时代,我们身边的这个世界每时每刻都在变化,可以说一日千里。在这个变化的世界里,我们只能在变化中求生存,如果我们不及时调整自己去适应变化,一定会被淘汰。

这个世界唯一不变的是一直在变,环境、企业、市场、消费者莫过于此,可以说变化是永恒的主题,快速变化的时候充满机遇与挑战,在变化中求生存,在变化中求发展。

阿里巴巴的当家人马云曾说:"唯一不变的是我们的变化。我们在不断的变化中求生存,在不断的变化中求发展。如果发现公司没有变化,公司一定有压力。所以说我希望告诉每一个人,看看你自己成长,成长带来变化……如果你觉得昨天赢的东西你今天还希望这样赢,很难了。一定要创新,变化中才能出创新,所以我们要在变化中求生存。"

"唯一不变的是变化"这句话在阿里巴巴从来不是一个口号,而是阿里

巴巴员工必须面对的现实。在变化中生存和成长的广大员工从不适应到适应，从不习惯到习惯，这一原则渐渐深入人心。

阿里巴巴是在变中求生存，在变中求发展，把"变"视为网络产业常态，正视变化，不怕变化，顺应变化，主动变化，是阿里巴巴的应变术。在阿里巴巴内部，变化早已成为常态。创业9年，阿里巴巴内部变化之大之频繁令外人吃惊。机构的变化、人员的变化、职务的变化、工作的变化几乎月月都在发生。阿里巴巴的创业元老和老员工骨干几乎人人都经历过不止一次的变动。

如马云所说：变化是痛苦的，岗位的变动，使许多员工多年的积累丧失殆尽，不得不重新开始。销售大战时，许多地区销售主管惨淡经营打开的局面，建立的客户关系，都会随着一纸调令烟消云散。到了新地区，一切都得从头来。高管的变动同样频繁，但如此之大的人事变化，并没有在阿里巴巴引起震动。

是网络大势逼着阿里巴巴变，阿里巴巴人已经习惯变化。不管是机构变化，人事变化，模式变化，他们都已习惯和适应了。因此，阿里巴巴才能在这个风云变幻的互联网产业如鱼得水游刃有余，才能乱中取胜变中得势。

阿里巴巴在其9年发展历程中，遭遇到几次大危机。面对危机永不放弃，当机立断迅速化解危机，直至巧妙利用危机是马云应变之道的高明之处。

拥抱变化、大胆试错、直面错误、利用危机是马云应变之道的概括。从某种意义上说，正是马云的应变之道，使阿里巴巴活了下来并最终发展壮大。

历史已经证明，面对一个瞬息万变的产业，不能应变者，不善应变者只有死路一条。无论在世界还是在中国，网站存活的概率只有1%，阿里巴巴有幸成为这1%，正是得益于马云堪称高超的应变之术，而这恰恰最好地说明了变化的重要性。

对这个道理，光明乳业股份有限公司前董事长兼总经理王佳芬也有自己独特的认识。她谈到光明乳业的发展时说："其实我觉得，不管是国企还是外资企业，还是今天世界500强中的任何一家公司，永远都会面临进步和往昔历史之间的纠缠。一个好的公司，它之所以会有100年的历史，关键就在于它能够不断地改变现状。我有一个很基本的想法，其实每个人，他都愿意跟着潮流走，他都想跟着历史发展的潮流走，不想成为历史的淘汰者。管理者需要去不断地创新，不断地让它与时俱进，我们的变化与改革进行了四五年，我们管那段时间的改革叫'壮士断腕'，我们也说那种改革叫'凤凰涅槃'。"

由此可见，无论是阿里巴巴还是光明乳业，都是因为敢于变化、勇于变化、积极变化才适应了市场，适应了局势的发展和需要，走出了一条光明大道。

这再次说明，在这个日新月异的社会中，一个创业者如果总是抱残守缺就意味着失败，只有不断采用新方法、新技术，不断地有新发明、新创造，不断地产生新成果，企业才能兴旺发达。

然而创新与变化却又是最艰难的，打破陈规不是一句话说说就可以做到的，人们最难做的就是改变自己，每一个新事物要得到人们的理解、肯定与支持，总是需要一个过程。最初，人们往往很容易被流言蜚语吓倒。在创新和改变的过程中，"敢为天下先"的勇气是最重要的，但也需要卓越的想象力、兢兢业业的精神、坚忍不拔的毅力和冷静的头脑。

鲁迅先生说："我们要感谢敢于第一个吃螃蟹的人。"

要想创新，就要紧跟时代的步伐，紧跟合作对象、客户的步伐，时刻在变化中求发展、求生存，敢于创新，敢于改变自己，敢于尝试和突破。

这个世界已经不再是一个故步自封的世界，而是一个充满竞争的世界。严酷的现实要求每一个企业、每一个组织、每一个人都要在变化中求生存，在变化中求发展。因此，我们需要不断加强业务技术学习，随着社会形势的不断变化而变化，顺应时代发展的潮流，适应市场经济瞬息万变的变化。

在英国的威斯特教堂的一块墓碑上，刻着一段非常著名的话："当我年轻的时候，我的想象力从没受到过限制，我梦想改变这个世界。当我成熟以后，我发现不能够改变这个世界，我将目光缩短了些，决定改变我的国家。当我进入暮年时，我发现我不能够改变我的国家，我的最后愿望仅是改变一下我的家庭，但是，这也不可能了。当我现在躺在床上，行将就木时，我突然意识到:如果一开始,我仅仅去改变自己,然后,作为一个榜样,我可以改变我的家庭,在家人的帮助和鼓励下,我可能为国家做一些事情,然后,谁知道呢?我甚至可能改变世界。"

面对各种无法控制的变化,我们必须懂得用乐观和主动的心态去拥抱变化。当然变化往往是痛苦的,但机会却往往在适应变化的痛苦中获得。人生之路多崎岖,无论你遇到或者遭受多少挫折,承受多少失败与痛苦,请不要放弃和抱怨,路还长,应顽强走下去。当我们到达目的地时会发现,周围的一切,已经在不经意间被我们所改变。

放弃也可以变通

放弃有时比争取更有意义——这是美国电话电报公司前总裁卡贝的一句名言,后来被人们称之为"卡贝定律"。

卡贝定律实际上是自然规律的一种实践、概括和总结。

五个方面认清放弃

放弃,说起来容易,但一落在自己身上,做起来就难了。所以,要从下面五个方面充分认清放弃:

1.放弃体现了专注

中国有很大部分企业是"跟着市场走的",揽到什么活就干什么,什么都会干,什么都干不好,广种薄收,都干不精。

中国的许多企业家属于"头脑发热型",经营形势好了,兜里有钱了,思想膨胀了,什么都想干,恨不得第二天就可以进入世界五百强。四处出击,结果许多人栽了跟头。

上述说明的不专注、"大而全"、四处出击在中国企业是存在的,卡贝定律的核心——适时放弃还需要中国企业深刻学习的。

2.放弃存在着风险

放弃是存在的风险的。一是选择放弃项目的风险,二是放弃选择项目的风险。选择错了放弃项目,会导致全军覆没,公司垮台;在放弃选择项目时也会存在资金回笼、售出产品售后服务等的风险,必须提早准备,严加防范。

3.放弃就会有牺牲

放弃的选择和过程是痛苦的,结果还可能是会损失很大的。奥克斯公司放弃汽车项目,不但先期投入收不回来,还要为售出车辆的售后服务买单。但是,如果不放弃,公司可能会掉入无底洞中,翻不起身来。

4.放弃意味着机遇

放弃意味着留下来的项目机遇的到来。因为有比尔·盖茨选择放弃学业,办软件公司,才成就了微软和世界首富盖茨先生。

5.放弃集中了优势

实践证明,许多企业的多品种经营实际上等于张开了五指和别人竞争,没有一个项目有优势,被竞争对手各个击破。如放弃其余目标,把手握成一个拳头,集中资金、技术、研发等优势在一个目标上进行竞争,就可能在行业中占有利地位,做到专而强。

五种方法选择放弃

1.鉴别放弃

当企业几个项目都比较好时,鉴别放弃项目尤为关键。JE公司一段时期选择的标准是,不管这个项目做得多么成功,只要做不到世界前三名,一律放弃。这种思维方式值得我们借鉴。

2.舍得放弃

IBM公司在个人计算机市场,特别是笔记本市场做得比较好的时候,把它卖给了联想。

我为对IBM公司的舍弃的勇气表示赞赏,对笔记本失去了IBM的品牌表示惋惜,对放弃的决定表示不能够完全理解,等待着历史的裁决吧!

3.勇于放弃

王石,从1992年开始,领导万科放弃了电器贸易、服装制造、饮料生产、零售企业,其中,许多企业盈利颇丰——即使在主业房地产行业,万科也只做住宅地产,对获利甚丰的商业地产敬而远之。

结果,万科做到了国内地产巨头之一,这为我们做出了勇于放弃的榜样!

4.善于放弃

我们不但要勇于放弃,而且还要善于放弃! 不但要选择好放弃的项目,还要选择好放弃的时机、方法、步骤,注意做好善后工作,把放弃的损失减到最小。

5.变通放弃

放弃也是可以变通的。

在帮助一公司做改制时,这个公司有五个事业部,五个不同系列的产品,效益都比较好。但由于五大产品造成资金、人员、研发使用分散,没有突出的,取消哪个产品都会有损失和引起股东不满意的情况。

在实践中我们变通了一下,总公司留下两个主产品,集公司之力努力做大做强。其他三项成立三个参股新公司,由主管副总分出去独立经营,自负盈亏。结果总公司和其中一个分公司,做得很好,达到了预期的效果,其他一个能够维持经营,还有一个两年后倒闭了。

总之,"卡贝定律"只讲了适时放弃的这一过程,与中国的古老词语——"舍得"有相同之处,但没有"舍得"更加概括、准确、全面地揭示了因果关系。舍得舍得,有舍才会有得! 若称之为"舍得"定律的话,会比卡贝定律应用更为全面、深刻,指导性更强!

时间上改变一点点:用速度超越对手

自1950年一家名为"沃尔顿小店"在阿肯色州的本特维拉市开业的近半个世纪以来, 沃尔玛的创始人萨姆·沃尔顿一直把最大可能地向消费者提供最低价位的商品作为沃尔玛的经营宗旨,而沃尔玛的成功也得益于这个简单而又平凡的道理——天天平价。

如果说"天天平价"是沃尔玛最大的竞争优势,那么沃尔玛又是怎样实现其"天天平价"的承诺呢?

其实,在"天天平价"的坚定承诺背后,是沃尔玛几十年积累起来的一种基于时间的强大竞争优势——一种依赖先进计算机系统支持的物流体系。它包括：

高效率的配送中心

沃尔玛的供应商根据各分店的订单将货品送至沃尔玛的配送中心,配送中心则负责完成对商品的筛选、包装和分检工作。沃尔玛的配送中心具有高度现代化的机械设施,送至此处的商品85%都采用机械处理,这就大大减少了人工处理商品的费用与时间。

迅速的运输系统

沃尔玛的机动运输车队是其供货系统中另一无可比拟的优势。沃尔玛拥有30个配送中心,2000多辆运货卡车,保证进货从仓库到任何一家商店的时间不超过48小时,相对于其他同行商店平均两周补货一次,沃尔玛可保证分店货架平均一周补两次。快速的送货,使沃尔玛各分店即使只维持极少存货也能保持正常销售,从而大大节省了存贮空间和费用。由于这套快捷运输系统的有效运作,沃尔玛85%的商品通过自己的配送中心运输,而已倒闭的竞争对手凯马特只有5%,其结果是沃尔玛的销售成本因此低于同行业平均销售成本2%~3%,成为沃尔玛全年低价策略的坚实基石。

先进的卫星通信网络

巨资建立的卫星通信网络系统使沃尔玛的供货系统更趋完美。这套系统的应用,使配送中心、供应商及每一分店的每一销售点都能形成连线作业,在短短数小时内便可完成"填妥订单→各分店订单汇总→送出订单"的整个流程,大大提高了营业的高效性和准确性。

正是在这套完善的物流体系支持下,加之出色的管理,使沃尔玛对时间优势的发挥达到了极致——沃尔玛通过反应速度优势获得了超过同行3倍的增长率,利润也在竞争者平均获利水准的两倍之上。从而促使沃尔玛形成整体强大的竞争优势。

"我们已经进入一个全新的竞争时代,在新的竞争法则下,大公司不一定打败小公司,但是快的一定会打败慢的——你不必占有大量资金,因为哪里有机会,资本就很快会在哪里重新组合。速度会转换为市场份额、利润率和经验。"思科CEO钱伯斯这篇著名的"速度致胜论"，其实可以为沃尔玛的成功作最好的诠释。

市场竞争已进入一个全新的时代，企业过去赢得竞争优势靠的是成本、质量、技术、渠道等，但现在，这一切都已不再是唯一的优势，而如何以速度取胜已成为越来越多企业关注的重点——如何在最短的时间内，以最低的成本为客户提供最高价值的产品？

在通常情况下，企业构建基于时间的竞争优势有以下三点原则：

一、以客户需求为导向的时间竞争优势

以客户需求为导向就是根据客户需求的变化，快速地调整企业的设计、生产、销售等环节，在最短时间内、以最大的让渡价值满足客户要求。

戴尔电脑通过完善的供应链管理，以市场为导向制定企业发展战略，能够在最短时间内影响顾客的个性化需求，不仅实现了"零库存"，降低库存及资金成本，而且因为对顾客需求反应迅捷，所以赢得了更多顾客的信赖。正是依靠着这种以客户需求为导向的时间竞争优势，戴尔不仅在竞争激烈的电脑行业站稳了脚跟，还一举打败惠普、IBM等老牌厂商，成为电脑业的老大。

二、以技术为导向的时间竞争优势

以技术为导向就是通过快速创新的方式，缩短新产品的推出时间，在最短时间以最大的产量占据市场。这一原则，在更新速度迅速的IT行业、手机数码行业表现得最为明显。

诺基亚能够多年保持手机行业龙头老大的宝座，与其快速的技术创新能力密不可分。诺基亚认为：要在激烈的市场竞争中生存下去，唯一途径就是永远走在别人前面，永远比别人快一步。诺基亚不断加速新品的开发速度，宣布每年都将拿出总营业额的9%用于研发新产品。目前，其新机型开发周期平均缩短到不足35天，而业界平均需要半年甚至更长时间。

三、以营销为导向的时间竞争优势

随着产品更新换代不断加快，产品的生命周期变短，产品在生产出来之后如果不能够快速销售出去，其价值将不断地降低。同时，缓慢的销售速度将会令企业增加流通、仓储方面的成本,如果快速地销售成为企业能够获得利润的最大因素——以营销为导向的时间竞争优势就是最有效的方法。

贝通公司是美国一家制造新型电子现金出纳机的小公司,在竞争激烈的出纳机市场中,贝通公司的发展举步维艰:无论是资金实力、技术实力还是经验积累,贝通公司都难以与行业内的其他强大竞争对手竞争。

新上任的CEO索夫曼经过对市场及竞争对手情况的仔细分析,他认为贝通公司虽然规模小、成立时间短,但机制灵活是公司的最大特点。在机制灵活的基础上,贝通公司唯一可以发展的竞争策略就是构筑以营销为导向的时间的竞争优势——从而避开在资金和技术研发上与强大竞争对手进行直接交锋。

贝通公司以营销为导向,通过流程再造的方式完全改变了旧的工艺流程,打破了以往设计与制造、设计与销售部门之间脱节的现象,将三者之间的矛盾冲突减至为零,大大缩短了产品从设计到制造再到推出市场的生产周期,赢得市场占先的优势。在短短几年时间内,贝通公司在营销导向的时间优势战略的指导下,在美国出纳机市场上取得骄人的成绩,不仅击败了诸多竞争对手,还一跃成为行业的冠军。

技术上改变一点点:用细节赢得市场

成功人士都信奉这样一句话:成功源于细节,细节决定成功。卡耐基曾经说过:"一个不注意小事情的人,永远不会成就大事业。"

在这样一个细节决定命运的年代,那些看起来十分不起眼的小细节,往往蕴藏着深刻的大道理,有时候变化就在这些小细节里,在无形中影响着你的一生,改变着你的命运。

天下难事,必做于易;天下大事,必做于细

在日本,小企业由于自身实力不强,在竞争中往往处于处境艰难的不利地位,甚至会被大企业挤垮。然而大企业也不是可以高枕无忧的,如果不注意经营管理,不重视开发市场,也会面临从市场上被挤走的危险。

电器工业中与松下、索尼、日立齐名的东芝公司就曾出现过这种情况。东芝公司依仗其雄厚的资本,先进的技术,在重工业领域中地位显著。但是,由于该公司过于依赖他们占有优势的重工业电气设备的制造和销售,而忽视了另一个重要而广大的市场——家用电器市场。公司的决策者没有看到,新技术的发展在家用电器方面得到广泛的应用,给高消费的社会带来巨变,家用电器逐步占据了广阔的市场。等他们意识到这一点时,在轻工业电器制造与市场占有方面已经落后了一大截。这种战略上的失误使东芝公司陷入前所未有的危机之中:赤字接连不断,股票价格连续下跌,内部纠纷严重。这个有名的大公司一度处在混乱之中。

东芝公司认识到,他们不能一味地吃重型电器的老本,不能眼巴巴地看着同行在家电领域里大展宏图而自己却无动于衷。但开发新型家电谈何容易,资金不足,技术人员长期偏重大型电气设备而对家用电器经验不足,模仿别家产品只能跟在别人后面,又不能侵犯专利权等都是东芝公司需要面对的问题。

但天无绝人之路,由于东芝公司技术人员的一次偶然发现而有了转机。

那时,有个技术小组,一行8人到宇奈月温泉去考察重型发电机。他们就在当地的旅馆里住下,晚上在房间里闲来无事,便凑到一起聊天。时值冬季,天气寒冷,大家边烤火边聊天。忽然他们被那里别具一格的取暖炉吸引住了。普通的取暖炉是一个木框罩子,下面放一个火盆。火盆与木框罩是分离的。要将取暖炉换一个地方时,必须分两次搬运,先搬木框,再移火盆,很是麻烦。而这里的暖炉与普通的不同,它在木框罩子下面有一个白铁皮抽屉,抽屉里放着木炭和煤球,抽屉与木框连成一个整体,这样就可以一次搬

运整个暖炉。同时,由于这种暖炉下面的抽屉不是像火盆那样敞着口,所以还可以把脚伸到木框里面取暖。

大家的话题于是便转到取暖炉上来。一位技术人员灵机一动,想出一条妙计:这个取暖炉用起来比一般常用的要方便多了。咱们是搞电器的,用镍铬丝来代替煤球怎样?比用煤球还要方便,而且还干净,用不着每次用时得先生火了。

这个意外的发现使大家兴奋不已,他们便热烈地讨论起来。回到公司,这个技术小组向公司提交了关于电暖炉的设计方案,这个新颖的设计立即得到了公司的批准。经过试制,一种新型电暖炉诞生了。东芝公司立即为它申请了实用新产品的专利。由于这种新型电暖炉比原来烧煤球的炉子使用方便,而且干净、安全性好,很快受到家庭的欢迎,第一年就售出了100万个。

伟大始于平凡,一个人手头的小工作其实是大事业的开始,能否意识到这一点意味着你能否做成一项大事业,能否取得成功。

从前在美国标准石油公司里,有一位小职员叫阿基勃特。他在远行住旅馆的时候,总是在自己签名的下方,写上每桶四美元的的标准石油字样,在书信及收据上也不例外,只要签名,就一定写上那几个字。他因此被同事叫做每桶四美元,而他的真名反倒没有人叫了。

公司董事长洛克菲勒知道这件事后说:"竟有职员如此努力宣扬公司的声誉,我要见见他。"于是邀请阿基勃特共进晚餐。

后来,洛克菲勒卸任,阿基勃特成了第二任董事长。

这是一件谁都可以做到的事,可是只有阿基勃特一个人去做了,而且坚定不移,乐此不疲。嘲笑他的人中,肯定有不少人的才华、能力在他之上,可是最后,只有他成了董事长。

恰科年轻的时候,到一家很有名的银行去求职。他找到董事长,请求能被雇佣,然而没说几句话就被拒绝了。当他沮丧地走出董事长办公室宽敞的大门时,发现大门前的地面上有一个图钉。他弯腰把图钉拾了起来,以免图钉伤害别人。

第二天,恰科出乎意料之外地接到银行录用他的通知书。原来,就在他弯腰拾图钉的举动,被董事长看到了。董事长见微知著,认为如此精细小心、不因善小而不为的人,非常适合在银行工作,于是改变主意录用了他。

果然不出所料,恰科在银行里样样工作干得都非常出色。后来,恰科成为法国的银行大王。

老子早就说过:天下难事,必做于易;天下大事,必做于细。

如何在细节中发现机遇

一、掌握信息:说者无意,听者要有心

我们处在一个信息爆炸的时代,有时机遇就是来自这浩如烟海的资讯中。有时,一句话、一则消息、一件微不足道的小事,就包含着难得的机遇,关键看你如何对待它,能不能及时抓住它。

日本人重松以前曾在东京一家广告公司供职,有一年他去台湾旅游。在那里,他听到一位台湾朋友提到番石榴和它的嫩叶对治疗糖尿病和减肥有效。说者无意,听者有心。兴奋的重松一下子逮住了这个信息。

重松从台湾回来时将番石榴和它的嫩叶带回日本,专门请了医生进行分析和试验,试验的结果证实了台湾朋友所言是真的。

重松借来二百万日元,在东京开设了糖尿病及减肥食品公司;公司在台湾等地大量收购番石榴和它的嫩叶,经过干燥处理,将其加工成如同茶叶一般,可用泡开水喝,而且味道清香爽口,别有风味。产品刚投放市场就受到欢迎,人们对这种既能治病又能减肥的产品格外青睐,尤其那些一心想保持苗条身材的妇女竞相购买,一下子兴起了饮用热潮。重松由此大发,第一月销售为五百万日元,以后与日俱增,每月高达二千多万日元。

香港有假发业之父称号的刘文汉则是靠餐桌上的一句话抓住机遇的。

1958年,不满足于经营汽车零配件的小商人刘文汉到美国旅行、考察商务。有一天,他到克利夫兰市的一家餐馆同两个美国人共进午餐。美国人一边吃,一边叽哩哇啦谈着生意经,其中一个美国人说了一句只有两个字的话:"假发。"刘文汉眼睛一亮,脱口问道:"假发?"美国商人又一次说道,"假发!"说着,拿出一顶长的黑色假发表示说:他想购买13种不同颜色的假发。

像这样餐桌上的交谈,在当时来说,只不过是商场上普通的谈话,一句只有两个字的话,按说也没有什么特殊的意义和价值,但是,言者无意听者有心。刘文汉凭着他那敏捷的头脑,很快就作出判断:假发可以大做一番文章。这顿午餐,竟成了刘文汉发迹的起点。

他经过一番苦心的调查了解发现,一个戴假发的热潮正在美国兴起,在刘文汉面前,展现了一个十分广阔的市场。他一回到香港,就马不停蹄地开始了制造假发的原料来源的调查。他发现,用从印度和印度尼西亚输入香港的人发(真发)制成各种发型的发笼(假发笼),成本相当低廉,最贵的每个不超过100港元,而售价却高达500港元。刘文汉喜出望外,算盘珠一拨,立即作出决定:在香港创办工厂,制造假发出售。

但是,制造假发的专家到哪里去找?刘文汉又陷入了苦恼和焦虑。一天,一位朋友来访,闲谈中提到一个专门为粤剧演员制造假须假发的师傅。刘文汉不辞辛苦地追踪开了,终于找到了他。可是,这位高手制造一个假发,需要三个月的时间!这样怎么能做生意?怎么办?刘文汉的思路没有就此停住,他在头脑中飞快地将手工操作与机器操作联系起来,终于想出了办法。把这位独一无二的假发专家请来,再招来一批女工,精通机械之道的刘文汉又改造了几架机器,他手把手地教工人操作,由老师傅把质量关,发明与生产同步进行,世界第一个假发工厂就这样建成了。

各种颜色的假发大批量地生产出来,消息不胫而走,数千张订货单雪片般飞来,刘文汉兜里的钞票也与日俱增,到了1970年,他的假发外销额突破10亿港元,并当选为香港假发制造商会的主席。

二、要及时捕捉市场上的小道消息

所谓小道消息,指的是那些内容尚未经专门机构加工整理就直接作用于人的感觉的信息情报。比如,一句话、一点灵感、一丝感觉、一个突出点子等均可称为小道消息。

这些小道消息产生于日常生活中,存在于平民百姓间,无须支付任何费用,任何人都可以获得,任何企业都可以利用。正因为如此,它们总是不被人看重,常常得不到利用。但是,也有一些有眼光的经营者却依靠利用开发小道消息而获得了滚滚财源。

例如,十几年前,冰箱都是单门的,日本三洋电机公司生产的冰箱也不例外。有一天,该公司一技术人员偶尔听到用户的一句无心话:每天打开冰箱门拿东西,冰箱里的冷气大量外泄,很可惜,要是将冰箱的外门制成上下两半,拿东西只需开一半,那就能节省很多冷气了。这句话竟产生了三洋公司的畅销产品双门冰箱。

再比如,有一天,一位日本顾客突发奇想:为什么不生产表针左旋的手表呢? 这样不但能满足一些人标新立异的心理,而且也能使手表品种更加丰富。这一奇想被一报纸刊载,不过它并没引起更多人的注意。有一天,日本东方钟表公司总裁在翻阅旧报时,碰巧看到了这一点子,他如获至宝,立即组织人员开发出前所未有的左旋手表,刚一投放市场便大放异彩,格外引人注目。不仅首批几千块很快便销售一空,而且世界各地订购此种手表的订单像雪片似的向公司飞来。

日本这两家公司成功的关键就在于他们利用了别人不注意的小道消息。可惜的是,我们生活中的许多非常有价值的小道消息却一直被闲置,得不到开发利用。

几年前,曾在报纸上读到两则思考:一是让香烟的过滤嘴倒装置于烟盒的底部,这样卫生些;另一则是把雨伞做成屋顶式,雨水就不会打湿前后摆动的裤腿。这两则异想天开的思考很有实用价值。可是几年过去了,直到现在仍未见到屋顶式雨伞、过滤嘴倒装的香烟包装。真为这类金子般的小道消息遭闲置而扼腕叹息。

诚然,投资这类前所未有的小道消息是要担很大风险的,有可能令投资者亏本破产。但是,我们也应该知道,无限风光在险峰,风险大的投资也是利润最丰厚的投资。难怪有专家认为:一个小道消息有可能使穷汉变成富翁,一个小道消息可以让一个企业起死回生乃至兴旺发达。的确,小道消息反映的都是人们在生活中碰到的不便或需求,每一个小道消息的背后隐藏的都是一块很有开发价值的市场处女地。

选择比努力重要,跟风也需要"学习"

跟风的出现,并不都是坏事,我们应当用更长远的视角看待竞品以跟风方式的加入。市场的潜在容量需要更多的企业和产品来开发,消费市场需要众多品牌一起培育成熟,没有跟风可能是最不乐观的现象。

竞争对手所能跟风的,一定是战术性的做法,是外在的表现。我们必须明白,企业的整体战略无法被跟风。也就是说,一招鲜的、点子式的成功,才会容易因为被跟风而快速被稀释,防范跟风本质上需要靠企业系统的营销战略、品牌战略,在战略统一下,各种经营方法之间实现配合与统一。

防范跟风在具体的应对上可能方法很多,但思维只有一个,就是换位思考:如果你是跟风者,你会怎么做?你最担心的是什么?当我们知道如何跟风时,自然就会得到防范跟风的方法。

切忌盲目跟风

有这样一个故事——一位石油勘探者进入天堂的时候,圣·彼得拦住了他,并告诉他一个非常糟糕的消息:"虽然你有资格升入天堂,但天堂里分配给石油业者居住的地方已经爆满了,我无法把你安插进去。"这位石油勘探者听完,想了一会后对圣·彼得提出了一个请求:"能否让我进去跟那些住在天堂的人们讲一句话?"在得到同意后,这位石油勘探者就对着天堂里的人大喊:"地狱里发现石油了!"话音刚落,天堂里所有的石油业者都蜂拥奔向地狱。圣·彼得看到这种情况非常吃惊,请这位石油勘探者进入天堂居住。但这位石油勘探者迟疑了一会儿说:"不了,我想我还是跟那些人一起到地狱去碰碰运气吧,没准儿真有石油呢。"

这则故事中所有的石油业者都有"跟风"的共性——轻信他人的"花言巧语",最后的结果却往往不尽如人意。由此应该告诫投资者"切忌盲目跟风"。细微之处的哲理质朴简洁,胜过千言万语、鸿篇巨制。

刚刚大学毕业的小王就有着这样的惨痛教训,他在讲起跟风加盟失败的经历时仍然耿耿于怀:"当时土家烧饼火得不得了,每天买烧饼的人都排起长龙,有的人还一次买好几个,我也是那里的常客。"

"土家烧饼店"如此火爆的生意让小王萌发出创业的想法,小王通过网络找到了土家烧饼的一个加盟代理商,低廉的加盟费以及代理商"不赚钱退款"的许诺让小王更加充满信心。有了创业项目,接下来就是准备资金了。由于家境不是很富裕,小王费尽心思从朋友和父母那里筹集到2万元的加盟费和租金。

等到小王的"土家烧饼店"开张时已入盛夏,显然错过了最佳时机。因为炎热的酷暑,人们更愿意品尝那些使人感到凉爽的冷饮食品,而对烧饼店里的"高温"避而远之。此后小王多次向加盟代理商求助,仍未能改善惨淡的经营状况。由于入不敷出,他只好关掉了烧饼店。从加盟到关闭,还不到两个月的时间。

小王跟风的"热劲"一过。才意识到,在烧饼店开张前,代理商只提供了烧饼的配方以及如何购买机器,对加盟店店址、相关设施、统一管理,甚至技术培训都不闻不问。早先"不赚钱退款"的许诺也成了空头支票。盲目跟风让小王有了深刻的教训,也清醒地认识到加盟之前一定要仔细调查、冷静分析。

创业者盯着这些所谓的热门项目，看到别人赚得盆满钵满，自己也一心想要分一杯羹。于是争先恐后地上马，又接二连三地倒闭，许多人因盲目跟风尝到血本无归的"苦果"。市场运作有其自然周期，当市场过于饱和时，利润空间就会缩小，"一窝蜂"热潮有时意味着"恶性竞争"即将来临。任何投资都是有风险的，一旦跟错了，就会掉进投资的陷阱。

有一家生产白酒的企业，觉得碳酸饮料能挣钱，就换生产线。后来又发现果汁饮料是趋势，反正工艺相近，又改生产柠檬茶、鲜橙汁。这种现象的思想根源是生产企业用"中间商的思维模式"去开发产品。什么好卖卖什么，把握不准少进点，卖不动大不了退货。

生产企业套用这一"先进思路"，就是把自己当成零售商场或批发站，所不同的是不需从别处进货而是亲自生产。也正因此，中间商思维模式对大量的生产企业来说极不适用，因为生产企业不仅承担着生产成品，不适销还毫无退路，并且，这种变色龙似的企业形象不仅将老百姓弄花了眼，也将自己弄得特别忙碌。"中间商思维模式"在生产企业运用会使企业形象、产品形象的认知度锐减近无，从而失去了最重要的竞争力——形象力。

而且一些中小企业在"跟风"或无原则选项的发展过程中，有意无意地成为"多业并举"、"多元化"的企业模式，有的还改成"集团"。说来洋气，听着时髦，各个项目却互不关联，既不互动也不互补，并且主辅业不分，结果哪个都不景气。加上管理跟不上，小企业又能有什么大发展呢？

学会跟风，小企业也能成大业

那么，在热点面前，中小企业是"跟"还是"不跟"？什么时候"跟"？怎样"跟"？这就值得我们细致分析了。

中小企业犹如股市中的"散户"，没有庄家的实力与翻云覆雨的能力，"跟庄"是最好的策略。散户有散户的优势，绝大部分庄家，也都是从跟庄开始起步的。

但如果对市场没有清晰的认识,盲目跟庄,选股不佳,只能做"垃圾股"的接盘者。正所谓"跟风有道",创业前周密的市场调查和理性的分析尤为重要。

一、热点能热多久,取决于是否与"势"俱进

这里所说的"势",是指社会发展的趋势,技术与市场的走势。只有乘势而上,才可生命长久。

有些产品,看起来形成了热点,市场启动也较快,但由于是市场短暂空白期的一个表现,即旧的技术失去市场,新的技术诞生,但新技术的完善导致功能需求上的短暂空白期。

在这个空白期中,消费者的需求非常容易激发,然而一旦新技术完善并整合,这个空白期马上就会被挤掉。

最典型的例子是以"商务通"为代表的PDA产品,曾经风光一时,跟风者众多,广东中山一带大大小小的PDA生产厂家有几百家。然而,PDA的市场需求是建立在手机、笔记本电脑等功能不太完善,没有整合个人办公系统的前提之下。在手机、笔记本电脑及时调整,吸纳了个人办公系统之后,PDA迅速降温。如今,商务手机风行天下,谁要是掏出个PDA来,真是"都不好意思和人家打招呼"。

2003年,许多企业看到洗涤消毒类产品热销,于是纷纷"跳入海中"。然而此类产品的热销,是由于"非典"的刺激,"非典"过后,人们的生活习惯并没因此产生质的改变,短暂的需求很快成为记忆,大多数中小企业因此产品滞销,公司倒闭。

社会洗牌、行业间的交叉洗牌、技术革命的洗牌,都将使一些市场热点如昙花一现。中小企业如果不能站在"趋势"的高度考察这个热点的生命力,往往容易站错队,上错船。趋势成就优势,方向大于方法。

二、是否泡沫"热点",取决于有无真正的市场需求为其支撑

很多明星产品、市场热点,是强行轰炸出来的。中国市场太大了,总有不理智的消费者为这些明星产品捧场,但很快就会醒悟。在这种泡沫的热点面前,如果中小企业定力不够,盲目跟风,只能是往冰山上的篝火添上几把柴,然后眼睁睁看着火光黯淡。

中国的保健品市场,是典型的"有需求要上,没有需求制造需求也要上"。泡沫热点的特征就在于:需求是制造出来的,不是引导出来的。

排铅市场曾经红极一时,虽然有中小企业跟风,但却没有能够做成大市场。原因在于:排铅没有真正的市场需求,单靠"恐怖诉求"吓唬出一批心疼孩子的消费者来,无法支撑长期的市场热点。解酒、戒烟类产品,也不停有广告轰炸,也不断有中小企业跟风,但就是做不起来。为什么?违背了消费心理,看似有市场,其实无需求。原因何在?很简单:注重健康的人根本不喝酒不抽烟,喝酒抽烟的人对于健康危害已经有了"广告免疫力"。

这样的泡沫热点,称之为"三拍产品":做决策时拍脑袋,做广告时拍胸脯,没做起来拍屁股。

拍脑袋的决策失误,大企业赔得起,但跟风的中小企业,却成了泡沫的牺牲者。

三、跟风时机最关键,早起的鸟儿有食吃

前面说的两点,虽然是短命热点,但也不是不能跟,关键是时机。每一类产品,都有其生命周期,跟得巧才能赚到钱。

保暖内衣从1997年诞生,造就了一大批富翁,我的客户中,就有50万起家,五年后达到一个亿身家的奇迹创造者。然而,我们发现,从2003年之后再进入保暖内衣行业的中小企业,基本上就没赚到什么钱,而2005年之后进入的中小企业,更是来去匆匆,没站起来就倒下了。

为什么会出现这样的情况?因为这些企业没有把握好进入的时机,没有把握好生命周期。

产品的生命周期一般分为:引入期、成长期、成熟期、衰退期。

引入期,是投入最大的时期,市场需求没有炸开,需要烧钱,需要忍耐,中小企业烧不起也忍不起,这时候就别进来了。

成长期,需求升温,销量上升,"强势撇脂"的产品策略,导致利润最大化,是最佳的跟风时机。

成熟期,竞争品牌最多,市场趋于饱和,销量减少,利润下降。这时候,

领导品牌一般要"凭实力说话",开始打价格战。中小企业要考虑及时转型,"变现撤退"。

衰退期,由于消费习惯变化,新产品或替代品出现,销量及利润急剧下降。这时候谁跟风谁就是十足的傻瓜。

四、跟风也要讲个性,整合塑造出自身优势

简单地跟风也能赚到钱,但总是单纯地跟随,照葫芦画瓢,而不能创造出自己的优势,只能吃别人的剩饭。

聪明的跟风者,能结合自身优势,在产品策略或营销策略中,走个性化道路,让大品牌大企业做大众市场,我们小企业小品牌做小市场,或补缺市场,一样能走出大企业的掌心,形成自身的优势。

一家纺织企业,进入保暖内衣市场时,自身的优势是生产研发,如果能在产品品质、款式、面料上做足文章,而不是人云亦云地拼广告拼明星,即使是进入成熟期,一样也能找到立足点。

2005年开始,国内家居服市场开始热了起来,香港一家公司也看好这一时机,把意大利"悠仙美地"家居服引入国内市场。对于其他已经先进入并已经炒热市场的家居服品牌来说,"悠仙美地"是后进者,如果单纯地和他们一样拼广告拼渠道,见效无疑会很慢。

这家公司在对市场进行分析之后,结合其自身的品牌、研发、生产、产品线的优势。制定了一条走高端路线的策略。成功地在家居服中区隔出"家居时装"的小市场,在别人"把家居服当睡衣卖"的时候,这家公司"把家居服当时装卖"。高品牌、高端产品、高利润,保证了销售链的高回报。因此,短短半年,"悠仙美地"尽管渠道覆盖率不如其他品牌,但市场销量及网络成员的业绩十分优秀,成为高端家居服中的佼佼者。

五、热点之前做预测,不做热点投机者

这是最重要的跟风要点。中小企业前瞻性不够,只能"看见了才相信",做不到"相信看得见"。只有看到了某类产品畅销之后,才敢跟进。但由于某些产品的生命周期越来越短,导致中小企业准备就绪之时,市场已经到了成熟期,永远跟在热点的后面疲于奔命。

因此,中小企业应该加大市场资讯、调研与预测,如果企业没有这方面的资源,应该加强与市场调研机构、营销咨询机构的密切合作。"术业有专攻",专业性的机构有大量的资讯与数据库,对市场的分析能力很强,可以避免中小企业"灵光闪现"导致的决策失误。

在预测市场热点之后,中小企业对于门槛较低的品类,可以提前做前期准备,没有做先锋的实力就按兵不动,一旦大企业开始培育市场做先锋,小企业可以迅速地在最恰当的时机切入市场,在利润最大化的时候发力。

聪明地跟风是为了市场的快速切入,销量的迅速上升。聪明地跟风,是为了将来的不跟风。因此,做聪明的跟风者,是中小企业成功过程中的踏板。跟风过程中让自己长大,核心竞争力不断增强,这才是最聪明的跟风者。

链接:年轻人创业,走出这三大误区

误区1:奇思妙想≠创业项目

不少年轻人认为创业成功的关键在于奇思妙想,只有与众不同才能把握先机、赢得商机。同时,在本报持续进行的"创业项目征集"活动中,不少市民送来了他们获得专利的小发明希望可以作为创业项目。但在论证过程中,很多项目都会因为缺乏进一步转化的可能和市场潜力,在首轮就被专家否决。

创意对于创业而言确实必不可少,但是,并非创业灵感足够新鲜就是好项目。在具体创业中,创意并非代表一味地追求标新立异。很多"新奇特"的点子虽然很吸引人,但并不一定能真正让市民自掏腰包,往往是旁观者多而消费者少。有些创意由于过度超前,与当前市民生活和消费层次相去甚远,加之初期创业者的运作资金和个人能力都十分有限,无法进行有效的市场推广,导致项目失败。

在选择创业项目时首先应进行市场分析。创业者可结合市场供给缺口和相关产业政策,进行深入的调查,从而瞄准市场空当开拓出切实可行的项目。为了验证项目是否具有可行性,创业者可提前为项目进行目标聚焦,锁定消费人群,并考察潜在项目分享人群对于该项目的意见和看法。"卖给

所有人"的商品是不存在的,也成为了很多创业者在盲目乐观的心态下创业失败的原因。

误区2:创业资金≠自有资金

没钱怎么创业? 在问及不选择自主创业的原因时,不少现场观众表示因为自身没有足够的启动资金支持。一些有创业打算的市民往往由于不知道或不了解政府鼓励创业的相关政策而在"启动资金"面前望而却步。

建议:除利用相关政策可以减免部分创业所需的行政性资金外,创业者特别是大学生创业者还可利用优惠的小额贷款政策为自己筹集创业资金;如果不具备申请小额贷款的条件,创业者还可以采取抵押或者质押的方式获得银行贷款,比如利用自己或亲友的房产、存单、有价证券或者保单办理抵押或质押贷款;同时,社会上存在的非银行金融机构也是进行创业融资的有效渠道,如信托投资公司和典当行,都可以帮助创业者实现快捷方便的融资。

然而,有钱就能创业了吗? 提醒创业者,如何妥善分配启动资金是首要问题。启动资金应涵盖用来支付场地、办公家具、设备、原材料和商品库存、营业执照、企业广告、促销、工资、水电费、电话费等经费,大致可以分为投资(固定资产)和流动资金两个方面。对于初期创业者而言,最明智的做法是把必要的投资降到最低限度,以减少企业风险,并在企业开张运转获得销售收入之前,最大限度地保持资金流动性。

误区3:热血打拼≠创业素质

相对于其他创业者,大学生由于创业热情高、胆子大、挑战风险意识强等优势,创业成功率较高。与此同时,大学生创业容易出现理想化、自我期望过高等缺陷。为此,专家为有志创业的大学生透露了三条"秘籍":

首先,"入伙"一个适合自己的创业团队,对于初入社会的大学生创业者而言不仅可以共同投资、共担风险,更是可以利用各自优势一起走向成功的有效方法。

其次,参加劳动部门免费举办的SYB创业培训,通过这一捷径迅速掌握管理、财务、营销等基本知识和技能。创业者可以在了解创办企业必需的法律责任、工商行政登记、依法纳税、商业保险、预测启动资金需求、制定利润计划、学习成本核算、产品折旧等知识后,为自己的创业项目制定一份详细的"创业计划书"。

再次,由于创业初期很多具体操作都要创业者亲力亲为,对于大学生而言,切不可做"甩手掌柜",选择一个自己感兴趣的行业也是成功的关键。在创业过程中始终保持着自己的"舒适度",将项目维持在自身能力的驾驭范围之内,做到游刃有余。

创新是体现创业的特定工具

西方的管理大师德鲁克对于创业的定义有其特定的侧重——创新。因此,他将创业企业分为有创新的和没有创新的企业两种。例如,一个开发并营销新产品的人是创业者,而一个街角的杂货店老板则不是。同样,一位连锁餐厅的店主不太可能是创业者,而一位独立的餐厅所有人可能就是。

换言之,创业者关注创新,创新源于创造变化并赋予现有资源创造新财富的能力。创业者把变化视作市场上的一种机遇的来源:他们欣然接受变化,而不是退避三舍。而且,这是创业者们所持有的惯常想法。对于其他人而言,这种想法脱离常规。

而且,根据德鲁克的观点,创业者学会通过发现和追求机遇来实践系统化的创新,这就是创业形成的过程。变化为创业者创造了一种机遇,不但能创造个人财富,而且能间接地为整个经济创造价值。德鲁克说:"创新是体现创业的特定工具,是赋予了资源一种新的能力,使之成为创造财富的活动。实际上,创新本身就创造了一种资源。"

德鲁克发现了寻求创新机遇的7个来源,其中有4项来源存在于企业内部,另外3项取决于企业或产业外部的变化。第一个来源是"出乎意料"的情况:意外成功、意外失败或意外的外部事件。德鲁克讲述了众所周知的雷·克洛克的传奇故事——不是把他当作麦当劳餐厅的创始人,而是把他看作一位将企业创办成为餐饮巨头的人,让全世界的人们都认得出企业那金黄色的圆拱和著名的卡通形象。当雷·克洛克在向小型餐厅销售奶昔机时,他注意到他的一家客户,麦当劳兄弟餐厅,购进了相当大数量的一批电器。这一意外的事件让他发现,由于餐厅的菜单简洁、价格低廉以及服务迅速,吸引了如潮的顾客。之后,他买下了麦当劳兄弟,并开始建立起自己的汉堡王国。

根据德鲁克的观点,第二个创新机遇的来源是一种"不一致",即实际状况和预期状况不一致,或与原本应该的状况不一致。

在20世纪80年代中期,德鲁克在创作《创新与企业家精神》一书时,有一家当时美国生产草坪护理产品(草籽、肥料和杀虫剂)的领先企业,这家企业之所以成为行业的领头羊,是源于一台被称作"播撒机"的简单机械装置,这是一个体积小、重量轻的独轮手推车,它身上所附的孔洞能使得草籽、肥料和杀虫剂均匀、适量地通过。而在该播撒机出现之前,没有一家草坪护理产品的生产企业能够向客户提供一台可以控制播撒程序的工具。如果没有这么一种工具,在整个程序的逻辑里就会产生一种"不一致":没有什么办法能够控制肥料撒播的数量。

第三个存在于企业内部的创新来源是建立在程序需要的基础之上的,有一句流传已久的谚语叫作"需要乃发明之母"。德鲁克援引了摄影艺术的发展作为例子。在1870年,由于摄影过程需要使用笨重而易碎的玻璃干板,这些玻璃干板必须随身携带并小心翼翼地护理。同时,还需要一台同样笨重的照相机,这样一来,一个人在照相之前需要做大量的准备工作。在1880年,柯达的创始人乔治·伊士曼利用极轻的纤维素胶片代替了笨重的玻璃干板,并设计出一种可以使用这种胶片的轻型照相机。10年内,柯达在摄影领域取得了世界领先地位。

德鲁克的第四个也是最后一个企业内部的创新机遇的来源是产业结构或市场结构的变化,这些变化出乎大多数人的意料之外。德鲁克提到了发生在汽车工业内部的分化,这个产业通过品牌名称的战略在市场上占据一席之地。一辆汽车早就不再只是一种交通工具,如今它是一种身份的象征,反映出一个人的个性。"什么人开什么车"这句话也许有些肤浅,却是许多消费者恪守的信条。例如,一辆宝马跑车会受到崭露头角的高层管理人员的青睐,而梅赛德斯-奔驰轿车传递着体面、可靠和奢华的信息。

除了这4个在企业内部出现的创新机遇,德鲁克还提到另外3个在企业外部创造创新机遇来源的变化。第一个是人口统计数据的变化——包括人口数量、人口组成、就业情况、受教育程度以及收入状况方面发生的变化。德鲁克解释道:地中海俱乐部在旅游和度假业务方面所取得的成功是归因于他们利用了"人口变化"的机会,特别是看到了出身工人家庭,后成为富裕的、受过良好教育的年轻人的数量不断增长。地中海俱乐部抓住了这个机遇,意识到这些人"是度假胜地的全新的、带有'异国情调'的现成顾客",是他们所关注的重心。

另一个创新机遇的来源是认知、情绪和意义的变化。德鲁克讲述了以前人们的饮食习惯是如何与他们的收入和所处的阶级紧密相关的;普通人"吃饱",而有钱人"吃好"。然而,到如今,这种趋势已经演变成"填饱",就是将可以食用的东西以尽可能最快、最简便的方式吃下去。顾客的满意度取决于送餐的速度而不是食物的质量。有多少人有耐心在麦当劳的等候线外等待超过一分钟呢?真的非常少。成功的食品服务企业是那些已理解并对顾客的这种心态加以利用的企业。

第三个来自企业外部的创新机遇来源是创业的"超级明星"——科学的以及非科学的新知识。德鲁克是这样描述这个来源的:首先,在所有的创新中它所需要的时间间隔最长。说得具体一些,比如对于那些生物技术和医药方面的科学发明,行政审批的完成需要经历一个很冗长的流程。其次,新知识通常是建立在前期大量知识结合的基础上,这其中并不都是技术知识或科学知识。同样,并非所有创新所需的知识都是能得到的。产品的完善涉及很多因素,因此,一个人必须对所有因素都进行仔细的分析。接下来,企业必须将这种新知识进行商品化,并明确其有别于自己竞争对手的战略定位。最后,为了成功地进行商品化,企业必须以获取主导地位作为目标——由于这种创新是基于新知识的创新,可能会有很多竞争对手。创新者必须在第一时间确保万无一失。

用创新的思路,随时随地开发项目

事实证明,只要头脑够灵活,有创新的信念和智慧,就一定能够为企业开辟新的市场,这个观点在海尔集团张瑞敏身上得到了应验。

1997年,张瑞敏到四川西南农村去考察,发现农民用的洗衣机,排水管的地方经常有污泥堵着。张瑞敏就问:"你这个洗衣机的排水管为什么有这么多污泥堵着?"

农民说:"我这个洗衣机不但用来洗衣服,还用它来洗地瓜。"

回来后,张瑞敏就对科研人员说:"农民用我们的洗衣机洗地瓜,把排水管都堵住了,你们能不能想想办法。"科研所的一位小伙子大学本科毕业刚一年,他对张瑞敏说:"洗衣机是用来洗衣服的,怎么能用来洗地瓜呢?"张瑞敏说:"农民给我们提供了一个很重要的信息,这个信息是用金钱无法买到的,你们要研制一种能洗地瓜的洗衣机。科研人员接到这个课题以后,在一个月的时间里把这个"大地瓜洗衣机"给研制出来了。实际它里面也没有高深的学问,只不过是搞了两个排水管,一个粗一点儿,一个细一点儿,洗地瓜时用粗的,洗衣服时用细的。"大地瓜洗衣机"推向市场后受到了广大农民的喜爱,取得了很好的经济效益。

"大地瓜洗衣机"的诞生也向大家证明了:一些看似荒诞或不可能的事情并非真的难以突破,只要肯开动脑筋,只要抓住每一个可以利用的信息,对其进行加工,就能够找到创新的契机,就能够创造出越来越多的"洗衣机也可以洗地瓜"的市场神话。

商场如战场,需要我们具备随机应变的能力,需要清晰的思路和头脑。商战无情,倘若没有诸葛亮的随机应变之智,是很难在激烈的市场竞争中站稳脚跟,争取胜利的。要紧跟新潮,随着市场的变化而变化,当我们掌握了市场变化的规律之后,就可变被动为主动,另辟蹊径,开拓新的市场。在当今的经济时代,要想取胜,除了凭经济实力之外,关键还是要开动脑筋出奇制胜。

联想集团的陈绍鹏克服重重阻碍,为联想打开了中国西南地区的市场,为联想公司挖掘了一个拥有巨大前景的市场,同事都夸他具有"把冰激凌卖给北极熊的本领"。

格兰仕公司的陈曙明,在格兰仕进军上海市场时,抓住上海人的心理特点,用创新的方式进行销售,不但打开了上海市场,而且很快就在全国市场占据了有利的位置。

牛根生在伊利任职时,曾用巧妙的营销手段让人们在"大冬天里吃雪糕",在冰激凌的淡季进行广泛宣传,为来年在"冰激凌大战"中获胜打下了坚实的基础,并为伊利创下了年销售额3亿元的销售神话。

蒙牛集团的杨文俊在拎VCD箱子时拎出了灵感,向企业提出了在牛奶箱上安装便于提取的把手的建议,这个创意不但极大地方便了客户,而且使蒙牛当年的液体奶销售量大幅度增长。

海信集团的何云鹏,在与研发小组成员的共同努力下,成功打造了海信"信芯",不但为海信节省了成本,创造了效益,更是打破了中国电视长久以来依赖进口芯片的局面。

……

所谓"奇"就在于因手法高超或产品新颖在市场上有奇效,而竞争对手们又预料不到。因此,可以较容易地占领市场,得到顾客,在一定时期内形成一个市场竞争中无敌手的局面。

随着时代的进步,市场的发展,如何去应对今后的挑战,怎样从危机中解脱出来?这需要每个创业者保持清醒的头脑。一个智慧的人,应有主动性和创新精神,智慧的价值是无穷的,创新意识与创新能力对我们来说就是最宝贵的财富。因此,我们要切实立足事业的长远发展,开拓思维,开动脑子,放下顾虑,用自己的智慧和创意引领事业的发展,让自己成为奔跑在时代前沿的人,成为最先告别贫穷,最先用财富装满口袋的人。

链接:三种思路选择创业项目

细分市场需求发现商机

网络上及生活中已经有很多非常优秀的产品和信息,这些产品和信息当中看似没有机会,但我们仍可以仔细评估它们,看其是否适合市场需求。进一步细分市场,往往能发现新的商机。

创造性地复制成功项目

百度复制Google,并依据中国市场的特性做适当的改善,增加贴吧等服务,结果百度成功了;QQ复制ICQ,并依据中国网民的特性提供更加优秀的服务,结果QQ成功了。举这几个简单的例子就是为了告诉创业者们,如果能借鉴成功者的经验,并加以优化,就能进一步满足市场需求,获得成功。

在别人的不足中找商机

20世纪60年代美国经济迅猛发展,公司迅速成长,带来货物交流频繁,但是市场缺乏将这些货物迅速送达目的地的好方式,于是弗雷德·史密斯的联邦快递公司顺应时代的需求而诞生。生活中这样的案例很多,当别人在抱怨产品或服务不足的时候,我们是否想到了更好的解决方法。

创业之路充满着艰辛。年轻的创业者们更多是以一种积极的心态去创业,他们作出这样的选择往往是出于梦想或把握身边的机遇。创业者强大的内在动力,并不是任何人都具有的。因此在决定是否创业之前,创业者必须要了解自己的性格是否真的适合创业,切不可仅凭一时兴起盲目地加入到创业的潮流中。创业活动要求创业者从事偏向于管理和销售的工作,所以"判断和决策"及"有效的口头沟通"是最重要的两项能力,同时"谈判技能"、"说服他人"和"新产品构思"等,也是创业者相较受雇者更被强调的个人能力。

比创新失败更可怕的是企业就地徘徊

其实创新本身并不困难,难的是敢于创新和坚持创新。大多数企业宁愿就地徘徊也不愿意尝试创新,是因为害怕得不偿失。创新有一定的冒险性,它不能保证一定成功。但是,比创新失败更可怕的是企业就地徘徊,甚至毫无预兆地被市场淘汰。

对企业来说,创新就是企业利用市场的潜在赢利机会,以获取商业利益为目标,重新组织生产条件和要素,建立起效能更强、效率更高和费用更低的生产经营方法,从而推出新的产品、新的生产(工艺)方法,开辟新的市场,获得新的原材料(或半成品)供给来源或建立企业新的组织,包括科技、组织、商业和金融等一系列活动的综合过程。

对应上面企业创新的概念,企业创新的表现可以归纳成以下3个方面。

第一,善于发现潜在的创新机会。

时刻关注行业动态,洞察发展趋势,迅速察觉变化和意外情况中隐藏的机会。对每个企业来说,机会都是均等的,那些看起来运气好的企业,是因为比其他企业更早地发现了有利机会。

1936年,摩托罗拉创始人高尔文在欧洲旅行,那时候战争即将爆发。接着,两年的萧条时期让高尔文意识到战争中必然需要相关的设备,他的公司便开始研制军用收音机。1940年,《芝加哥每日新闻》的编辑打来的一个电话,给公司送来了一个机会:奥尔斯康辛州麦克伊营地的军队需要无线电通信设备。高尔文派工程师唐米切尔和类约翰去实地考察,发现士兵随身带着非常笨重的通信设备,行军不便。于是公司决心要制造出更轻巧方便的通信设备。

第二,改进成果。

在生产过程中,建立效能更强、效率更高和费用更低的生产经营方法。持续使用各种新的方式方法,改善原有的生产和管理途径,提高效率并节约成本。

摩托罗拉公司在研究更加轻便的通信设备时,遇到了一个难题。如果使用天线,很容易被敌人发现,他们必须找到一种抗腐蚀的、不反射的金属材质做零件。经过一系列努力改进,最终完成了手持无线电话机。

第三,开创新市场。

创新不是毫无方向的付出,其结果必须具备市场价值,才能使企业受益。企业的创新是要满足顾客的新需求、提升满意度。开发新的产品、引进新的原材料或使用新的工艺都要以市场为前提。

20世纪70年代,曾宪梓发现中国香港正盛行西装,当时有着"着西装,捡烟头"的说法,就是说连捡烟头的穷人都穿着西装。但是当时在中国香港只有一些进口的昂贵的领带。曾宪梓意识到,"中国香港有400万人,假如一人有一套西装,那么领带的销量将非常乐观"。

竞争优势并不是由企业规模的大小决定的,创新能力才是竞争优势的重要因素。创新能使小企业具备相当大的竞争优势,并迅速壮大自身。创新能使企业变成行业的领头羊。一项新产品推出后,竞争对手往往需要一段时间才能追赶到差不多的水平,而企业如果能在此时将另一项更好的新产品投入市场,就会把竞争对手远远甩在身后。

通用汽车公司的优秀设计师这样说过:"当人们还在喜欢A型车时,我们已经在向经销商推出B型车了,工厂则在生产C型车,而技术部则在设计D型车。"

一个企业家回忆道:"有一件事给我留下了深刻的印象。1922年的一天,我正朝达顿通用发动机公司的实验室走去,当我从一些被抛弃的建筑群前面走过时,我问这些建筑群原来是做什么的。达顿的一位朋友回答说:

'在这些巨大的建筑物里，巴尼和史密斯公司制造了世界上大部分的木式火车车皮，当钢式车皮问世以后，他们还继续制造木式车皮，所以这两个公司被淘汰了。'"市场变化是一个多么残酷的事实。

有些企业一直提供固有产品，即使在市场大幅缩水的情况下也坚持投入产出，这样的企业很可能会在一夜之间被市场抛弃。BP机、磁带、录像带都曾普遍为人们所欢迎，但技术的更新使产品推陈出新，人们的新需求得到不断满足的同时，旧产品遭到冷落，相关企业纷纷面临惨痛损失甚至倒闭的局面。即使一些旧产品现在仍然被延续使用，但它的地位和作用已经远不能和从前相比。

对于企业来说，尽管某项产品一直是其优势，但是放在市场环境下，很可能明天就被淘汰。研究表明，新产品在销售份额中的比例日渐上升。新产品为企业带来丰厚的收益和不断向前发展的动力。如果把市场看成是波涛汹涌、变化无常的江河，那么创新就是企业的救生衣，它使企业紧跟市场的发展与变化，避免被市场抛弃。

市场发展有着它特有的时代特征，现今消费者越来越强调产品的个性化和多样化。他们不再满足于某商品只有一种颜色、造型或相关配置。他们需要的是令人惊喜的多样选择。他们不再满足于人人都有的相同产品，小到T恤大到汽车，都在变得具有个性化，越来越多的商品推出个性定制和个人服务。这些都必然要求持续创新以实现改变，应对现在纷繁多变的市场要求。

第一，防止自满情绪。

企业是客观物体，不具备人格特征，自然也就不会出现人类的情绪。但操控企业的是人，人的自满情绪会影响企业的发展。

曾经有一位作家，写出了一本脍炙人口的小说，受到极大的赞誉。于是，他终日忙于为这本书作演讲、分享写作经验。到头来，他才遗憾地发现，自己一辈子只写了一本书，其他的精力都浪费在了享受过去的成果带来的荣誉中。作家可以只对自身负责，但对一名管理者来说，他的自满情绪不仅仅会对自身的工作和发展造成负面影响,更会感染到他的员工、伙伴,最终导致整个企业发展趋缓。一家具有相当可观的发展前景的化工厂,通过一段时间的技术创新,取得了一项专利,投放市场后,赚取了大笔利润。该厂负责人感到十分满意,专门为这个专利定做了各种荣誉宣传牌。可惜好景不长,不到一年半的时间,该技术就被突破了,其市场占有率迅速缩水。该化工厂几乎面临倒闭的局面。

企业自身不会自满,但人会自满。人们总是会不知不觉地放松了对创新的要求,所以大多数时候,自满不易被发觉。管理者必须提高自省能力,周期性地反思创新进度、创新程度。

第二,强化忧患意识。

企业过度关注自身发展,很容易形成短视。当企业取得一定成绩时,人们往往把关注点都集中到企业内部,而忽视外部竞争对手的变化。企业会在一段时间内独享创新的成果,但稍不注意就会出现大量的效仿者、竞争者。这个速度是飞快的,甚至是超出预想的,企业很容易在短时间内便丧失了优势。

时刻强调竞争的激烈性,时刻强化忧患意识,"永远战战兢兢,永远如履薄冰",才能使企业在取得成绩时,清醒冷静地对待客观形势。创新是竞争优势的重要因素,要想保持自己的优势地位,要想不被他人赶超,就不能放松创新。

第三,学习新知识。

创新不是静止的,而是不断更新的。加强新知识的学习,一方面可以改进原有的创新成果,另一方面可以引发新的创新。

创新成果应用到实际工作中不一定就是尽善尽美的,它可能仍然存在一些需要改进的地方。通过新知识的补充,人们可以进一步完善和加强原先的成果,使其更加有利于实际操作。创新是不会自动生成的,学习新知识的过程也可以引起人们新的思考。人们应该将学习新知识看成是创新的有效来源之一。

第五章

10分钟读懂"粮草"

——聪明地利用资源有助于取得胜利

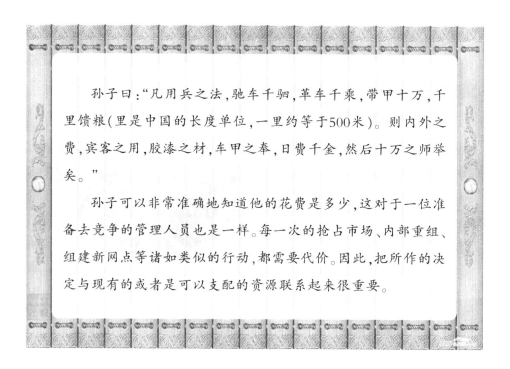

孙子曰："凡用兵之法,驰车千驷,革车千乘,带甲十万,千里馈粮(里是中国的长度单位,一里约等于500米)。则内外之费,宾客之用,胶漆之材,车甲之奉,日费千金,然后十万之师举矣。"

孙子可以非常准确地知道他的花费是多少,这对于一位准备去竞争的管理人员也是一样。每一次的抢占市场、内部重组、组建新网点等诸如类似的行动,都需要代价。因此,把所作的决定与现有的或者是可以支配的资源联系起来很重要。

有针对性地规划资源,对真实成本保持清醒

对于资源需求的计算必须与目标相匹配。目标越苛刻,成本就越高。盈利的多少就不能按这个公式进行计算:盈利的多少并不与目标的高低和复杂程度成比例。孙子也没有思考过盈利多少的问题,对他来说只有或者这样或者那样:成功或者失败。但是他对于成本是有十分清醒的认识。孙子对于资源是这样考虑的:要赢得战争,就需要有战车、辎重车、士兵等。

这一点直到现在也是一样的,只有一流的资源才能保证取得胜利,只有最好的员工才能保证出色的业绩,只有一个高度有效的组织机构才能为实现出色的业绩奠定基础。这几点并不是显而易见的。优秀的员工比不太优秀的员工要花更多的钱,一个有效的组织机构(例如,借助于软件工具、人事部门的服务效率、营销专家等)同样也不便宜,人员和机构必须花钱去买并供支配使用。但所有这些"软因素"诸如所有有关人员的创造力和动力也是可以消耗尽的资源。因此孙子建议,需要小心谨慎地考量和投入现有的资源。

每一位管理人员都会证明目标是非常重要的这一点。但如果去了解他们当前的目标的话,得到的回答并不能令人十分信服。如果去了解他们对目标所做的确切定义,得到的回答根本就没有说服力。作为目标量值,常常会出现"销售额增长百分之十"或者是"盈利增长百分之十"这样的目标。但是这又说明了什么呢?怎样才能实现更多的销售额、更多的盈利?许多管理人员都讲到目标,但是他们却没有在其中进行思索。

在许多情况下,人们以目标为基点,然后制定出一些策略、一些发展里程碑以及一些措施。当这些里程碑由于资源达不到这些苛刻的目标的要求而不能具体实现时,人们会感到很吃惊。我们还是换一种方式思考一下并

从资源开始。我们在资金、技术、知识和员工方面都有哪些资源？我们用这些资源能实现什么样的目标？

目标不能凭空想象。目标是由所投入的诸多因素衍生出来的，这些因素包括当前的和未来的。目标必须有逻辑并且可实现。如果一位管理人员得到一项任务，要在中国实现一定的销售额，但在中国却没有员工，那么这些目标就毫无意义。

什么是企业资源呢？

在不同的社会经济阶段，对企业资源的理解不尽相同。

现代一些学者认为：所谓企业资源是指企业在向社会提供产品或服务的过程中所拥有、控制或可以利用的、能够帮助实现企业经营目标的各种生产要素的集合。

我们应从更加广泛的角度来理解企业资源——凡是能转化为支持、帮助和优势的一切物质和非物质都是企业资源。

有形资源——主要是指财务资源和实物资源，它们是企业经营管理活动的基础，一般都可以通过目前的会计方式来计算其价值。

财务资源——是企业物质要素和非物质要素的货币体现，具体表现为已经发生的能用会计方式记录在账的、能以货币计量的各种经济资源，包括资金、债权和其他权利。既包括静态规模的大小，也包括动态周转的状况，在一定程度上还包括企业获取和驾驭这些资源要素的能力和水平。反映企业财务资源状况的工具就是企业的一系列财务报表。在企业财务资源系统中，最主要的资源是资金。财力资源是企业业务能力的经济基础，也是其他资源形成和发展的基础条件。

实物资源——主要是指在使用过程中具有物质形态的固定资产，包括工厂车间、机器设备、工具器具、生产资料、土地、房屋等各种企业财产。由于大多数固定资产的单位价值较大、使用年限较长、物质形态较强、流动能力较差，其价值大多显示出边际收益递减规律的一般特性（当然也有一些固定资产即使在折旧完毕之后仍然具有使用价值和价值，甚至会增值，如繁华地段的商业店铺等)。在传统工业中,固定资产是企业资源系统的重要组成部分,它是衡量一个企业实力大小的重要标志。

无形资源——主要包括时空资源、信息资源、技术资源、品牌资源、文化资源和管理资源等。相对于有形资源来说,无形资源因为似乎没有明显的物质载体而看似无形,但它们却成为支撑企业发展的基础,能够为企业带来无可比拟的优势。

时空资源——是指企业在市场上可以利用的,作为公共资源的经济时间和经济空间。时间资源(经济时间)是指人类劳动直接或间接开发和利用的自然时间或日历时间。空间资源(经济空间)是指人类劳动直接改造和利用的、承接现实经济要素运行的自然空间。"时间就是金钱"、"天时不如地利"等格言,分别说明了时间资源和空间资源的重要性。

技术资源——广义的技术资源包括形成产品的直接技术和间接技术以及生产工艺技术、设备维修技术、财务管理技术、生产经营的管理技能。此外,技术资源还应包括市场活动的技能、信息收集和分析技术、市场营销方法、策划技能以及谈判推销技能等市场发展的技术。技术资源是决定企业业务成果的重要因素,其效力发挥依托于一定水平的财力和物力资源。

信息资源——信息资源是指客观世界和主观世界的一切事物的运动状态和变化方式及其内在含义和效用价值。企业的信息资源由企业内部和外部各种与企业经营有关的情报资料构成。信息资源在企业的资源结构中起着支持和参照作用,具有普遍性、共享性、增值性、可处理性和多效用性等特征,"知己知彼,百战不殆"就是运用信息资源使整体资源增值的最好诠释。

品牌资源——就是由一系列表明企业或企业产品身份的无形因素所组成的资源。品牌资源又可细分为产品品牌、服务品牌和企业品牌三类。品牌资源尤其是成为驰名商标的品牌(又称名牌)对企业经营成败至关重要,名牌对企业维系顾客忠诚、开拓新市场、推广新产品等方面具有无可比拟的优势。

文化资源——是由企业形象、企业声誉、企业凝聚力、组织士气、管理风格等一系列具有文化特征的无形因素构成的一项重要资源。与有形资源比较,其缺乏直接的数量化特征,没有一个客观数据基础,是由一系列社会形象或文化形象的形式存在于评价者心中,与其载体密不可分。文化资源的形成与发展是其他资源效力发挥的累积结果,可以迁移到被兼并或被控股的公司和新成立的企业中,企业形象、品牌信誉等还可以从原来产品转移到新产品中。

管理资源——管理是对企业资源进行有效整合以达到企业既定目标与责任的动态创造性活动,它是企业众多资源效力发挥的整合剂,其本身也是企业一项非常重要的资源要素,直接影响乃至决定着企业资源整体效力发挥的水平。管理资源应包括企业管理制度、组织机构、企业管理策略。

人力资源——是指存在于企业组织系统内部和可利用的外部人员的总和,包括这些人的体力、智力、人际关系、心理特征以及其知识经验的总汇。一方面,人力资源表现为一定的物质存在——人员的数量,同时更重要的是表现为这些员工内在的体力、智力、人际关系、知识经验和心理特征等无形物质。所以,人力资源是有形与无形的统一资源。它是企业资源结构中最重要的关键资源,是企业技术资源和信息资源的载体,是其他资源的操作者,决定着所有资源效力的发挥水平。

市场资源——是指那些不为企业拥有或控制的,但是在市场中存在,而且因为是企业强大的竞争实力、独特的经营策略技巧和广泛的关系网络而可以为自己所用的资源。在现代经济中,凡是具有经济效益和功能的市场交易都有价值。一般来说,市场资源主要有下列几种:

关系资源——是指企业因为与顾客、政府、社区、金融机构等个人或组织之间良好的关系而获得了可以利用的存在于企业外部的资源,这其中特别应该受到重视的是客户关系资源。企业与客户长期良好的合作而建立起顾客忠诚,这样客户就成为企业经营中获取强大竞争优势的一项重要资源。

杠杆资源——指虽然不属于企业所有，但是企业可以通过OEM生产、特许经营、加盟连锁、虚拟经营等方式为我所用的资源。OEM生产、特许经营、加盟连锁等方式往往可以以较少的投入撬动较多资源为自己的经营服务，这种资源的利用方式与物理学上的杠杆原理非常相似。

社会资源——主要指社会中可供自己利用的，能为企业自身带来优势或经营帮助的事件或人物，特别是现实社会中的名人、名物和各种有影响的事件。现实经营中，许多企业不惜重金聘请各种名人为自己题字或者做宣传活动，就是利用社会资源的典型例子。

历史文化资源——是指各种历史名人、历史故事和文化传说等广泛存在于社会之中的文化资源。这其中的关键是要先人一步发掘和加以运用。有时候，历史文化资源就是由企业自身所杜撰出来的一些具有一定正面影响的神话文学故事等。

其他市场资源——是除了以上所涉及的可以为企业利用，并形成一定竞争优势或者为企业带来支持、帮助和利益的各种物质或精神形态的东西。所谓机会无所不在，关键是要看经营者眼界的宽广和策略的高低了。企业经营也是一样，只要善于开动脑筋，那么许多看上去原本毫无价值的东西也可以为我所用，比如垃圾，在废品收购公司也可以变废为宝。

为了达到目标,我要投入多少资源?

为了达到目标我要投入多少资源？为此我要花多少钱？

显而易见，每一个策略都需要成本的支持。人们想通过策划好的方针、通过达成一致的策略实现某个特定的目标。能够预测到的盈利是多少？为此要花多少钱？管理人员只需将目标价值和资源成本进行比较，然后自己就能评价他在做的是一件什么事情。

这无非就是一个简单的投资预算,每个企业都知道并采用了这样的投资预算。通常没有经过批准的投资预算一分钱的设备也不能购置。但是大多数企业在涉及其他的项目诸如投入一个新工艺、招聘一名技术专家、安装一套数字视频系统等却不能始终如一地遵守这种分析方法。

　　在一家自行车股份公司里，有一天人们作出决定，除了生产自行车外也生产摩托车。但是这家企业本身并不具备生产摩托车所必需的技术和知识，因此他们决定招聘有经验的摩托车技术人员。这个想法毫无疑问很好并且是对的，人们如果不具备某种特殊的技术和知识，就必须花钱去买。

　　他们利用诱人的合同成功地招来几名好的员工。这些员工来到公司并询问他们的任务是什么时，没有人想过怎样投入这些买来的资源。只是有一些模糊的设想，却没有清楚地定义所要达到的目标，人们只是想折腾一番。

　　这些摩托车技术人员开始在这家公司上班。但他们却不了解公司的组织机构，也不了解公司的权力机构，甚至也不完全清楚给他们安排的任务，结果这个倡议最终只能以失败告终。在这个案例中引人注意的还是没有人花精力去计算一下这个冒险的代价有多大，这些摩托车技术人员现在还失望而又无聊地待在这家自行车股份公司里。直到今天，他们一辆摩托车也没有制造出来。虽然有想法，但没有目标，因此也就没有发展里程碑。没有人能够制定出这些目标和发展里程碑，而资源可是提前准备好了，这种运作肯定行不通。

　　在另一家自行车公司，人们也有一个类似的想法。因为他们决定收购一家摩托车厂，所以就很容易提出目标和发展里程碑。这样他们就有资源的保证，并且也马上具备所必要的技术和知识来定义目标和发展里程碑。生产进程不能一下子就进入高速阶段，人们必须努力做到不要过大地干扰已经启动的运作进程。对销售部门进行合并，自行车和摩托车通过同一个销售网络进行销售。虽然这种策略同样要花金钱和人力，但最终却能取得成功。

有什么区别吗？区别就在于后者能将整个运作协调一致,使目标和资源互相匹配。

对真实的成本,要有清楚的认识

大的目标在大多数企业里能够引起必要的重视,这肯定是对的。人们从目标到资源都进行了一番思考,并且努力创造出一定程度的"胜算度"。但人们为什么在一些较小的运作上不能同样小心呢？

孙子对于似乎很小的一些细节如"胶漆之材"的成本也考虑到了。例如在公司里谁会去为一次交谈而思索一番:这次交谈要产生什么结果？为这次交谈需要提供什么资源？如果思索过,人们对下面这个问题就会听得到一个答案:这次交谈值吗？

有许多这样的例子来检验这种有针对性的思考:例如人们可以这样问一下自己,一个给员工的信息告知板会产生什么样的效果？这块信息告知板的制作、信息发布以及阅读本身要花多大代价？有些发布的信息连许多员工投入去阅读的时间都不值。如果是这样的情况,那就不要搞这样的信息发布好了。

很多管理者对于这样一些小的行动常常不会去做投资收益分析。甚至,也有一些大的项目,甚至是很大的项目,也没有按照这样的分析去开展。

在一个人们想或者是必须进行内部重组的公司对收益和成本总是进行了切合实际的思考了吗？

例如因为时常发生变化,进行内部重组可能是必要的。但是这种重组也常常只是出于个人的想象,也许仅仅为了满足管理人员的兴趣爱好,也许,在这样的重组背后隐藏着权力膨胀和运动主义。当前许多企业被持续不断的重组所摆布,有一些部门,其存在的目的就是搞重组。这些仅仅是为了进行一些变化的重组简直就是毫无意义。

作为一个管理人员,对真实的成本,要保持始终如一的清醒认识。

设定一个组织机构，并保持不变

　　孙子为他的战争设定了一个组织机构并且保持不变。没有士兵要不断地获得新指挥官，辎重车要不断地改变运送的方向。孙子更愿意处理作战的过程，也就是军队的布阵、协同作战以及补给如何起作用。这样就形成了一个组织机构。

　　现在的管理人员也应该学习这一点。管理人员应该去处理进程，改善进程有可能需要一个新的组织机构——那么这种重组几乎就是强迫性的。进程的改善会导致一次长久性、愈合公司创伤的重组，如果这种重组能够正确执行的话，就会给公司带来长久性的改善。

　　许多管理人员在不了解进程的情况下就进行重组。在这个过程中，责任人不知道重组是如何改变进程的，进程无论好坏都同样被改变了。在重组之后，人们把所有的进程都改变了，但重新出现的照样是好坏进程均有的局面。

　　一个由管理层面倡导的重组隐藏着许多风险。管理人员是否知道他通过重组要达到什么目的？重组会带来什么？通过重组在可预见的将来能达到什么效果？我想要改变哪些进程？哪些进程应该保留？

　　在整合和重组的系统工作中，并购方无论是投资部、财务部、人力资源部还是其他职能部门，甚至每一个员工都应主动出击，勇于接受新事物的挑战。在学习、思考的过程中逐步理清思路，树立正确的认识，然后才有正确的行动。

　　"他山之石，可以攻玉"。虽然因为并购个案的特殊性，世界上没有任何两个企业的整合是相同的，但是全球众多的并购案例仍然为我们提供了大量成功的经验和失败的教训。

首先是学会尊重,摒弃潜在的错误意识

联想并购IBM的PC事业部时,曾专门聘请著名的麦肯锡咨询公司进行兼容性调查,力求全面熟悉IBM的管理和文化。同时,双方的高层又坐到一张桌子前共同讨论对方的成功要素,用尊重和学习为整合扫清障碍。

所以,当我们具备了宽阔的胸怀和容忍的心态后,还必须学会尊重才能保证整合的顺利推进。要学会尊重,我们就必须摒弃自己潜在的一些所谓的优势意识以及错误意识。

大量的并购是强强联手、优势互补;既然是强强联手,双方就都是强者,所以我们不能老是一副盛气凌人的架势,抱着"吃与被吃"、"我是强者我说了算"的心态。在这种心态下连平等都不可能,遑论尊重,而且这种心态更容易滋生"老人与新人"的对立。

以尊重为前提,我们才能以学习的心态主动了解、熟悉对方所处的行业特性,学习对方的先进性,熟悉并尽快适应对方的管理风格、行为模式、价值取向,甚至他们的偏好。这样,才是对对方价值的充分肯定,才是尊重;而一个真心懂得尊重别人的人,一定能赢得别人的尊重。

说到独特与偏好,我们可以看看Google的故事。Google的员工甚至可以穿睡衣上班,在他们的办公区域,公司免费提供的饮料、食物随处可得。据说Google的原则是保证员工在100米的距离内必须能找到食物。曾经有个新进的职员说他所在的地方没有达到这一要求,经行政人员调查后说,该职员所在办公室的楼下就是餐厅,直线距离远小于100米。据测算,Google免费提供每天两次正餐和各类饮料、食物,每顿正餐标准约30美元,一年的支出超过7200万美元。

其次是沟通,沟通,再沟通

既然"强扭的瓜不甜",那么要避免"强扭",我们就必须施以充分的沟通,消除整合过程中的误解与对抗。

思科(Cisco)公司作为并购活动中的积极分子,先后数次横向并购取得成功,在颇多反思后的最终心得是一个返璞归真的结论:沟通决定成败。

既然沟通如此之重要,那么整合中该如何沟通?

其一,充分沟通,消除信息不对称。沟通既是双方互通信息的过程,也是彼此交流和增进感情的过程。对这一过程,人们常常以"通气"形容之。是的,气通了,才能顺畅;气顺了,才能心齐;心齐了,才可鼓劲;劲鼓起来了,才能一鼓作气,战而胜之。因此,应采取多种形式建立沟通渠道,保证各类信息在正式渠道中的畅通,让员工有机会清楚整个并购的大致情况,如股权的转让、未来的经营方向、可能的风险等,才能最大限度地减少整合过程中由于信息分布的不完全、不对称所引起的各类风险,降低摩擦成本,凝聚人心、集聚力量,增加整合成功的机会。

其二,及时沟通,第一时间消除隐患。通用电气财务公司提倡并购完成、整合开始时立即在员工中间搞一次48小时的闪电沟通,向他们解释合并所涉及的方方面面、基本原则、预计利润以及对生产力的影响。"沟通,沟通,再沟通"可以说是通用电气财务公司实施整合的前奏曲。及时沟通,才能在第一时间消除隐患。这方面花旗银行曾经有过很失败的案例,他们在并购完成后,准备在九万人的基础上裁减九千人,却因为未能及时传达准确信息,结果造成了九万人都惶惶不可终日。

其三,坦诚沟通,确保信息真实、准确。坦诚是沟通的本质,也是人际交往的第一要则,只有双方坦诚地沟通,对方才能够知道你的真实感受,才可能做出积极的回应。韦尔奇先生在《赢》一书所说:"我一直都是'坦诚'二字强有力的拥护者。实际上,这个话题我给GE的听众们宣讲了足足20多年。但是直到自己从GE退休后,我才意识到自己低估了'坦诚精神'的罕见程度。"要做到坦诚沟通,就要求沟通的过程中能尽可能地用最短的时间、最简约的方式,传达最真实、准确的信息。思科在并购后会马上向被并购企业的员工发放一份贴心的文件夹,内有新企业的拥有者的基本信息,思科高层经理的电话号码、电子邮件地址,还有一份8页的图表,用来比较两个企业的假期、退休、保险等福利待遇有什么不同。

再次是面对发展与双赢

前面我们谈到了"宽阔的胸怀"和"认同、容忍的心态"以及"充分、及时、坦诚的沟通",这些都是整合的前提和基础,如果能同时具备,就能为整合工作搭建一个良好的平台。

然而,整合无定式。并购整合由于涉及企业自身的特点、行业属性,可以说没有一个统一的标准、模式,它需要根据并购双方的实际情况进行自我摸索与自我寻找。

既然需要自我摸索与自我寻找,那么在整合过程中必然面临各种选择,也不可避免地出现各种正常的争执,孰优孰劣?孰对孰错?

因此,我们必须确立一个整合工作的基本指导原则和评判标准,指导我们该选择、借鉴整合模式,以及整合过程中具体决策、策略选择;同时评判、解决整合中可能出现的正常争执。

我们认为,最终的指导原则和评判标准只能是"发展与双赢"。

2002年的5月8日,惠普公司与康柏公司正式合并,在双方共同努力下,新惠普在合并后的一年里取得了令人满意的成绩。通过这次合并,新惠普变得更强大、更成功、更有效、更赚钱。

在2003年5月21日惠普的第二财季(2003年2月1日至2003年4月30日)财务报告中显示,惠普营业额达到180亿美元,持续增长1%,其中打印及成像集团营业额为55亿美元,更比去年同期增长13%;在5月21日当天,惠普的股票逆市上扬。

业绩说明了一切,也让几乎所有关于惠普与康柏合并能否成功的猜测、质疑都烟消云散。

合并前,惠普在公众面前展现得更多的是一幅稳重的面孔;合并后的"新惠普"在"老"惠普原有"稳重、稳定"的基础上吸收了"新"康柏的"速度、灵活"等新元素,融合成了新的核心竞争优势:开放式的商业模式、紧密的合作伙伴关系和全面客户体验;并呈现出更加巨大的规模以及市场影响力。

再看一个国内的案例。2005年,作为长期竞争对手阿里巴巴和雅虎(中国)成功并购,涉及全额超过10亿美元,专家称将此次并购将改写中国互联网历史。在随后的整合工作中,马云亲自坐镇指挥,并一再强调要产生1+1>2的并购收益就必须"稳定压倒一切"、必须以发展与双赢的原则留住对方经验丰富的优秀员工。

"双赢"强调的是双方的利益兼顾。如果整合损害了对方的利益,整合也就失去了本来的意义。强强联手是为了共同把蛋糕做得更大;整合是为了把蛋糕做得更香。

以"双赢"为原则,才能求同存异,迅速达成共识,而不是去争辩和在乎这是谁提出的,是我们还是对方的方式。只有这样,才能有效消除双方误解,避免冲突,提升整合效率及整合效益。

最后是整合需要"艺术"

我们不能想当然地认为具有了宽阔的胸怀、充分的沟通和发展与双赢的指导原则就能保证整合一定成功。管理是门艺术,整合要把两个独特的企业融合到一起,要把两个不同气质的组织捏合到一块,更需要整合的艺术。

秉承管理大师彼得·德鲁克的教海,我们不仅要"做正确的事(to get the right things done)",还要"正确地做事(to do thing right)"。

正因为条条大路通罗马,有时两点之间不一定是"直线最短",也许曲线迂回更容易达成目标、提高效率。众多成功的整合案例也提示我们,整合推进中还必须注重各种"度"的把握:掌握、控制好整合节奏,避免过于急躁或过于拖沓导致的对立、甚至抵抗。整合中始终以发展为指导,以事实为依据,因地制宜,甚至是量身定制,允许一些特例的存在。

根据对方的行业特点、管理风格,选择他们乐于接受的方式、方法,而不是简单套用惯有的方式、方法。各项政策的执行过程中,必须注重时机选择,以及语言艺术。整合是一个充满艰辛、长期的、反复的过程,坚韧是面对困难的唯一武器。

此外,在具体的执行过程中我们还应力求避免以下错误:

忌"钦差大臣":不分青红皂白,狐假虎威,恃强凌弱。

忌"生吞活剥":自己没有融会贯通、吃透政策,却给对方做解释,结果自相矛盾。

忌"闭目塞听":不注意收集执行过程中的各种意见,或听到后也不及时反馈给决策者。

忌"守株待兔":仅凭以往经验办事。

综上所述,成功的整合是要让两个独特特质的企业完整融合并最终创造更大的价值。这是一个充满艰辛、曲折的长期过程,我们要有足够的认识和准备:

在此过程中,首先应该具备宽阔的胸怀和容忍的心态;

在此过程中,要学会在尊重的基础上了解、熟悉、接纳对方;

在此过程中,充分、及时坦诚的沟通贯穿始终;

在此过程中,始终坚持"发展与双赢"的原则;

在此过程中,还要学会"艺术"的手法。

当资源匮乏时,集中资源到最关键之处

一位管理人员总是一再面临这样的状况:当前的资源不够用。解决的办法是集中资源。人们必须集中精力到少数几件事情上,要专业地、快速地以及全力地完成它们。下面的这句话可能就是来自于这样的考虑:从现在起我们要集中我们管理层的注意力。这无非就是说管理人员没有足够的时间来关心所有出现的问题并"管理"这些问题。这样这位管理人员就做了一个善举,他集中精力来关心这件事情,而不是另一件事情。这种集中方式其实与管理相反——管理是及时认识到资源匮乏并进行相应的处理。

管理人员有榜样的作用,他必须取得人们的信任。人们可以通过冷静、信念、诚信以及及时的反应取得信任。能够保持冷静的管理人员是十分罕见的,你遇到过其中一位吗?没有?为什么没有?因为大多数管理人员不能

对其工作进行分工,因为他们不能集中精力到最本质之处,因为他们也不能正确地进行指挥。不能集中精力到最本质之处常常是问题的根源,他们分散精力。这里指的并不是集中他的工作,而是集中自己本身。其实这样可能更简单:如果人们定义了目标和里程碑,那么就可以投入所有必要的资源,越快地实现目标,就必须越集中地安排资源的投入,完成任务也就越有效率。

21世纪是整合的时代,学会整合你将立即达成你的目标,学会整合你将借力别人,用别人的优势,降低风险,提高成功的速度。

第一,客户整合

这类整合其实质是在高耦合度的领域开拓更大的规模,形成集聚效应。在电信领域由于通信网络的不同和客户信息的私密性,导致不同运营商无法共享用户资源,这样的现实就影响了终端提供商对客户资源的收集和分析。如苹果公司利用移动、联通将客户整合,通过运营商培养自己的客户。

同样对于第三方应用服务,也是可以使用同样的方式进行整合。目前在业界炒得沸沸扬扬的百度收购PPS就是因为市场观察人士认为收购专业视频公司对于有同样业务的百度奇艺的发展如虎添翼,不过这样的资源整合能否达到优化配置,并形成与客户需求的最佳结合点、提高客户服务水平,我们拭目以待。

第二,产品价值链整合

这种整合是要控制生产价值链,形成集团是全产业生产服务链条,最终控制产业上下游,不论是对产品的生产销售还是对市场定价权都有巨大的支配能力,这也是无数综合性企业梦寐以求的整合方式。

蒙牛创始人牛根生曾说过:"一个企业90%的资源都是整合出来的。"说过这句话之后大伙都知道他干吗了吗?他把蒙牛卖了。他为什么这么做呢?难道他不打算整合别人了吗?卡内基有句话说得好:"要和比自己强的人合作,而不是和他战斗。"对于牛根生来说这个比他强的人就是宁高宁——中粮集团董事长。蒙牛在经历过三聚氰胺以及后期的添加剂问题后,品牌价值以及客户信任度都急转直下,虽然牛根生面前的蒙牛此时的生产的情况和财务情况都很健康,可是它很有可能一夜暴毙,能够解决信任危机的或者说能够扛得住大众质疑的只有中粮这样的巨型国企。而一直想打通食品全行业产业链的中粮对于蒙牛一直也是垂涎欲滴,二者的整合是珠联璧合的双赢之举。

第三,品牌整合

品牌整合主要是指某一非常有价值的品牌在发展过程中出现瓶颈,外部企业或者资金介入借助其原因的社会知名度和品牌价值重新盘活该企业。

这样的整合案例在中国等发展中国家出现得最多,印度的塔塔公司收购路虎捷豹、中国的南汽收购罗浮、联想收购IBMPC部门、吉利收购沃尔沃,甚至是四川腾中收购悍马这样未遂的案例都是从一个个侧面反映资金充裕的企业对于品牌和市场认可度的巨大渴求,资金和品牌的联姻成了必然。

第四,平台整合

无论是传统领域还是高新科技领域,平台的支撑成为主力企业发展和壮大的最强有力的方式。从传统的百货商场到时下的电商平台都说明了一个简单的道理——我的地盘听我的。

互联网界有句话是这么说的:如果你要研发什么产品,首先得看腾讯有没有类似的。这句话确实言过其实了,不过我们始终绕不开的一个话题是:腾讯巨大的客户平台——QQ,任何一款应用程序搭载QQ都会飞上天的。

第五,渠道整合

渠道是任何生产性企业都必须正视的一个问题。你生产出来的产品都是放在仓库里的,如何到达客户的手中成为很多企业最为头痛的事,一个产品的好坏最终的检验标准是市场。

说到渠道整合必须提两个经典的案例:一个是国美收购大中电器,一个是王老吉品牌之战。前者大家都知道完成收购后凭借无可匹敌的店面数,国美成了国内电子零售商的老大,但是王老吉品牌之争和渠道有什么关系呢?那么我再反问既然王老吉有超高的社会知名度,为什么在加多宝手中可以日进斗金,在广药手中就成了鸡肋了呢?其根本还是加多宝占据着产品销售的渠道,对于加多宝来说没了品牌可以再做广告,生产同样的饮料换个包装而已,该怎么卖还怎么卖。

整合是在战略思维的层面上,资源整合是系统论的思维方式。就是要通过组织和协调,把企业内部彼此分离的职能,把企业外部既参与共同使命又拥有独立经济利益的合作伙伴整合成一个为客户服务的系统,取得1+1>2的效果。

在战术选择的层面上,资源整合就是优化配置的决策。就是根据企业的发展战略和市场需求对有关的资源进行重新配置,以凸显企业的核心竞争力,并寻求资源配置与客户需求之间的最佳结合点。目的就是要通过组织制度安排和管理运作协调来增强企业的竞争优势,提高客户服务水平。

一场快速的胜利可以保护资源

孙子已经说得很清楚,将帅只有一次机会:必须快速而又坚定不移地进行战争。孙子曰:"其用战也胜,久则钝兵挫锐,攻城则力屈。"孙子又曰:"久暴师则国用不足。"孙子知道,时间因素起决定性的作用,一个策略必须快速而又顺畅地得到贯彻执行。如果执行的时间比计划的时间长得多,即使他后来取得了胜利也只能算成失败,因为他掉进了时间的陷阱里。孙子曰:"夫钝兵挫锐,屈力殚货,则诸侯乘其弊而起,虽有智者,不能善其后矣。"并且更为清楚地说:"故兵闻拙速,未睹巧之久也。夫兵久而国利者,未之有也。"

对于孙子来说,快速取得成就的意义再清楚不过了。许多管理人员公布了决议,却一直不见贯彻执行,原因是因为这位管理人员又在忙新的决议了,这不是解决问题的办法。每位管理人员都应该在其任职目标中写明这一点:为准备工作投入足够的时间(第一条准则),然后起草决议并顺畅地去贯彻执行(第二条准则)。不允许发生的事情是,一家公司赢得了一笔大合同,但在半年之后才投入一位项目经理来负责这个项目,这个项目就这样没有负责人地处于昏昏沉沉的状态达半年之久,这样的项目永远都不可能弄出一个好成绩来。在这种情况下矛早已经钝了,资金资源也被消耗尽了。

一位管理人员虽然必须进行很好的准备,但当作出决定后,则必须进行快速的反应。甚至当他想进行重组时,也必须顺畅地去完成。因为下面的问题十分清楚并且无容质疑:持续的时间越长,代价就越大。

资源管理不仅仅是配备员工和组织机构,资源管理也是配备"调整"。

充分发挥自己的优势和员工的优势

在做所有的事情时,人们都要把精力集中到自己的优势上来。在选择资源时就意味着,人们显然应该确切知道需要什么样的能力,招聘具有哪些优势的员工,然后去利用这些优势。重要的是人们在准备阶段应该全面地去思考,把工作规划和人员规划融合到一个行动中去,这样人们就能有针对性地把员工的优势融入到里程碑计划中。咨询顾问常常会建议所需的优势应该由任务来决定,但是人们也肯定能琢磨一下,是否能调节自己去适应与自己的优势相匹配的任务。这个过程当然有它的天然局限性,因为一个部门的任务并不是目的本身。但当资源规划并不是一次性的行动,而是一再重现,并且总是十分小心谨慎地去指定时,人们通过这种方式可以组建一个强大的组织机构,并能一直保持在高水平上。

一位律师在一家自行车股份公司的采购部门作采购员工作。这份工作给他带来乐趣,特别是因为他能够从法律角度来完善合同。采购经理对其手下员工们起草的合同安全性不是完全满意。两个人在一次员工交谈中认真地谈过之后,采购经理设置了一个合同经理的职位,希望一位法律人士起草出各种合同范本并针对具体情况从法律语言的角度给其他员工提供帮助。这位受过法律高等教育的采购员获得了这个位置,他非常开心,并以极大热情投入其中。这位员工的优势就被充分地利用,而采购经理也终于可以放心其员工的合同在法律方面可以做到无可挑剔。

有句话说得好:"只有聆听别人意见的人,才能集大成。"无论是多么优秀的人,只靠自己的力量是有限的。尤其在当今这个竞争激烈的社会里,凝集多数人的智慧,往往是制胜的关键。就算你是一个"天才",凭借自己的想象力,也许可以获得一定的财富。但如果你懂得让自己的想象力与他人的想象力结合,就定然会产生更大的成就。我们每个人的"心智"都是一个独立的"能量体",而我们的潜意识则是一种磁体,当你去行动时,你的磁力就产生了,并将财富吸引过来。但如果你一个人的心灵力量,与更多"磁力"相同的人结合在了一起,就可以形成一个强大的"磁力场",而这个磁力场的创富力量将会是无与伦比的。

每一个人的构想与思维都是不一样的,所以说,人越多,就越容易想出好的办法,这正应了"三个臭皮匠,顶个诸葛亮"这句话,集众人的意见,很有可能产生意想不到的效果。

日本东京有一个地下两层的饮食商业街,整个广场都显得死气沉沉。一天,商业街董事长突发奇想:如果有一条人工河就好了!来往的人群不但能听到脚底下潺潺的流水声,而且广场上还有人式瀑布。这确实是很适合"水都街区"的创意。

大家对董事长的构想很心服,于是有人访问他。他回答说:"挖人工河的构想并不是一开始就有,而是几个年轻设计师一起讨论时,有一个突然说:'让河水从这里流过如何?''不,如果有河流的话,冬天会冷得受不了。''不,这个构想很有趣。以前没有这么做,我们一定要出奇制胜。'"

于是,有反对和赞成两种意见,最后,还是一致通过了这个构想。

由此可见,一个好的创意的产生与实施,企业家光靠自身的力量和努力是不够的,必须集思广益,整合资源,必须在自己周围聚拢起一批专家,让他们各显其能,各尽其才,充分发挥他们的创造性作用。

只有"你好我好",才能实现"共赢"

一只狮子和一只狼同时发现了一只小鹿,于是它们俩商量好共同追捕那只小鹿。它们之间合作得很好,当野狼把小鹿扑倒时,狮子便上前一口把小鹿咬死。但这时狮子起了贪心,不想和野狼平分这只小鹿,于是想把野狼也咬死,可是野狼拼命抵抗,后来狼虽然被狮子咬死,但狮子也受了重伤,无法享受美味。

这个故事讲述的道理就是人们常说的"你死我活"或"你活我死"的游戏规则!试想,如果狮子不是那么贪心,而与野狼共享那只小鹿,岂不就皆大欢喜了吗?

我们常说,人生如战场,但是人生毕竟不是战场。战场上如果敌对双方不消灭对方就会被对方消灭,而人生赛场不一定如此,为什么非得争个鱼死网破,两败俱伤呢?合作双赢不是更好吗?

在我们每个人的观点中,竞争与合作是相辅相成、相互平等、互为补益的关系,但是由于现今社会竞争现象的普遍出现,对于合作方面,一些人们就好像是不太那么的重视了。现今社会中,有很多人认为,竞争就是你死我活,竞争的双方就不能有合作的机会,他们似乎注定是为利益而对立的"冤家"对头。其实,如果要在竞争与合作之间选择的话,选择合作的人才是聪明的。

"商场上没有永远的朋友,也没有永远的敌人"。这句蕴含哲理的名言揭示了竞争与合作的辩证关系,竞争不排斥合作。美国商界有句名言:"如果你不能战胜对手,就加入到他们中间去。"现代竞争,不再是"你死我活",而是更高层次的竞争与合作,现代企业追求的不再是"单赢",而是"双赢"和"多赢"。

在我国经济生活中,有一种"龟兔双赢理论"。龟兔比赛了多次,互有输赢。后来,龟兔合作,兔子把乌龟驮在背上跑到河边,然后乌龟又把兔子驮在背上游过河去。这就是"双赢",竞争对手也可以是合作伙伴。

蹩脚兔子因骄傲在第一次赛跑中失利之后,进行了深刻的反思,并决心和乌龟作第二次较量,乌龟接受了蹩脚兔子的挑战,结果这次蹩脚兔子轻松地战胜了乌龟。乌龟很不服气,它主张再赛一次,并由自己安排制定比赛路线和规则,蹩脚兔子同意了。当蹩脚兔子遥遥领先乌龟而洋洋自得时,一条长长的河流挡在了面前,这下蹩脚兔子犯难了,坐在河边发愁,结果乌龟慢慢地赶上来,再慢慢地游过河而赢得了比赛。几番大战后,龟兔各有胜负,它们也厌倦了这种对抗,最终达成协议,再赛最后一次,于是人们看到了陆地上兔子背着乌龟跑,水中乌龟背着兔子游,最后同时到达终点……

我国相传已久的古训是:"四海之内皆兄弟。""互相关心,互相爱护,互相帮助",更成为时代的风尚。但也要看到,有些地方过多地强调个人奋斗,而忽略了应该怎样与他人合作以取得成功,更忽略了如何在竞争中不伤害别人。目前在一些人中流行"丛林哲学"的价值观,即所谓弱肉强食,优胜劣汰。为了达到个人目的,可以不择手段,这无疑是极不可取的。要知道,竞争以不伤害别人为前提,竞争以共同提高为原则。竞争不排斥合作,良好的合作促进竞争,在竞争中互相帮助达到双赢才是目的。

俗话说:"一个篱笆三个桩,一个好汉三个帮。"想成就一番大事,必须靠大家的共同努力。诺贝尔经济学奖获得者莱因哈特·赛尔顿教授有一个著名的"博弈"理论:假设有一场比赛,参与者可以选择与对手是合作还是竞争。如果采取合作策略,可以像鸽子一样瓜分战利品,那么对手之间浪费时间和精力的争斗不存在了;如果采取竞争策略,像老鹰一样互相争斗,那么胜利者往往只有一个,而且即使是获得胜利,也要被啄掉不少羽毛。纵观古今中外,凡是在事业上成功的人士不都是善于合作的典范吗?现代社会中的现代企业文化,追求的是团队合作精神。所以,不论对个人还是对公司,单纯的竞争只能导致关系恶化,使成长停滞;只有互相合作,才能真正做到双赢。

通过有效的激励来赢取新资源

孙子曰:"故车战,得车十乘已上,赏其先得者。"孙子的建议就是我们的榜样。他指的是奖励而不是奖励机制。一旦奖励成了一种制度,那就要用其他的游戏规则。

这位中国的军事家已经教了我们应该怎样有效地投入人员,那么奖励就会起到令人鼓舞的作用。人们总是应该与时俱进:员工的最重要的资源——专业技能和动力,并不是取之不尽的。当这些资源不能取得成就时很快就会衰退,因此管理人员有义务去取胜,非赢不可。但当成功就要实现时,专业技能和动力也会大大提升。管理人员应该快速而又公开地奖励这些好成绩,而不要等到满足某个量值时才奖励。这样一来对其他员工也是一种激励。

管理人员有多少有自知之明的?他们感觉怎样?他们是位居高位拥有高度权力职位的人呢?或者他们是企业的权力组成部分?公司文化促进并要求统一的行动吗?这些在有些公司里是不可能的,因为没有提出这样的要求。如果管理人员所在的部门干得很出色,管理人员就会得到奖励;而如果他的工作对创造整体价值或者是对其他部门创造价值起到很大作用的话,他就得不到奖励。这样就不会产生兴趣,阻碍他去思考。

奖励机制非常有效地阻止了这一点。一位管理人员干得怎样,人们可以通过一个问题就能搞清楚:"你在忙什么?"如果他在描述他的责任范围,这个人不能用,如果他在描述为整个企业创造的成绩,这个人就是你要找的人。

管理人员获得高额的薪酬，并且常常由于业绩而得到附加奖励：人们称之为激励机制。这个词以及这种机制起源于美国。两者也通行在德国企业里，但并不总是带来好处。激励机制是一种可量化计算的激励体系。管理人员工资的可变部分根据满足设定标准的级别来计算，因为这一部分占工资总额的大约百分之四十，所以每个人都很在意。

衡量的标准就是业绩。但指的是什么样的业绩？管理人员必须能够影响到激励金额。因此人们就采用本部门的业绩，每个部门都按自己的业绩进行考量。但这不会促进合作，而只会促进竞争思维。因此就会发现，某些激励效果适得其反。大公司常常是联网分布的。例如一个部门负责生产电缆，而另一个部门负责生产电线。尽管也许会采用不同的技术，面对的是不同客户，但许多过程还是十分相似的。人们可以互相学习、交流技术。但有什么动力可以使得管理人员去拥抱其他部门？

如果不采用如此简单定义的目标量值那就更糟。最诚实的管理人员也要开始弄虚作假，使得其行动满足目标量值。有一些经理在其任职目标中有十个目标量值，其中甚至可能有这样的要求——管理人员要与所有的直属下级员工进行交谈。这个量值可以计量，也可以通过人为努力去实现，但却没有反映出这位管理人员理所当然要做的工作。

管理人员越是死板地按照目标量值进行奖励，他们就会越死板地按目标量值来做事情。凡是与目标量值无关的东西都不会被考虑，并且马上会从人们的视线中消失。因此奖励机制也能对生产起很大的反作用力。

美国哈佛大学教授威廉·詹姆斯通过研究发现：在一个缺乏激励的组织中，员工的潜力只能发挥出20%~30%，而在良好的激励环境中，同样的员工可以发挥其潜力的80%~90%。这一研究表明，在企业管理中，每一位员工都需要被激励。

近年来，有一种新的管理区分方式，就是从对下属的态度上，分出希望式管理和绝望式管理。所谓希望式管理，是以管理者侧重给下属带来希望为主要管理手段。这种管理方式的原则是：只要你好好工作，你就会得到什么。由此给下属树立了新的目标、树立了新的道路、给下属指出了新的上升空间,激发下属找到新的办法,取得新的收获。这种管理方式既可以给下属带来良好的感觉,又能使大家的工作环境充满活力与生机。

目标激励——可量化计算的资源

联想集团的目标激励在不同时期有不同的做法。这种变化尤其体现在对不同激励对象所选择的不同目标上。

第一代联想人100%是中国科学院计算所的科研人员,他们的年龄在40岁至50岁之间。和同龄的中国知识分子一样,他们富有学识但自感得不到施展,一面是看着国家落后,一面是自己不能更好地为国家做一点事。所以这批人的精神要求很高,他们办公司的目的一半是忧国家之忧,另一半是为了证明自己拥有的知识能够变成财富。这种要求对于他们尤其重要,办公司是证明他们价值的最后的机会。他们对物质的要求也不太多,旧体制下他们的收入不足200元,当公司每月能够提供400多元薪水的时候他们就很知足。第一代联想人的总体特征归纳起来有三点值得注意:一是事业要求极高;二是集体荣誉感很强;三是物质要求不高。针对他们的目标激励,也要与此相适应。因此,联想在这一时期的激励也体现出事业目标激励、集体主义精神培养、物质分配的基本满足这些特点。公司初创时期只有100多人,在研究所时彼此相识相知,对旧体制弊端都有共同的感受,因此很容易在未来的事业目标上达成高度一致。如今依然在联想影响很大的一些思想和价值观都是在这一时期形成的。例如,"把5%的希望变成100%的现实","看功劳不看苦劳","研究员站柜台","斯巴达克方阵"等,由这些构筑起联想文化的主体。那时公司经常开会,一个好消息几分钟就传遍,员工走路都健步如飞,上上下下100多人团结得跟一个人似的,这就是当时的联想。初期的联想给员工最多和最大的激励是他们的事业、他们的理想和他们的目标。当然,他们的收入也有了相当大的改善;但是,与精神方面的激励相比,物质方面的注重程度和实际效果就显得微不足道。

从20世纪80年代末开始,联想的情况有了一些新的变化。变化的原因来自于新员工的大量加入。从1988年起,联想从中国科学院以外的渠道吸纳人才,先是从一些名牌大学招收研究生和本科生,刚开始时,招收的人数并不多。1988年招收了几十人,1989年招收了几十人,1990年招收了上百人,从学校招来的应届毕业生虽然热情很高但工作经验很少,于是联想又通过刊登广告和在人才交流中心招聘具备在其他企业工作经验的员工。

到1991年的时候,联想北京总部有600多名员工,其中50%至60%的员工到联想以前与中国科学院没有任何关系。他们和老一代联想人在价值观方面有一定的差别。比如,新一代联想人在荣誉感方面也承认集体主义,但更多的是要突出个人的价值,而不像老一代联想人那样为了集体的荣誉宁愿牺牲自己。此外,从当时的社会特点来看,也有几个明显的变化。

一是人才流动已成为一种普遍的社会现象。人们"从一而终"的职业观念开始动摇,"人往高处走,水往低处流",有一技之长的人大多在不断寻找适合自己的企业和岗位。二是大量流动的人才除去实现自我价值的理想以外,还有更明确的物质要求,这其中包括工资、福利和住房。造成这种变化的原因主要有两个:首先是这批30岁左右的年轻人既看到了长辈在物质方面的贫穷,而且他们也亲身经历了这种贫穷,同时也知道了美国的富裕给人们带来的难以抵挡的诱惑,因此他们害怕贫穷;其次是经过多年的孕育,人才市场已经初步形成,严格按商品经济规律办事的外资企业、合资企业和新型企业可以不按政府规定的工资标准而自行给人才开出高价,只有国有企业这个时候还在执行统一的工资等级制度。

这种种变化给联想的目标激励提出了新的课题。新一代联想人承认集体的作用,但是很难做到像老一代联想人那样甘愿做一颗默默无闻的螺丝钉。他们强调自己与众不同的价值,必须在工作中明显表现自己的作用,如果在这个方面不能使其满意,就可能给联想的管理带来麻烦。

另外,新一代联想人显然对事业和理想的追求与老一代联想人一样强烈,在他们看来,这完全是必要的,他们的工作值多少钱企业就应该给他们多少钱。企业如果要求他们提高觉悟,在物质方面完全向老一代联想人学习,他们便可能认为这是愚昧。在职业观念方面,美国人的职业观念表明企业是企业,家庭是家庭,联想如今的情况更接近美国。

联想员工薪水收入的大幅度提高是1990年以后,这其中涉及的原因很多,一是国家物价水平上涨,二是联想自身积累的高速成长,还有一个很重要的原因就是员工对激励要求的变化。此外,公司在福利方面也有了突出的变化,例如仅商品房一项,1991年至1995年为员工解决的住房就有200多套。30岁出头的联想骨干绝大多数都能享有三室一厅的住房,这在北京已足以令人羡慕。员工每年还可以有10天的带薪休假。当然,这些措施只是联想激励机制变化的一小部分内容,更重要的变化是它的管理体制的变化。联想集团由以往强调中央集权的"大船结构"管理模式向集权分权相结合的"舰队模式"逐步转变。

如果说,联想过去的目标激励着重精神方面的话,那么联想今天的目标激励则朝着重物质的方向迈进。

企业的目标是号召和指挥千军万马的旗帜,是企业凝聚力的核心。它体现了员工工作的意义,预示着企业光辉的未来,因此管理者应该能够在理想和信念的层次上激励员工。

实施目标激励时要注意到以下几点内容:

1)应该通过企业目标来激发员工的理想和信念并使二者融为一体。

2)使员工具体地了解企业的事业会有多大发展,企业的效益会有多大提高,相应地,员工的工资奖金、福利待遇会有多大改善,个人活动的舞台会有多少扩展,从而激发出员工强烈的归属意识和积极的工作热情。

3)企业应该将自己的长远目标、近期目标广泛地进行宣传,以做到家喻户晓,让全体员工看到自己工作的巨大社会意义和光明的前途,从而激发他们强烈的事业心和使命感。

4)在进行目标激励时,要把组织目标与个人目标结合起来,宣传企业目标与个人目标的一致性,企业目标中包含着员工的个人目标,员工只有在完成企业目标的过程中才能实现其个人目标。

管理者给下属设置适当的目标,激发下属的内在动力,最后达到调动员工积极性的目的,称为目标激励。这在心理学上通常称为"诱因",比如望梅止渴中的"杨梅"就是一个诱因。一般来讲,诱因越有吸引力,给人的激励性也就越大,下属行动的干劲就越大,实现的可能性也就越大。因此,管理者给下属设定的目标要合理、可行,要与个体的切身利益密切相关。

竞争激励——在争斗中赢取新的资源

在一个组织内部,竞争是一种客观存在,在正确思想的指导下,这种内部竞争对调动组织成员的积极性有重大意义:它能增强组织成员的心理凝聚力,激发组织成员的积极性,从而提高工作效率;它还能增强组织成员的智力效应,使组织成员的注意力集中、记忆状态良好、想象力丰富、思维敏捷、操作能力提高。此外,它还能缓和组织内部的矛盾,增强组织成员的集体荣誉感。因此,作为企业管理者,很有必要将这种竞争引入企业内部,使之成为激励员工的一种手段。

美国通用公司是率先提出内部竞争的企业,其董事长兼CEO杰克·韦尔奇说:"我鼓励员工在工作上相互竞争,但不要有个人恩怨。我们的做法是将奖赏分成两个部分,一部分用于奖励员工在自己的业务部门的表现,另一部分用于奖励员工对整个公司发展的贡献。"当斯隆成为通用汽车的CEO时,竞争对手福特公司拥有美国汽车市场60%的份额,而通用则面临破产的危险。斯隆立即着手进行汽车的市场细分,例如将雪佛兰定位为大众车,而将凯迪拉克定位为豪华车,激励内部竞争,从而使通用汽车成功脱离了险境,并且获得了极大发展。

管理者要想成功实施竞争激励法,必须为员工提供公正、公平的竞争机会,力求让每个员工都能尽情展现自我才能。对于在竞争中脱颖而出的员工,管理者要及时给予他们"胜利的果实",例如晋级、加薪等;对于在竞争中暂时落后的员工,也要及时给他们打气,并给予他们合理的指导或沟通,这样才能激起他们继续前进的勇气和"这次不行,下次再来"的进取心态,从而实现企业内部所有员工的全面进步,这就是竞争激励的终极目标,也是竞争激励的核心所在。

美国一家大型企业集团为了提高员工的积极性,采取了一种很有特色的激励方法:在员工内部进行评比,给评比优异者发一块"好家伙"的奖章,上面有公司老总的亲笔签名。员工每获得5块"好家伙"的奖章,就可以得到一个更高的奖励——晋升和加薪。颁发"好家伙"奖章时,公司不刻意安排专门的场合。授奖仪式也很简单:当颁奖的经理走进公司大厅并按响门铃时,所有员工会立即停下手头的工作,从各自的办公室走出来,然后由这位经理宣布"好家伙"的获得者:"本人谨代表公司宣布,向xx颁发'好家伙'奖章一枚,以表彰他在工作中做出的突出成绩。"大家热烈鼓掌,受奖人在掌声中接过奖章,仪式就此结束。

"好家伙"这个奖章名称不仅显得亲切,而且略带幽默感,加上整个颁奖过程比较简单,所以员工们不会很看重这个仪式,但却异常在乎这枚奖章,因为它代表着公司对自己工作的认可和肯定。事实上,这家公司不仅普通员工渴望获得"好家伙"的奖章,就是高级管理层也同样热衷于获得"好家伙"的奖章。因此,每位员工都努力工作,奋力争先,以求得到该奖章。一位新晋升的公司副总裁在布置他的办公室时,郑重其事地将他的第5枚"好家伙"奖章钉在墙上,望着下属,他有点不好意思地说:"看惯了'好家伙',不挂起来就感觉挺不自在!"

著名管理学家利昂·弗斯廷格认为:追求成功和满足是人的一种本能,但是人们通常不是用绝对标准来衡量自己的成绩,而是想方设法、竭尽全力去和别人进行比较。所以说,鼓励内部竞争会给员工带来压力,进而产生激励作用,使员工更加积极努力。

竞争的形式多种多样,如销售竞赛、服务竞赛、技术竞赛、公开招投标、职位竞选等。还有一些"隐形"的竞争,如定期公布员工工作成绩、定期评选先进分子等。管理者可以根据企业的具体情况,不断推出新的竞争方法。

无论采取什么样的形式,要想把竞争机制在组织中真正建立起来,都必须先解决下面三个问题,这也是建立竞争机制的三个关键点。

1)诱发员工的"逞能"欲望

员工总是具有一定能力的,其中有些人愿意并且希望能够一试身手,展现自己的才能;而有的员工则由于种种原因,表现出一种"怀才不露"的状态。这就给管理者提出了一个问题:如何诱发员工的"逞能"欲望。通常的做法有两种:

一种是物质诱导,即按照一定原则,通过奖励、提高待遇等杠杆,促使员工努力工作、积极进取。另一种是精神诱导,这其中也分为两种情况,其一是事后鼓励,比如在员工完成了一项任务后给予其表彰或表扬。其二是事前激励,即在员工做某项工作之前就给予其恰当的激励或鼓励,使其对该项工作的完成产生强烈的欲望。这样一来,其求胜心理必然会被成功的意识所支配,从而能够乐于接受任务并竭尽全力地完成。

2)强化员工的荣辱意识

荣辱意识是使员工勇于竞争的基础条件之一。但是有的人荣辱意识非常强烈,而有的人荣辱意识则比较弱,甚至还有的人几乎不知荣辱。因此,管理者在启动竞争机制前,必须强化员工的荣辱意识。

强化荣辱意识,首先要激发员工的自尊心。自尊心是人的重要精神支柱,是进取的重要动力,并且与人的荣辱意识有着密切联系。自尊心的丧失容易使人变得妄自菲薄、情绪低落,甚至内心郁郁不满,从而极大地影响员工的劳动积极性,但并不是每个人都具有强烈的自尊心。根据有关分析表明,员工自尊心的表现程度大致分为三种类型,即自大型、自勉型和自卑型。对于第一种人来说,他们的荣辱感极强,甚至表现为只能受荣而不能受辱,他们的荣辱感往往带有强烈的忌妒色彩,这就要求管理者对他们加以正确引导,以防止极端情况的发生。对于第二种人来说,其荣辱意识也比较强,只需要你稍有引导就可以了。而对于第三种人,管理者必须通过教育、启发等各种办法来激发其自尊心,引导其认识自身的能力和价值。

强化荣辱意识还必须明确荣辱的标准。究竟何为"荣",何为"辱",应该让员工有一个明确的认识。在现实中,荣辱的区分确实存在问题。比如说,有的人把弄虚作假当成一种能力,而有的人则对此嗤之以鼻;有的人把求实看作是无能的表现,而有的人则认为这是忠诚的反映。所以,管理者应当帮助员工树立正确的荣辱观,这样才能保证竞争机制的良性发展。

此外,强化荣辱意识还必须使其在工作过程中具体地表现出来。应当让员工们看到:进者荣,退者辱;先者荣,后者辱;正者荣,邪者辱。这样,员工们的荣辱意识必然能得到增强,其进取之心也会得到提高。

3)给予员工充分的竞争机会

在员工中引入竞争机制的目的是为了激励员工,做到人尽其才,同时发展团队的事业。为此,管理者必须为员工提供各种竞争的条件,尤其是要给予每个人以充分的竞争机会。这些机会主要包括人尽其才的机会、将功补过的机会、培训的机会以及获得提拔的机会等。在给予这些机会时,管理者必须注意以下三个原则:

机会均等原则。这就是说,不仅在竞争面前人人平等,而且在提供竞争的条件上也应当人人平等。这些条件通常是指物质条件、选择的权利等。

因事设人原则。在一个团队里,由于受到事业发展的约束,竞争的机会只能根据事业发展的需要而定。管理者虽然应当为员工取得进步铺平道路,但是这种进步的方向是确定的,即团队事业的发展和成功。

连续原则。这是指机会的给予不能是"定量供应",也不能是"平等供应"和"按期供应",而应该是在工作过程中不断地给予员工,使其在努力完成了一个目标之后接着又有新的目标。换言之,就是让员工在任何时候都能获得通过竞争以实现进步的机会和条件。

有竞争才有压力,有压力才会有动力,有动力才会有活力。企业引进竞争机制,培养员工的竞争意识,能有效地激励员工,激发他们的学习动力,转移他们的兴奋点,从而减少矛盾的产生,让公司上下生机勃勃。这是管理者工作的艺术,也是企业取得成功的关键。

绩效激励——充分发挥每个人的资源

绩效管理是企业管理中的一个永恒话题,企业管理者们都在绞尽脑汁地想办法加强与完善企业的绩效管理,但是很多公司绩效管理的结果还是很不理想。即使有的公司请了战略管理咨询公司,设计了很好的绩效考核管理方案,但是实际执行效果仍然不能令人满意。

企业管理的核心是战略管理,而战略管理的核心则是人力资源管理,人力资源管理的核心却是绩效管理。所以层层递进,最终还是回归本质,正如管理大师德鲁克所言:"任何管理不在于形式,关键是看结果与绩效,不产生绩效的管理则是无效的管理。"

让绩效管理能够有效的"空降",不仅取决于企业经营的本身与本质,同时还要注重企业家的理念与支持。那么如何才能让绩效管理"空降"成功呢?我们不妨从以下几个方面来进行探讨与剖析:

一、企业文化、价值观的认同与支撑

绩效管理能否被所有管理者认同与执行,关键要看所处的企业文化是什么?价值观导向又是什么?这二点非常重要。为什么很多绩效考核只有KPI考核指标,而没有企业文化与价值观考核指标,原因在于企业不重视或者根本就没有企业文化,更谈不上什么企业核心价值观,所以大家为了绩效考核的结果,什么方法全用上,甚至违法、破坏团队建设、不顾企业利益的行为时有发生。最终是员工个人得益了,而企业经营上却受到不同程度的伤害。

也许很多老总会问,什么是企业文化,企业文化有什么用?我就是企业文化,光有企业文化,公司不赚钱,有用吗?诸如此类的问题很多经理人一定有所见遇。不明白什么是企业文化、核心价值观,最终导致在实施绩效管理中,也就不懂得什么是关键指标、什么核心指标,应该靠什么指标,应该放弃什么指标。

绩效管理的出发点一定是基于企业文化与核心价值观而采取相配套

的考核管理方法。文化与价值观告诉我们什么是企业需要的,什么是企业禁止的。员工认同企业的文化与核心价值观,绩效管理只不过是在二者的基础上放大并完善与改进,从而达到,企业要什么,员工就按什么需求去努力,最终企业与员工形成相互支持与校正的一个良性的发展过程。

二、企业战略与目标的清晰程度

为何出现部门绩效与员工个人绩效很好,但企业经营目标却最终未能达到?原因在于企业没有将总体目标与战略进行层层分解,企业总目标与部门目标、个人目标脱节,未能形成上下目标环环相扣,从而导致下面的目标达成,但上面的总目标没达成的现象。既然是战略目标就一定要有所取舍,不是所有员工的绩效都与企业战略挂钩的。企业应当抓住与企业战略目标相关联、相密切的部门与关键指标。

企业战略目标的制定不能停留在口号上,更多的要落实在书面与执行上。要通过各类管理沟通的会议向管理人员及员工进行传达,要让所有员工知道企业处在什么阶段,目前需要向什么目标前进,企业自身有什么,缺少什么,员工需要什么样的胜任能力与技能。企业高层要对战略与目标进行制定、决策、宣传,中层干部则需要组织协调将企业战略与目标进行分解、考核、落实,基层员工只要按正确的指令与方法、流程进行执行、操作、反馈。三者角色的定位与有效分工方可确保企业战略与目标有效实现。

三、公司老总的支持与业务部门的配合

常常听到公司老总说的一句话,绩效管理做不好就是人力资源部的工作没有做好。因为绩效管理是人力资源管理中的一个功能模块,也是HR管理者的职责。刚听此话,感觉似乎有点道理,但实践证明这是一个重大的错误与误导,如果有这样的一个管理理念,那绩效管理一定形如虚设。一个CEO、一个业务部门经理首先是人力资源管理者,其次才是业务领导者。万事皆由人来完成的,所以管理人、理顺人、安抚人是任何管理活动的基础。

绩效管理不是由人力资源部独立完成,它是由公司的一个整体团队合作、配合、支持的共同体。绩效做得好不好,要看高层领导支持力度、授权大

不大,绩效管理得科不科学,关键要分析领导者有没有科学的理念与意识。

企业为什么要做绩效?什么时机做绩效?做绩效管理不能简单地认为就是发奖金与扣工资,为什么在同等条件下的员工调薪或晋升的时候你会纠结?同样,一个员工工作胜任力有问题,工作态度有问题,辞退的时候,企业为什么总会担心这,担心那呢?就是我们没有衡量的标准与考核的依据。让业务部门与公司高层深刻理解绩效管理给他们能带来什么,对企业、对部门、对员工管理起到什么样的作用。高层的支持与业务部门的配合,HR中间的协调,绩效管理定能有声有色地进行与落实。

四、绩效管理工具与方法的选择

一谈到绩效管理工具,众多经理人甚至老总一定能够说出好多种方法,但真正能够在企业管理中落实执行的并不多,为何这样?因为大家并没有搞清楚绩效管理工具背后的含义与文化差异。中西方在管理上本来就存在差异,所以别人的管理模式与经验我们可以借鉴,但绝不可以照搬照抄。

绩效管理的工具与方法如:目标管理(MBO)、360度考核、KPI、BSC、KRAEVA等。这些考核方法分别适合哪些层面的人?不是所有员工都适合360度考评的,也不是所有人都适用BSC考评的。

好的绩效管理工具可以帮助员工士气大增、业绩提升,反之则让管理者面临种种困境与管理难度,最后只是为了绩效考核而考核,填填表格、写写总结、打打分,流于管理表面的形式,而失去绩效管理的本质与意义。

五、业务流程与管理系统的顺畅性

业务流程与管理系统不完善,可以通过绩效管理推动前进,但绝不可以完全改变或替代,因为绩效管理不是万能的管理法宝,实施绩效管理前期需要梳理企业内部的业务流程与建立各类管理机制,比如:

(1)企业内部职级管理体系,职级告诉我们谁向谁汇报,考核重点与指标也各有差异,同时指导我们谁考核谁。

(2)岗位说明书,首先要知道各个岗位做什么,需要具备什么样的任职资格条件,考核重点又是什么,通过绩效考核管理要求员工做到什么程度与标准。

(3)目标分解的管理体系,谁来制定总目标,谁来分解子目标,谁来执行具体行动目标,通过什么渠道来宣传目标,目标与考核指标的区分性是什么。

有了这些流程与系统的支撑,绩效方可让员工发挥内在的潜能与工作的积极性。

六、激励机制要保障及时性、有效性

即使绩效管理的前期准备工作全具备了,最后的一个环节也至关重要,而且更不可忽视与忽略。根据马斯洛的需求理论分析,只有分不同层面的激励与管理,员工方能具有可持续的热情与动力。绩效管理的最终目标需要通过精神与物质激励相结合的方式实现。为何当初兴师动众,结果却不了了之而收场,原因在于没有很好地将激励与处罚手段有机结合,让能人更能,让不能的人变能,让改变不了的人走人。

军事所言:兵马未动,粮草先行。说的就是要让士兵放心,保障有力,解决生存后患之忧。激励同样如此,要让员工看到希望,薪酬标准、职业规划一定要与员工发展紧密联系在一起。有投入才有回报,绩效管理与激励管理合二为一,最终实现组织与员工共赢。所以,绩效管理的本质就是通过目标的管理、过程的辅导、结果的应用,有效地实现组织目标,从而成就个人价值。

经过以上一些角度分析,大家可以对照自己的企业所处在哪个阶段,实施绩效管理之前可以先完善企业内部的管理与流程,正如"磨刀不误砍柴工"所言,不会因磨刀花费的时间,而耽误了砍柴。事先充分做好各项准备,过程进展才会更快、更好、更有效率。

第六章

10分钟读懂"贵患"

——大困难本身就会带来大丰收

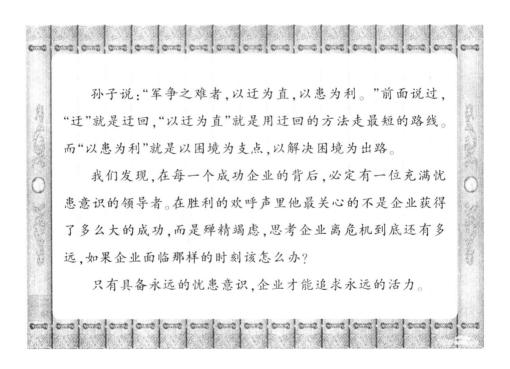

孙子说:"军争之难者,以迂为直,以患为利。"前面说过,"迂"就是迂回,"以迂为直"就是用迂回的方法走最短的路线。而"以患为利"就是以困境为支点,以解决困境为出路。

我们发现,在每一个成功企业的背后,必定有一位充满忧患意识的领导者。在胜利的欢呼声里他最关心的不是企业获得了多么大的成功,而是殚精竭虑,思考企业离危机到底还有多远,如果企业面临那样的时刻该怎么办?

只有具备永远的忧患意识,企业才能追求永远的活力。

危机意识是企业发展的原动力

每一名管理者都痛恨危机，但危机的来临却并不以任何人的意志为转移。

2011年，卷土重来的新一轮经济危机再次引起恐慌，全球股市与大宗商品出现连日暴跌，与2008年不同的是，那次危机源自市场活动造成的泡沫破裂，政府被迫救市；而这次的经济危机，主要源自自主权债务，随着财政赤字不断上涨导致财政收入降低，债务违约正在成为可能。

这就造成相当部分企业面临资金链断裂的困境，致使失业率上涨，员工人心惶惶，巨大的不确定性引起了每个企业员工的不安全感——危机意识。

既然血与火的危机考验是不可避免的，那么企业管理者就必须抛下愤怒、无奈、哀伤，以冷静、坚定的心态直视危机的来临。

永远如履薄冰

微软是世人公认的最伟大的成功企业之一，但是比尔·盖茨仍然不忘告诫他的员工：要时刻怀有"距离破产只有18个月"的危机感；中国目前盛名在外的海尔集团的CEO张瑞敏也这样阐述他的经营感受：永远战战兢兢，永远如履薄冰。

日本著名企业家松下幸之助在总结松下电器的成功经验时强调：长久不懈的危机意识是使企业立于不败之地的基础。任正非认为：失败这一天是一定会到来的，大家要准备迎接。即便不能避免这种危机，至少可以最大限度地避免企业受损。因此，华为需要的，不仅仅是决策层、管理层和个别部门具有危机意识，还必须加强对员工危机意识的强化与培养。

为了达到强化员工危机意识的目的,任正非甚至将这一点作为一项战略纳入企业的发展规划中。在1998年出台的《华为基本法》中,有这样一条内容:"为了使华为成为世界一流的设备供应商,我们将永不进入信息服务业。通过无依赖的市场压力传递,使内部机制永远处于激活状态。"

这一点在讨论会上曾引起激烈的争论,当时多数人的意见是,信息服务不仅可以促进企业有形产品的销售,而且它本身也具有很大的市场空间,甚至可以超过所谓传统的硬件设备收入。有人还举出了IBM这样国际领先的IT企业同时提供信息咨询服务的例子,来阐述华为没有必要限制自己潜在的发展机会。

任正非却以他过人的说服力和超乎常人的视野,最终说服了大多数人。

通过《华为基本法》,任正非将危机意识融入到华为的企业文化中,让员工无时无刻都能感受到一种山雨欲来的紧张气氛;引导员工不要只看着国内,而要向国际竞争对手看齐,从而达到遏制部分员工和管理人员因公司高速成长而滋生的盲目乐观情绪。

与此同时,华为发动了一次震惊业界的群众运动——市场部领导集体辞职大会,让员工意识到自身在企业内面临的危机,并在具体管理手段上加强危机意识管理。

1995年,由于华为在CandC08交换机上的技术突破,其产品开始向市场大面积渗透。当年华为的年度销售额达到了15亿元,进入了高速发展阶段。这个时候,公司管理水平低下的问题逐渐暴露出来,成为制约华为继续发展的瓶颈。

当时华为面临的也正是大多数中国企业经历过的:创业期涌现的一批个人英雄,他们的职位越升越高,工资只能越升越高。但是越往上公司所能提供给他们的发展空间越小,于是一方面,一些元老开始丧失了创业时的激情,人浮于事。而另一方面,这些创业元老们领导下的员工也有很大意见,工作积极性受到了很大影响。任正非认为:必须让大家全部"归零",并通过竞聘上岗,有能力的继续上,没能力的、跟不上形势需要的,转换岗位或下岗,既能体现出用人管理上的"公平",又能给各岗位上的华为人敲响警钟。

1996年2月,由分管市场的华为副总裁带领26个办事处主任同时向公司递交了两份报告——一份辞职报告、一份述职报告。由公司视组织改革后的人力需要,决定接受哪一封。而任正非在会上称:"我只会在一份报告上签字。"

华为整训工作会议历时整整一个月,接下来就是竞聘上岗答辩,公司根据个人实际表现、发展潜力及公司发展需要进行选拔。包括市场部代总裁毛生江在内的30%的干部被调整下来。

这种野火般激烈的调整方式在后来虽颇受争议,但在当时确实达到了任正非所想要的效果。

从某种意义上说,任正非有着"偏执狂"般的执着,他希望通过强大的防范力,将市场压力持续地传递下去,使华为内部机制永远处于激活状态,永远保持灵敏和活跃。他坚信一个人或一个公司永远像野猫一样,处于被激活状态比什么都重要。唯有这样,华为才能活下去,进而才能在国际市场上迅速成熟和成长起来。

企业是否具有危机意识,关系着企业应对环境变化的行动力,亦维系着组织的成长与创新。一个组织越是满足于过去的成就,就越容易忽略竞争环境的变化,从而丧失危机意识。越缺乏危机意识的组织其变革的意愿就越小、创新的动力就越不足,也就越可能在竞争的洪流中遭受挫败。

危机意识和压力要传递到每一个人

全球领先的品牌价值评估机构——世界品牌实验室于2005年4月18日发布了第一个《世界品牌500强》排行榜,可口可乐位列第一,微软取代麦当劳排名第二,Google取代诺基亚排名第三。中国海尔入选,排名第89位。这是中国人的自豪,民族的骄傲。但在众多光环笼罩下,海尔没有骄傲,"如履薄冰、战战兢兢"是海尔危机意识的真情表露。

企业要想不断地稳步发展,就必须树立这样一种意识:危机迟早都会来的,危机意识是企业发展的原动力。

张瑞敏曾经把当代最优秀的CEO、GE公司前掌门人杰克·韦尔奇称作市场经济下的奇人。韦尔奇管理的一大特点是:不断在企业内部进行革命。他奉行一种"在必须变革之前作出变革"的哲学,甚至在大获成功之后,他还说:"对于我们的企业现在处于什么地位,我全然没有把握。"张瑞敏提出的海尔危机理念与GE的思想如出一辙。

为了唤醒员工的危机意识,张瑞敏给大家讲述了意大利梅洛尼公司的故事。20年前,美国GE公司把意大利梅洛尼公司的负责人梅洛尼先生叫过去说:"我们决定收购你的公司,你回去准备一下。"梅洛尼先生很生气地答道:"我没有决定卖掉我的公司。"美国人撂下一句话:"那你回去就等着瞧吧!"

20年后,梅洛尼公司还存在,品牌还是自己的,并且家电产品已在欧洲占有相当大的份额,梅洛尼老先生说:"这20年来,我就是拼命地跑,不敢喘气,只有这样,我的公司才避免了被别的大公司吞并。"

这是梅洛尼先生在博览会上亲自讲给张瑞敏的故事。这样的故事在上万员工圈内很快成为议论的话题。洗衣机部的戚生说:"拼命地跑,首先要战胜自己的惰性。"驻外人员远离集团大本营,日常行为主要靠自身素质的约束。我们在北京时,商场就这样评价说:"外地驻北京人员中,没有时间玩棋的只有海尔。"

张瑞敏在多种场合表示,尽管海尔仍能以很快的速度发展,但极限随时都会出现,这与公司大小无关。当一个企业感到疲倦,不能创新,不能战胜自我的时候,极限随时都有可能到来。海尔一旦决策失误,也许就会像泰坦尼克号一样,顷刻沉没。为防止这一点,必须使经常性的企业重组成为组织生活的一种方式。

打破平衡,展开竞争,螺旋上升——这是张瑞敏提出的海尔集团内部运行机制的总思路。他认为:平衡是相对的,不平衡才是绝对的,事物都是在不断打破旧的平衡,走向新的平衡的运动过程中得以保持活力和发展。其实,打破平衡的做法,正是海尔稳步发展的奥秘。

海尔不断推进管理创新,其管理成熟度和规范化已达到国内一流水平,不亚于大型跨国公司。海尔正在进行的市场链再造,可能预示着中国企业界的"下一个大事件"(the next big thing)。目前,海尔推进的"SBU"、"MMC"、"资源存折"等一系列创新模式,已取得了明显效果,但也滋生出诸多问题和新的挑战,但如果海尔成功了,在全世界将是独一无二的。

企业运营过程中最常遇到的10种危机

要预防企业危机,首先要清楚地认识何为企业危机,再根据各种不同危机种类制订不同预警方案。

下面是我们企业运营过程中最常遇到的三种危机。

一、领导危机

作为一个企业而言,其产品在市场上存在一个生命周期:投入期、成长期、成熟期、衰退期,对于企业本身而言也存在相应的生命周期,也就是说统领这个企业的领导也存在着一个生命周期。

无论是什么企业,它的领袖带领企业在市场的角逐中成长,继而成熟,随之而来的便是一个衰退的过程。企业发展到一定程度,领导人个人的能力出现不适应时,就需要推陈出新,吐故纳新,企业需要觅寻一个接班人。正是这个交替的过程,如果处理不好,企业就会出现混乱,影响企业走出困境获得再一次的发展,危机也就在这个时候光临企业。

二、劳资纠纷

劳资纠纷一般表现：

1.消极怠工型

员工对工作报酬不满，造成工作时精神不投入、自由散漫，甚至偷懒……解决办法：首先企业要建立透明的、良好的薪酬体制，其次要定期对企业员工进行一定的调查，以了解员工们对企业薪酬体系的满意情况，从而制定相应的预防措施和解决办法。

2.激烈冲突型

在中国，工会能力的局限性导致了激烈冲突的表现往往是员工辞职，或者企业凭借硬性合同强行留住员工，或者扣留员工的某些证件(户口档案)等。这样的做法对于企业与员工而言是一种双输的做法：企业可能永远失去这位员工的忠诚，而员工也因此失去这个企业永远的信任。当面对这种危机的时候，首先企业应该循着双赢的局面先为员工考虑，能达成友好协议尽量达成友好的协议，实在谈判未果，最终才诉诸法律。

倘若激烈的劳资冲突已经造成社会层面的负面影响，则应该邀请公正单位将事实公诸于媒体，并且积极寻求解决办法，树立正面影响。

3.幕后操作型

这类纠纷通常是竞争对手针对企业采取的一种措施，这种手段隐蔽而具有很强的杀伤力，企业往往防不胜防。危机的产生会造成企业员工对企业的不满，人员流动、消极怠工、激烈冲突等都会随之发生。

避免此类危机的产生需要建立在员工对企业薪酬体制的高度认同之上，因为完善企业固有的薪酬体制是避免这类危机发生的最好办法。

4.公司责任型

企业的经营不善会导致员工利益的损害，这种情况下某些员工会认为这是企业对员工不负责任的做法，继而与企业产生冲突。由于责任因企业而起，却由员工来承担，这要诉诸法律，企业将处于绝对的劣势。但企业在经营不善的时候却十分需要员工的体谅，只有同甘共苦才能使企业走出困境,而员工落井下石就会对企业造成不可估量的损失。此种劳资纠纷的解决建立在员工对企业高度忠诚的基础之上,因此避免这类的危机发生要求企业随时给员工灌输同甘共苦的理念,并且给予员工一定的福利,以确保员工对企业的忠诚。

5.员工责任型

由于员工的过失造成企业损失,而企业将责任全部或大部分归咎于员工时,会产生一定程度的劳资纠纷。这种情况下企业完全可以根据公司的规章制度办事,员工不满意可以诉诸法律,只要是合理的规章制度,就必须保证其公正性,毕竟一个企业的规章制度是任何人都不容抵触的。当然,如果是不合理的处罚制度,则要视情况进行调整。

同时,倘若危机源自员工的无理要求,企业就要坚持自身的原则。

6.领导责任型

某些时候,领导人会因为个人因素对某位员工有偏见,对其工作进行单方面否定,从而产生了劳资纠纷的情况。对于这种以公谋私的行为,企业要深入调查,对领导人进行教育批评,或者更换领导。

三、集体跳槽

随着知识经济时代的到来,这种现象会日趋严重。知识型员工往往有追求个人成就的欲望,追求自身对知识的探索。而企业的目标则是盈利,要求在短期内见到效益。于是企业的目标跟个人的成就意愿之间必然会产生矛盾,这种矛盾解决不好,就会导致员工跳槽。而知识型工作的最大特点是团队运作,一旦团队里的核心人物离开,势必带走整个团队。

高新企业,单个员工发挥的作用越来越小,而团队的作用越来越大。精明的企业认为挖一个团队比挖一个人更合算,可节省一大笔培养费用、研发费用和市场拓展费用。所以不少企业委托猎头公司,把目标瞄准了团队。由于是团队合作,想要跳槽的员工心里也明白,离开自己的团队,个人的价值会变得很小,而且到了新的公司,单枪匹马很难在全新的环境中迅速得势。所以,他们心甘情愿帮新东家去游说自己的团队,随后在谈判中也能抬高自己的身价。

对企业来说，一定程度的人才流动是好事，但在一段时间里，一批人集体跳槽到竞争对手那里，表明管理上存在必须解决的问题。为了防范这类对企业伤筋动骨的人才流失，应该注意加强骨干人才与企业高层的亲和力。

除了为人才提供较好的待遇和个人发展的空间，包括送股等，还要建立高层与骨干人才定期交流的制度，使人才了解、理解企业发展的战略思想，了解企业前景及有利条件、存在问题（这也许可以叫信息对称——相应重要的地位应获得相应重要的信息）。中国是个人情社会，讲究"士为知己者死"，没有"人性"的润滑，再先进的管理，再严格的制度也要打折扣。

还有一条，就是善待确实应辞退或铁心跳槽者，不结怨于人。该给人家的补偿要给够，过去照顾不周的要表示歉意，不做同事可以是朋友。美国一家著名公司在员工跳槽者出去后，总要在事后设法了解是什么原因使得他不愿再待下去，并问明做哪些改进才能留住像他一样的人才。

未雨绸缪，及时弥补不足
——预防是解决危机的最好方法

胜负是多种条件综合作用的结果，孙子既重视统帅和士兵的主观能力，也注意到天、地等客观因素。这种冷静全面的分析态度启发我们在判断事情发展前景时，要未雨绸缪，及时弥补不足，以便取得胜利。

"预防是解决危机的最好方法"，这是英国危机管理专家迈克尔·里杰斯特的名言。

未雨绸缪，超前预防潜在的危机本身就是最好的公关。

在对全球工业500强的董事长和总经理的调查中，发现这些企业被危机困扰的时间，平均为8.5周，没有应变计划的公司，要比有应变计划的公司长2.5倍。危机后遗症的波及时间平均为8周,没有应变计划的公司,也比有应变计划的公司长2.5倍。

对于企业而言,预防危机的难度在于危机的先兆可能非常容易被忽略,也可能出现的频率很高,以致麻痹了决策者的神经,还可能从先兆出现到危机爆发的时间极短,企业无暇顾及。

预防危机要从企业创办的那一天就着手进行,伴随企业的经营而坚持不懈。那种出现危机才想到公关,把公关当作一种临时性措施和权宜之计都是不可取的做法。

因此,公关人员对危机应该具有高度敏感的防护意识,促使企业上下真正将服务理念落到实处,加强对生产、管理、销售与售后服务部门的监督和考核,做好"监督官",时刻把顾客满意战略作为企业所有部门的行为指南,以此来指导全体员工共同为顾客满意这一目标而奋斗,使企业远离危机,构筑企业内部的第一道防线,这也是保持企业健康发展与有效预防危机的最好方法。

这样,顾客满意就应该成为企业活动的基本准则,企业经营活动始终要以顾客满意度为方针,从顾客的角度出发来分析消费需求,向顾客提供超过顾客期望的服务——在产品开发上,以顾客的要求为源头;产品价格的制订考虑顾客的接受能力;销售点的建立以便利顾客为准则;售后服务要使顾客最大限度地满意。只有真诚为顾客着想的服务,才能带来顾客的满意,只有顾客满意了,才有企业所有公众的满意;而如果销售与服务人员的工作没有兑现企业的承诺,或者说不能让顾客满意,就会引起顾客的不满,这样危机的麻烦就会不期而至。

日本经营之神松下幸之助曾经说过:"无论多么好的商品,如果服务不完善,顾客便无法得到真正的满足。""不战而屈人之兵"是兵法中的上策,如果能以不牺牲的代价换来一场胜利,那自然是最好不过的了。危机公关也是如此:如果企业能预防危机公关,那自然是最好的了;即便不能预防,那也应该做好充足的准备。一旦危机来临,企业就可以从容地应付,而不至于临阵磨枪,媒体还没发难,企业已经先乱了阵脚。

战略预防:CS营销

树人如树企业,人有人生价值观,企业有企业价值观,人生价值观决定了一个人的行为准则,而企业价值观则决定一个企业的行为准则。这种行为准则,在营销上则称为CS营销,即顾客满意战略。

CS是英文"Customer Satisfaction"的缩写形式,中文意思就是"顾客满意"。CS营销战略是20世纪90年代初在国外一些先进企业开展的以消费者为中心、围绕顾客而进行的崭新的营销战略,它包括五大满意系统:

1)理念满意系统(MS);

2)行为满意系统(BS);

3)视听满意系统(VS);

4)产品满意系统(PS);

5)服务满意系统(SS)。

CS战略的指导思想是把顾客需求作为企业开发产品的源头,在产品功能、价格设定、分销促销环节建立以及完善售后服务系统等方面以利于顾客的原则,最大限度地使顾客感到满意。

它的目的是为了提高公众对企业的满意程度,营造一种适合企业生存发展的内、外部环境。企业要及时跟踪研究顾客的满意程度,并依此设立和改造目标,调整企业营销环节,在顾客心目中树立良好的企业形象,增强竞争能力,而顾客既指企业外部顾客,也包括企业内部产、供、销及其他职能部门之间,生产线上、下工序之间的服务对象。

市场经济初期,消费者要求商品"物美价廉",考虑的是产品质量、功能及价格。这时候,企业营销是以产品的高质量来带动和拓宽自身的市场,提高商品的竞争力,相应的战略思想是以生产导向和产品导向为主体的。

随着市场经济的发展,商品充裕,进入了买方市场,消费者评价商品的尺度变为商品的品牌及厂家声誉,消费者要求使用的商品能显示自己的社会地位,此时,企业应采取服务竞争和形象竞争的营销战略。

当市场已经成为真正意义上的买方市场时,消费者评判商品的标准不再仅仅是功能和品牌,而变成了与产品有关的系统服务,企业竞争的重点也发展为立体化的服务,即CS营销战略。

消费者传统的认购商品的标准是实用性及耐久性。随着市场经济的发展,市场竞争也愈发激烈,消费者认证的商品不仅质量要符合要求,而且包装、服务、广告、咨询、送货、保管、售后服务等都成了消费者购买商品考虑的因素,企业提供的商品已经不再是单个产品,而变成了产品体系。

同传统的营销观念相比,现代社会系统服务正占据着愈来愈重要的地位,这种营销质量与营销方式的变化,也要求企业实施全方位、立体的服务营销战略——即CS营销战略。

企业的顾客分为外部顾客及内部顾客,外部顾客是企业产品的消费群体,内部顾客即企业的员工。CS营销战略在满足内、外部顾客需求,以及促进企业发展壮大方面起着决定作用。

对外部顾客进行CS营销有助于树立企业的名牌效应,使企业保持并发展庞大的消费群体。顾客是对企业的发展命运有直接联系的外部公众,市场就是顾客。市场上顾客通过广告媒体、企业宣传品及他人介绍等各种渠道获取信息,对企业产品产生一种抽象的心理预期。顾客通过心目中的产品与企业实际的产品进行比较,决定自己的购买动向,这就要求企业从顾客的角度考虑,满足顾客的需要,努力创造出企业的名牌,使顾客的抽象预期心理得到满足。只有这样,才能形成顾客忠诚,而顾客忠诚就集中表现在顾客重复购买的程度。

顾客忠诚不仅稳定着企业现实的顾客,更为企业吸引来潜在顾客,从而使企业保持并发展庞大的消费群体。同时,可以减少价格波动和不可预知风险的损失,节约销售成本。在当今的"感性消费"时代,维持原有的消费群体比发展新的消费群体容易得多。

据统计,开发一个新的消费群体是保持现有顾客网络费用的6倍。CS营销战略通过名牌效应树立了企业的良好形象,确保了原有顾客,导致了口碑效应,大大节约了销售成本。同时,消费者对自身喜爱依赖的产品价格变动敏感度低,承受力强,信任度高,对质量事故等不可预知风险多采取宽容态势,更注重产品的内在价值。

内部顾客是树立企业名牌效应的决定因素,在内部进行有效的CS营销,可以节省企业内部支出,保持稳定高效的员工队伍。员工对企业各方面满意度高,可以保持稳定而高效的员工队伍,减少企业培养新的替代雇员而增加的成本,减少生产力损失,保证实施企业"外部顾客满意"战略的连续性,避免企业为重新建立被打破或割裂的顾客关系而付出高昂的代价。

员工满意度的提高可以保持员工的忠诚,增强企业向心力。CS营销战略不能只停留在领导层面之上,而应使它转化为企业内部全体职工的行为。这种顾客概念在企业内部的延伸,激活员工的主观能动性,使他们一切都为企业着想,对企业高度忠诚,形成了企业独特的文化氛围,增强了企业的向心力和凝聚力,造就了企业无可衡量的无形资产,为企业进一步发展壮大奠定了精神动力。

在企业理念上,CS战略要求企业"顾客至上",要把顾客放在经营管理体系中的第一位,站在顾客的立场上研究、开发产品,预先把顾客的"不满意"从设计、制造和供应过程中去除,使消费者在心理上对企业产生认同和归属感,进而产生顾客满意的群体网络效应。

顾客永远是对的,这是CS营销战略的重要表现,其中包括三层意思:

第一,顾客是商品的购买者,不是麻烦的制造者;

第二,顾客最了解自己的需求、爱好,这恰恰是企业需要搜集的信息;

第三,由于顾客有"天然一致性",同一个顾客争吵就是同所有顾客争吵。

一切为了顾客的需求,一切从顾客的角度考虑,想顾客之所想,急顾客之所急,顾客的需要就是企业的需要。因此,企业首先要知道顾客需要的是什么,根据顾客需要,重视顾客意见,让用户参与决策,不断完善产品服务体系,最大限度使顾客满意。

CS营销的作用就好比是对企业影响范围内的公众进行"满意营销",让这些人对企业的产品、服务、理念、行为首先有好感,并形成良好的口碑。这样,即便企业发生危机,公众首先会往好处想,认为企业的产品、服务、理念、行为在本质上是优秀的。公众这种对企业的"第一印象"会在很大程度上减轻企业犯错误所带来的损失,而且在这样的认识基础上,对于企业度过危机也很有帮助。

另一方面,由于企业的理念就是实行CS营销,在解决危机公关时,也要求企业以"客户满意"为解决问题之宗旨。也就是说,企业解决危机公关的目的并非是为了企业自身或者其他目的,而是为了公众的满意,如果公众不满意,那么也就说明危机并没有得到有效解决。

当危机发生时,企业首先应该为消费者考虑,企业应该明白首先受危机影响的是消费者,而不是企业。尽管企业本身也是受害者,但对企业负责任的是企业的经营者,对消费者负责任的则是企业——这不是指所有的危机都应该企业来负全责,只是企业要有这样的理念:只要是企业有1%的责任,就应该在新闻措词上有100%负责的准备,最终的负责则由法律来判定。

企业应当明白,在新闻措词上的让步并不会产生更多的实际责任,恰恰可以带来消费者的谅解和宽容;相反,新闻措词的咄咄逼人会造成消费者的逆反心理,事后不论企业做何种赔偿,消费者还是不会领情。

最后,CS营销千万不要忘了记者。

在遇到危机时,企业的"修炼"功夫往往体现无余。无论是品牌形象,还是媒体关系,都不是一朝一夕就可以建立的。一个优秀的企业应该注意在平时的一点一滴中培养媒体关系,塑造品牌形象,包括在预算方面应该有稳定地投入。比如Cisco(中国)公司平日处处体现对记者的关心,凡遇到记者生日或者节日都会为记者准备一份颇有纪念意义的礼品。

国内企业往往认为，媒体不就是认钱嘛，出了事，多给媒体几版广告，也就能堵嘴了。这种思想千万要不得，因为，今天中国的媒体环境已经有了很大的变化，对社会热点的报道，是任何负责任的媒体都不会放弃的。

内部预防：采购、生产、销售、管理、服务

很多时候，产生危机的原因是由于企业的产品出了问题，产品问题主要集中在采购与生产的过程中。

1）采购

如果确认危机发生的原因是由于原材料造成的，那么解决危机的重点就要迅速转移到采购部门——这时候采购部门要迅速地行动起来，找出问题的具体所在并将信息告知公众以缓解紧张情绪。随后再制订有效的危机处理方法，最终让公众满意。如果采购部门的资料全部存在数据库中，在信息化管理的前提下，那么危机处理起来就会有条不紊，相反，企业往往会因为找不到危机的症结所在，延误了处理危机的最佳时机，最终会使得危机造成更深、更广的影响。

2）生产

生产性危机事件是最常见，也是发生频率最高的危机性事件。生产性危机事件主要源于技术因素、防护性因素、质量因素、管理因素以及各种各样的偶然性因素。生产性危机事件主要包括工作场所安全、导致人身严重伤害的职业病、产品安全、生产设施与生产过程安全等。随着经济全球化程度的提高以及各国经济交往日益频繁，生产性危机事件爆发的可能性和机会也在迅速增大。例如，通过产品贸易及其过程（主要是货物移动），某种病毒、微生物或细菌可能从一国传到另一国，从而引起类似于生态平衡危机、传染病危机等各种危机。

生产环节的危机预防，一方面是安全生产的管理，避免在生产过程中出现危机，造成对企业的负面影响；另一方面则是加强生产质量的管理，对

产品进行层层把关,如果产品有问题,那再好的营销策略也难以挽回败局。

3)销售

销售部门通常是直接和消费者接触的一个部门,为了让销售部门有效地预防危机,所以要求销售人员对客户进行长期的CL营销(忠诚营销),与消费者建立良好的关系。另外,如果是因为生产过剩带来的销售危机,则要求对销售部门加强管理,随时做好应对的准备。也就是说要做好应付各种危机的心理准备,这样才不至于在危机到来的时候不知所措。

4)管理

管理部门要求将危机管理制度化,企业内部应该有制度化、系统化的有关危机管理和灾难恢复方面的业务流程和组织机构。这些流程在业务正常时不起作用,但是危机发生时会及时启动并有效运转并对危机的处理发挥重要作用。这样一来,一旦危机出现,各部门、机构、员工知道做什么、说什么,而不必依靠某一个关键人物的急中生智来力挽狂澜。

在危机发生时,一个企业要照顾的方方面面何其多、要处理的工作何其繁杂,而这一切都需要在极短时间内完成。如果事前没有周全的计划、能够立即付诸实施的制度和流程、能够立即投入角色并展开工作的人员,则可以预见,在危机发生时反应迟缓、内外部混乱都将无法避免的局面。国际上一些大公司在危机发生时往往能够应付自如,其关键之一是制度化的危机处理机制,从而在发生危机时可以快速启动相应机制,全面而井然有序地开展工作。

企业业务规模越大,危机造成的损失可能就越高,危机处理工作的难度也就越大。因此大公司特别需要制定一整套全面、系统、可操作的危机管理制度和处理机制,以备不时之需。总结许多国际大企业的成功经验,如下几点特别值得借鉴:即成文的危机管理制度、有效的组织管理机制、良好的人力资源储备和具有危机意识的企业文化。

危机属于非常事件,企业无法按照现有的制度来应对,必须事先拟订成文的有关危机事件的处理程序与应对计划,从而保证在危机发生时全体员工遵守共同的处理原则和方法,避免发生管理混乱。危机管理需要有效的组织保障,即确保企业内信息通道畅通、信息能得到及时反馈、各部门及人员责权清晰、有专门的危机反应机构和专门授权。从而一旦发生任何危机先兆均能得到及时的关注和妥善的处理;而在危机处理时这种组织保障的有效性将更加明显。

5)服务

由于中国企业更多趋向于人治,企业高层的不重视往往直接导致整个企业对危机麻木不仁、反应迟缓。这首先表现在这种企业缺乏良好的预防措施和手段,因而不能有效预防可能发生的危机;其次危机发生时,企业各部门反应迟钝,延误战机。

企业的危机可能源起于从生产到营销、从人员到物质的任何一个点上,产品、创新、销售、人事、财务、公关——任何一个环节上的滞后与失误,都可能引发一场深刻的危机。

这要求企业要有"生于忧患"的危机意识。即使企业的生存发展一直顺风顺水,但一个企业的危机感,一分钟也不能少,像比尔·盖茨的"微软离破产永远只有18个月",张瑞敏的"我每天的心情都是如履薄冰,如临深渊"。这种意识会催促员工们更努力地去做。因为每一个人都会向往安全,你要是告诉他有危机,他会害怕,他会产生危机感。

做好企业内部危机的预防,需要避免官僚与漠视。官僚就是明知道要努力,要往前冲,但资源配置却往往不够;漠视就是有些人看到战争的死亡和沧桑,却无动于衷。所以,企业必须考虑到以下几个问题:

一是确保组织内部信息畅通无阻,即企业内任何信息均可通过组织内适当的程序和渠道,传递到合适的管理层级和人员;

二是确保组织内信息得到及时的反馈,即传递到组织各部门和人员处的信息必须得到及时的反应和回应;

三是确保组织内各个部门和人员责任清晰、权利明确,即不至于发生互相推诿或争相处理的现象;

四是确保组织内有危机反应机构和专门的授权,即组织内须设有非常的危机处理机构,并授予其在危机处理时的特殊权利。

最后,企业内部的危机预防就如温水中的青蛙:如果把一只青蛙扔进沸水中,青蛙会马上跳出来。但是如果把一只青蛙放入凉水中逐渐加热,青蛙会在不知不觉中失去跳出的能力,直至被热水烫死。企业中的问题也是这样,企业内部的一些小问题日积月累,就会使企业逐步失去解决问题的能力和机制。

外部预防:信息监测与调研

正所谓"知己知彼,百战不殆",要做到有效的危机预防,除了上述手段之外,还要了解竞争对手的动向、整个市场的情况、整个产业乃至整个行业的动向,根据了解到的信息及时调整企业战略并采取一定措施,从而避免危机的产生。

通常指的信息监测的类型包括:企业、行业协会、政府决策部门、经销商、广告代理商及媒体经营部门、行业内主要竞争厂商的平面媒体广告投放策略监测、软文策略、行业发展动态跟踪、厂商市场营销活动监测、产品竞争状况分析以及行业发展的月度、季度、年度评述报告等。综合起来主要有渠道监测、销售监测、产品监测、促销监测、媒体监测、广告监测、顾客满意度监测7个监测。

渠道监测:主要是对市场中渠道的构成、规模、能力、管理、规范等各项表现进行监测评估,改进存在的缺陷,掌握自身渠道绩效。

销售监测:主要是对市场中的各个品牌的产品销量、区域、价格、供货、陈列等进行监测评估,对销售规划进行必要控制,并针对市场销售表现制定有效对策。

产品监测:主要是对市场中的各个品牌的产品构成、新品上市、产品接受等进行监测评估,及时发现潜在威胁和机会。

促销监测:主要是对市场中的各个品牌的促销规模、对象、方式、效果等进行监测评估,分析促销活动的成败得失以及市场竞争的激烈程度。

媒体监测:主要是对各个竞争对手的媒体表现进行监测评估,包括公关活动、市场推广、软性文章、产品技术宣传等,可以有效地预测市场竞争对手阶段策略和变化动向。

广告监测:主要是对各大广告媒体的广告投放金额、区域、分布、效果等进行监测评估,从而判断竞争对手的推广能力,还可用来选择最佳的媒体广告投放策略。

顾客满意度监测:主要是对自己或竞争对手的现实顾客进行满意度、忠诚度监测评估,借此判定市场地位和竞争力。

这些监测中用的最多的是媒体监测,因为媒体中反映的信息最为全面,信息覆盖也十分广泛。根据文章的主要诉求内容,确定文章的具体类型,一级分类:

1)政策法规;

2)产品信息;

3)行业动态;

4)市场及公关活动;

5)企业动态;

6)其他。

每个一级分类又分为若干二级分类。如政策法规中包括全国性、地方性、国家各部委、行业内等细类。企业动态中包括人事变动、机构变动、投资、融资、销售状况等,分类详细、全面、实用。

配合信息监测,还要进行诸如消费者研究、产品研究、品牌研究、营销与策略研究、行业研究、市场进入研究、价值链研究、价格研究、顾客满意度研究等。其他调研还包括:

产品定位研究:市场机会分析、细分市场方法、经营价值评估、定位程序等;

新产品开发研究:习惯与态度、概念测试、产品测试、包装测试、名称测试;

价格研究:价格敏感度测试、品牌/价格选择模型、联合分析等;

广告研究:广告文案测试、事后测试与跟踪研究、媒体研究与计划;

销售推广研究:推广决策研究、事前研究、效果评估、经销商研究;

零售研究:零售稽核、固定样本调查;

品牌监测与营销业绩评估:品牌忠诚度、缺陷分析、形象分析。

充分的市场调研与信息监测都能将市场的风险降低,从而在很大程度上预防危机的爆发。

随着经济的全球化和信息技术的飞速发展,企业、组织、机构以及个人之间的竞争日趋激烈,信息情报已成为继产品、资金、人力之后的又一重要资源。互联网技术高速发展的今天,网络不仅承载着大量的信息,其快速的传播速度和裂变性传播特点,也使得网络信息越来越受到广泛的关注和重视。据不久前统计表明,互联网已成为公信度仅次于电视的第二大媒体。通过网络手段持续获取信息情报已经成为企业、组织乃至全社会的共识与需求。

利用网络系统,不但要监测公关稿件已经发布的指定媒体,同时要监测被其他媒体转载的次数与频率。每一次公关活动后,都会受到媒体的关注,而评估一项公关活动是否成功的一个重要指标,即活动被报道的次数和文章字数,网络媒体的监测工作是评估公关活动重要手段之一。

如果网络上出现了对企业或客户十分不利的信息,那么如何有效地避免由此带来的负面影响和损失就是公关公司重要而艰巨的任务,而越早获取相关的负面报道,也就为危机公关处理提供了越多的宝贵时间。同时网媒监测持续全面的信息来源,也有助于发现潜在的威胁和危机,给自己更多的反应时间,从而获得竞争优势。

这里值得一提的是,在互联网高度发达的今天,很多平面媒体都提供了网络版,但也有部分媒体并没有网络媒体,所以单纯地进行网络媒体的监测并不全面。比如,诚智合力公关策划掌握的全国一千六百多家的平面媒体中,大部分媒体没有网络版本,为此还需要对这些没有网络版本的平面媒体展开监测工作。

目前,中国国家图书馆、北京图书馆均提供有平面媒体的监测工作,监测是以简报的形式提供,专业的公关公司对这些简报进行一定地分类和研究之后对企业提供及时的监测报告,从而达到预防危机的作用。

另外,需要被监测的媒体还包括电视媒体、广播媒体、户外广告媒体以及其他样式的宣传手段,信息监测越是全面,对于危机预防越是有积极意义。

辅助预防:舆论引导、品牌宣传

舆论引导

专业的公关公司凭借着公司的优势会给记者提供大量对企业有利的软文,首先对记者进行一定的舆论教育,进而把这些软文发布到媒体上,避免刺激公众或者将公众视线进行转移。

1)对于平面媒体的舆论引导如下:

选好角度,积极引导同样一篇新闻从不同的角度报道,就会产生不同的宣传效果。

比如,对某些危机新闻,可以有多种报道角度:一种是就事论事,简单报道一下了事,没有下文;另一种是大肆渲染,把发生危机的责任直接归于企业,以期制造"轰动效应";再有一种是把报道的角度放在企业如何重视解决这一问题上。

三种不同的报道角度,对舆论会产生三种不同的影响;第一种会使公众认为无所谓,见怪不怪,类似的问题今后可能还会发生;第二种会引发公众的不满情绪,不利于危机的解决;第三种会引导公众举一反三,共同来解决这一难题。

当危机来临的时候,企业与公关公司要正确地引导舆论,在危机发生后把报道的角度放在如何引导社会各界共同来解决这一问题上,以追踪报道的形式,相继报道企业相关部门采取的具体解决措施,如补偿消费者、追究相关责任人、设立咨询热线等,杜绝类似危机再次发生。新闻报道的角度选得好,就能促进问题的解决,对于危机预防有着十分重要的意义。

2)事先策划,主动引导凡是与公众有关的利益问题。

3)突出重点,巧妙引导许多令人关注的热点问题,不同的人会有不同的看法,可谓仁者见仁,智者见智。

新闻舆论引导

相对于平面媒体而言,近年来,网络媒体快速发展起来,并在受众中具有广泛的影响。在这些媒体中,无不利用网络这个强大的资源优势尽可能把最新、最丰富的信息展现在受众面前。但是,新闻属性中有客观性、典型性和宣传性。应用网络对受众进行宣传最典型的手法就是舆论引导,通过传媒来整合社会中的众多观点,通过主流媒体来指导人们对于某条或某阶段新闻的思想倾向,达到大部分人的观点行为与媒介所引导的方向一致的目的。

传播学的"沉默的螺旋"理论,即一方在较强的舆论环境中会逐渐沉默并受到挑战。假如个人的态度在一个网络环境中不相容,他可以转向另一个网络环境,在一个双方相互认同的环境中不用受迫于势力较强一方的影响。而且网络尊重个体,人人有表达意见的权利,个人身份可以隐匿,再也不用担心群体的指责。为此,在网络中就算我们保持强大的声音压制负面影响,但公众的情绪总会在一定的空间得以宣泄。

网络为信息的传播提供了极其便捷的方式,也为各种文化的冲突、交流和融合创造了无限机会,当企业发生危机后这种环境就会对企业产生舆论威胁。

阿尔温·托夫勒在《权力的转移》中说:"世界已经离开了暴力与金钱控制的时代,而未来世界政治的魔方将控制在拥有信息强权者的手里,他们会使用手中掌握的网络控制权、信息发布权,利用英语这种强大的文化语言优势,达到暴力和金钱无法征服的目的。"

新闻学中提到宣传的最高境界就是"宣传于无形",也就是不让受众看出其中明显的人工宣传痕迹,将宣传、引导融入所报道的具体事例中,使人潜移默化。

新闻舆论引导的含义揭示了在引导时不是"硬导",要讲究引导的艺术。首先要求在引导前要有统一思想,要和传统媒体一样制定某一阶段的既定思想,对发生的新闻不是有闻必录、毫无重点,而是同样需要"把关"。

1)综合运用时间和空间手段来评价新闻事件

与传统的新闻媒介相比,网络是一个容量极大的动态的传播系统,它没有报纸的"张"的概念,也不像广播电视那样有固定的播出时间。但是新闻过时后可以通过网络搜索途径被找到,许多大型网站都设立空间存储这些"过闻"。在新闻网站中也可以借鉴这些方法,通过一个阶段对某项内容的关注形成宣传重点,这一点和传统媒体有很大的相似之处。当编辑需要对某些新闻事件进行强化报道时,既可以运用报纸常用的时间评价手段,又可以运用空间手段,根据网页特性把重点新闻设置在"强势"位置。与传统媒介相比,上网的新闻媒体如果要形成或引导舆论,它的条件要便利得多。

2)用稿件集合形成群体优势——新闻专题报道

在传统媒体上,稿件的集合不但可以形成报道上的声势,还可以产生"1+1>2"的效果。在传统新闻媒体的站点,这一方法已被广泛运用,并且根据自身优势更好地发挥了这一手段。当然,稿件的集合应该是有节制的,过于密集地轰炸,只会适得其反。这种做法在互联网上都以新闻专题报道,一个好的新闻专题可以引导公众评论的导向。

品牌战略

除了舆论引导之外,长期的品牌宣传也非常重要,持续不断的品牌宣传会对公众造成良好的印象,形成一定的口碑。

公众对于一个优秀的企业往往会采取宽容的态度,因此进行长期稳定的品牌宣传能为危机解决起到预防针的作用。

为什么有的企业总能遇风浪而岿然不动,而有的企业却相反,原因就在于品牌。

品牌的优劣常常能反映一个国家和地区经济增长的质量和水平,同时也集中体现了一个企业的整体素质,展示着企业的信用和形象,是企业最重要的无形资产。

市场经济风云变幻,谁拥有了品牌,谁就掌握了竞争的主动权。同样,谁拥有了品牌,谁也将在危机过程中游刃有余。

以可口可乐为例,可口可乐至今已有114年的历史,其成分99%是水,而销售额却占全世界碳酸饮料的50%,其中的奥妙不能不说是得益于广告的宣传。该公司将自己所获利润的2/3用于发展社会公益事业,使得有关它的传说在公众中经久不衰。这种强大的品牌效应使得可口可乐经历数次危机却安然无恙。可口可乐的宣传,十分注意立体效应,不管在地球的哪一个角落,只要产品一到位,其形形色色的宣传品、宣传广告、宣传活动也随即跟到那里,出众而抢眼的红白标志顷刻便铺天盖地,充斥了人们的视听空间。

面对危机,问题解决三步法

面对危机,任何愤懑、隐瞒、掩盖,都于事无补,几乎所有危机处理失败的案例,都存在着态度上的偏差。此时企业最明智的办法是:面对事实、正视事实、认真对待、敢于公开真相。

在突发的危机出现后,企业可能会"四面楚歌",新闻曝光、政府批评、公众质疑等会纷至沓来,而且公众会对企业的反应高度敏感,措施不当或稍有不慎,都可能激起公众的群愤之情,严重的话还会断送企业的前程。

"问题解决三步法"是海尔应付并解决企业突发状况或事件的方法:第一步,紧急措施:将出现的问题迅速处理,制止事态扩大,紧急措施必须果断有效。第二步,过渡措施:在对问题产生的原因充分了解的前提下,采取措施尽可能挽回造成的损失,并保证同类问题不再发生。第三步,根治措施:针对问题的根源拿出具体可操作的措施,能够从体系上使问题得以根治,消除管理工作中发生问题的外部环境。

建立一支专业的危机预防队伍

企业的兴衰很大程度上取决于其在社会中的地位和形象,预防危机必须建立高度灵敏的危机管理系统。

企业要善于搜集危机的信息,定期进行企业运营危机风险分析与分级管理,把隐患消灭在萌芽状态:随时收集公众对产品的反馈信息,一旦出现生产、制造、服务、品牌、销售、投融资等方面的问题立即跟踪调查并加以解决;了解企业产品和服务在消费者心目中的形象信息,包括质量、价格、服务、建议改进等;随时注意分析公众对企业管理水平、人员素质和服务的评价;掌握政策决策信息,如有关法规、条令的颁布,研究和调整企业的发展战略和经营方针;研究竞争对手的现状、实力、潜力及策略发展趋势,经常进行优劣对比,做到知己知彼;搜集和分析企业内部的信息,进行自我诊断和评价,找出薄弱环节,将风险进行分级分类,制定问题解决方案,明确责任人、责任完成时间与评价指标。

任何公司都需要有危机管理的措施,唯一不同的是根据企业性质和大小,其实施情况有所变化。无论怎样,我们都要抓住问题的关键,那就是组建危机管理小组来制定或审核危机处理方案及其方针和工作程序。

借鉴国外企业的实践与经验,企业可以根据实际情况灵活、具体地设置包括企业领导、公关专业人员、生产、销售与售后服务人员、律师、新闻发言人等组成的危机管理小组,可以隶属公共关系部,也可以独立以影子内阁(没有明确的机构与设置,但是在企业形式、人员配备、经费保障方面都有明确规定与日常运作)的形式出现,但必须拥有足够的权力和相对的独立性,在企业内部有相应的发言权,专职负责未来可能发生的危机事件,成为企业重要的常设机构,不仅承担危机的日常检测、诊断、评价和预警工作,还可以不断地向公众表明企业"认真负责的理念与态度"。

在大多数情况下,危机处理小组的人员包括:

1)企业领导

企业领导的作用在于稳定军心,向公众传达企业对危机事件的重视,企业领导代表一个企业的行为,给予公众信心。

2)政府官员或权威人员

政府官员或者权威人员的发言有助于稳定公众对危机的恐惧心理,也可以阻止一些谣言的蔓延。

3)新闻发言人

新闻发言人代表企业正式的公告,以书面形式将危机信息披露给公众,并且传达企业面对的危机态度。之所以选择专业的新闻发言人是为了给企业领导以及其他人发言时留有余地——一切以新闻发言人的讲话为准,包括被问及企业如何采取措施时,可以统一口径为"我们正在调查,企业采取的措施新闻发言人将会尽快告知大家"。

4)律师

律师是危机处理中必须要有的,律师的发言代表法律程序,代表企业处理问题的原则,同时也可避免不必要的纠纷,导致危机恶化。

5)专业公关人员

专业的公关人员负责事件的整体协调,一般由公关公司来负责。

6)生产、销售、服务部门的相关负责人

不论是企业领导、还是权威人士或者新闻发言人都不是亲自去解决危机的人员,危机现场的负责人具有最有力的发言权,也最能给予公众信心。

有了这样的危机处理队伍,加强对危机处理应急队伍的训练是十分必要的,教会员工如何面对危机,如何化解危机,是很多企业战胜危机的基本经验,毕竟依靠员工的力量是企业危机管理最便捷的途径。每次危机模拟训练结束,应对演习情况进行全面地总结汇报,判断企业是否完成了计划规定的技能和知识的培训、获得了多少有关危机处理的新技能和新知识,以便能知道企业的优势在哪里,弱点是什么,哪些方面还有待提高。

建立危机案例库

大法官们在判决一个棘手的案件时,通常会参考以往的判决方法,最后综合自身案情的特点,然后作出判决。在有案例参照的前提下,就能最大限度地防止判决的失误。解决企业危机也是如此,将危机案例进行分类和整理,企业就会很容易地避免发生类似的危机。即便危机来临时,也会有很好的参照,从而能对危机有备无患,将危机的影响降到最低。

建立危机案例库,需要进行一定的分类,比如按行业分类可以划为:

IT行业:软件、电脑及配套产品、数码产品、办公产品、网络运营商等。

通信行业:电信运营商、手机厂商、通信器材、通信配套产品、其他电信业务等。

家电行业:各类家电、小家电、厨具、家电商场、家电经营单位等。

健康行业:带药字号或食健字号的各类药品、保健品或带械字号的医疗器材等。

食品行业:饮料、烟酒、各类食品等。

体育休闲行业:各类体育休闲服装、鞋袜、配饰等;各类运动器具、装备、配套产品等;健身美体产品、场馆、服务等。

其他行业:汽车、连锁店、服务行业、旅游、健身等。

按照行业划分,还可以按照部门划分:采购、生产、销售、服务、管理、品牌等。

……

除了这些划分之外,企业应该在每年年底总结一下一年来发生的危机类型,制定相应的防范措施。

以患为利,培养"逆商"立于不败之地

世事都是相辅相成的,好可以是坏,坏可以是好,凡事我们多转一个弯,就能换一种角度看问题。这是很重要的一点,必须说透。

《老子》说:"贵大患若身。"

《孟子》说:"生于忧患。"

《孙子兵法》说:"以患为利。"

三者说的都是一个意思,那就是:人最宝贵的是忧患,是困难造就了人。

一直以来,我们关注最多的总是"智商"和"情商",但是当危机来袭的时候,企业家更需要"逆商"来打造自己的好心态。挫折是不能回避的,抱怨也无法解决问题,只有增强自己的承受能力,以积极的心态去应对,才能度过黑暗迎来黎明。

危机中求生路,先把心沉淀下来

遭遇猝不及防的危机,我们的心就会不由自主地最先狂跳,以致情绪失控,无法正常思考,但是我们知道"惊慌"对解决问题毫无意义,只还会加快危机恶化的速度。要想在危机中求生路,必须先把心沉淀下来,拥有积极阳光的心态,去保持不慌不忙、镇定自若、安之若素、稳如泰山的良好精神状态。

临近圣诞节的一个晚上,英国一家大型剧场里座无虚席。台上的一个大笼子里,一位训兽师正和几只孟加拉虎一起表演马戏。

正在大家为一个精彩的动作喝彩的时候,突然停电了,四周一片漆黑。

如果老虎兽性发作,驯兽师就惨了。所有的观众都惊恐得屏住了呼吸,一分钟后,供电恢复正常,观众们看到驯兽师好像根本不知道停电,依然和孟加拉虎保持着表演的状态!

瞬间的惊讶,剧场里响起了雷鸣般的掌声。表演结束后,有人问训兽师:"停电的时候,你不害怕老虎兽性发作,将你吃掉吗?"

训兽师说:"害怕,灯光熄灭的一刹那,我的大脑一片空白,不过,顶多就两秒钟,我就镇定了下来,因为我知道,灯光的熄灭虽然让我看不到老虎了,但是对老虎却没有什么影响,它并不知道发生了变故。于是,我强迫自己镇定下来,就当什么事情也没发生,跟往常一样,按照正常的步骤不停地挥舞着鞭子,向老虎们发号施令,只要它看不出破绽,我就得救了。"

生活中,任何人都难免会突然遭遇一些危机事件,这时候,人们最直接的反应就是紧张、害怕、不安和焦虑,若是不能很好地把握自己的心态,不能去控制这些负面情绪,慌作一团,只会使自己无法正常思考,也就无法找到应对危机的良策,甚至还会衍生出更多不必要的麻烦来。

据心理学家分析,人在遭受挫折打击的时候,常见心理包括震惊、恐惧、羞耻、绝望等。这些都是极不利的心理因素,如果陷于心理挫伤的泥坑里不能自拔,那就会在失败中越陷越深,以致走向毁灭。所以要警惕这些失败心理的影响,当危机来临的时候,一定要镇静,不要慌张,只有保持好积极的心态才能更好地解决问题。

信心,是化危机为转机的动力

全球经济动荡,实体经济出现波动,不稳定因素增多,个人利益受损,更重要的是看不到回暖的迹象,这让很多人失去了信心。

信心是我们生命中的一盏灯塔,如果没有了它,生命就会失去前行的方向和动力。所以,无论在怎样的血雨腥风中,我们都要学会保护它,有信心才有在黑暗中不停止摸索的勇气,有信心才有在失败中继续奋斗的力量,有信心才有解决问题的方法。

信心,其实就是一种信念,就像我们生命中坚定的信仰,它可以帮助我们克服一切难以想象的困难,帮助我们化危机为转机。而如果心中没有了信念,就等于给自己判了死刑。

亚瑟尔是美国华盛顿的一名警察,一身英气,在一次抓捕罪犯的过程中,歹徒射中了他的左眼和左腿。几个月后,他从医院里出来,一只眼睛瞎了,一条腿跛了。

虽然歹徒并没有被抓获,但他还是被授予了许多勋章和锦旗,记者采访他说:"你以后有什么新的打算吗?"他说:"我要抓住那个歹徒!"

亚瑟尔的身体虽然不健全了,但是他没有放弃自己的职业,他不顾别人的劝阻,多次参与抓捕歹徒的行动,从不放过哪怕一丁点蛛丝马迹。几年下来,他跑遍了整个美国,甚至还去了其他很多国家。

整整9年国去了,那个歹徒终于在亚洲的某个国家被抓获了,亚瑟尔功不可没。在庆功会上,他再次成了英雄,被人们认为是最勇敢和坚强的人。

然而,半年后,亚瑟尔割腕自杀了。他在遗书中写道:"这些年来,让我活下去的信念就是抓住凶手……现在,伤害我的凶手被判刑了,我的恨也消了,生存的信念也随之消失了。面对自己的伤残,我从来没有这样绝望过……"

越是在这样的危机时刻,我们越需要信心。过去几十年里,世界经济也历经风风雨雨,最终都度过了危机,实现了新的发展。况且今天,国际社会抵御金融风险的能力不断增强,经验更加丰富。我们就更有理由相信,胜利是属于我们的!

塞翁失马焉知非福,危机又何尝不是转机

人生中有很多问题都有双面性,这正如硬币有正反两面一样,事情也有两面。当你认为一件事很糟糕的时候,说不定其中就暗藏机遇,当你认为你好运连连的时候,后面的发展却不一定好,正所谓老子说的"福兮祸所伏,祸兮福所倚"。当我们面对所谓的坏事的时候,要调整好自己的心态,去发现和发掘其中的机遇,说不定坏事就会成为转变命运的一个机会。

1924年,一场大火把美国家具商尼科尔斯的家烧了个精光,其中包括他准备出售的家具。尼科尔斯面对满地狼藉,痛心不已。

不甘心的他四处寻找,希望还能找到一点什么。忽然,一块已经被烧焦的红松木吸引了他的注意,它的形状很独特,而且上面还有漂亮的木纹。

尼科尔斯用一块碎玻璃小心翼翼地刮去红松木上的沉灰,用砂纸打磨光滑,又在上面涂了一层清漆。最后,他看到了那块烧焦的红松木呈现出一种温暖的光泽和特别清晰的木纹。他忍不住惊喜地狂叫起来,灵感显现的他由此制作出了仿纹家具,生意也因此变得异常火爆。

有人评论说:"尼科尔斯独具特色的家具像一只在火灰里死而复生的不死鸟一样蓬勃兴起。"一场意外的大火,烧掉了尼科尔斯的一切财产,但同时也烧出了他的灵气与希望。现在,尼科尔斯创造的第一套仿纹家具收藏在法国州博物馆。

赛翁失马,焉知非福。天下没有绝对的好事,也没有绝对的坏事,任何事情的好与坏总是相对的。就像富足优越的生活更容易让人丧失上进心,而一贫如洗的日子更能激发人们去奋斗一样。当我们面对所谓的坏事时,不要只盯着它坏的一面,而要认真去发掘其中的好处,也许就能化险为夷,化危机为转机。

一座山,在阴暗的另一面,必定阳光明媚。客观地想想,也许你会因为这场危机在投资上变得更加理性、成熟;也许你会因为这场危机养成了节俭的好习惯;也许你会因为这场危机发现简单朴素的生活也是一种美;也许你会因为这场危机体验到了心灵的富足;也许你会因为这场危机认识到了充电的重要性;也许你会因为这场危机享受到了更多家庭中的天伦之乐;也许你会在这场危机中发现难得的赚钱机遇……

危机闯进了我们的生活,抢走了我们钱包里的钱,同时也让我们开始反省自己的价值观,给我们的心灵带来了一次洗礼。它既是坏事也是好事,而且不只是针对个人,对企业来说,也是如此。

别守在原地,要学会变通

约翰·邓普顿是全球投资之父,历史上最成功的基金经理,邓普顿基金集团创始人。他曾经说过一句非常有名的话:"行情总在绝望中诞生,在半信半疑中成长,在憧憬中成熟,在希望中毁灭。"

邓普顿小的时候就从父亲那里领略到了投资的奥秘, 那是20世纪20年代,美国正处于经济大萧条时期,许多农场被迫倒闭,很多农场主就聚集在万切斯特镇的广场上,通过拍卖来清偿抵押品。邓普顿的家就在广场边上,从二楼的窗户可以将广场内的一切一览无余,邓普顿总是守候在窗户旁观望,每看到拍卖品无人出价时,他就会下楼,通常付很少的钱就能购买下来。

数十年之后,邓普顿的父亲再把这些资产出售给商业和住宅开发商,价钱已经比当初购买的时候翻了很多倍。

受此影响, 邓普顿在后来总结了一个让他受益终生的伟大投资原则——极度悲观原则,即在无人出价时进场。试想,在整个市场里,只有你一个人肯出价购买,而卖主又急切地想卖掉,那么他没有选择,你看好的商品将以低得难以想象的价格成交,甚至就跟捡来的差不多。

邓普顿因此认为,股市里的情况也是类似,股价的狂泻往往是因为无人愿意出价,而不是意味着这只股票一文不值。而且这样的故事总是在一而再、再而三地上演。所以,在邓普顿看来,当熊市来临时,大部分投资者认为自己站在了一条狭窄的小径上,孤身面对张牙舞爪、凶猛无比的灰熊。他却觉得,熊挥舞手臂扑过来,是为了和他击掌庆贺。因为他知道,股票又会变得很便宜。

和邓普顿持同样观点的还有另一位投资大师——沃伦·巴菲特。1973年,全世界没有一个人认为曼图阿农场的股票能够复苏;甚至有人认为,曼图阿不出三个月就会宣告破产。然而,巴菲特不这么认为,他认为越是在人们对某一只股票失去信心的时候,这只股票就有可能是一座金矿。他不顾别人的质疑和嘲笑,以5美分一股的价格买入。结果,不到5年的时间,他就赚了4700万美万!

拥有好心态的人,从不把目前的情况看成是糟糕透顶,一无是处,他们需要的只是沉着冷静,直面恐惧并勇于战胜它,这样才能获得成功。

乔利·贝朗出生在巴黎一个贫民家庭,为了生存,13岁便独自外出打工。由于年纪太小,没有哪家工厂愿意雇佣他。他被迫流浪了几年,最后,在他的苦苦哀求下,终于在一个贵族家庭当了一名小杂工。

乔利·贝朗非常勤奋,他几乎包揽了全部的脏活累活,杀鸡、杀鱼、拖地、扫厕所等。每天至少要干12个小时,而他所得到的工资连一只鸡都买不到,但他仍然感到非常满足,至少他已经能够挣钱了。

一天半夜,贵妇人把他叫醒,说她第二天有一个约会,要乔利·贝朗帮她熨衣服。他不敢有任何怨言立刻起来工作,但是他实在是太困了,不小心将煤油灯打翻,灯里的油滴在了贵夫人的衣服上。

乔利·贝朗吓呆了,贵夫人坚决要求他赔偿,可是他一年的工资也买不起那件昂贵的衣服啊。最后,贵夫人决定一年不给他发薪水,沮丧的乔利·

贝朗也只能认了。

乔利·贝朗将那件浸了煤油的衣服挂在自己的窗前，以警示自己不再犯错误。偶尔的一天，他突然发现那件衣服被煤油浸过的地方不但没脏，反而将原有的污渍消除了。

乔利·贝朗像发现了新大陆一样，他开始琢磨，又往里面加了一些其他的化学原料，经过反复试验，他研制出了能除掉污渍的干洗剂。

一年后，乔利离开了贵夫人家，开了一间干洗店。世界上第一家干洗店就这样诞生了，他的生意好得一发而不可收，他成了让世界瞩目的干洗大王。

一切事物都在不断发展变化，好事与坏事，这矛盾的对立双方，无不在一定的条件下，向各自的相反方向转化。比如，当金融风暴在全世界愈演愈烈，大多数人都在大喊倒霉，其负面信息也充斥在网络、电视等媒体上，充斥着我们生活的各个角落，并被我们口口相传，企业倒闭增多、失业率增高等一系列连锁反应，使得我们内心的恐惧、忧郁变得越来越厚重，感觉这个冬天比往年的任何一个冬天都要冷。因此这种情况下，好的心态显得尤为重要。

智者懂得，危险不只是危险和困难，更是机会和希望。

危机没来之前，我们一直按部就班工作、生活，而危机来临时，我们发现前面原本好好的路不见了，彷徨、无助接踵而至。很多人固执地守候在那里，期望一切恢复原样，但那看起来多么渺茫。

很多心态消极的人都在风暴中迷失了方向，但是，当你看不见未来的方向时，并不意味着路已经到了尽头，而是在提醒你：该转弯了，换个方向，也许就是柳暗花明又一村。

危机激励——让员工有前进的动力

　　每个企业或团队在发展壮大的过程中，都可能遇到难以预测的困难。在危机中，企业领导者应该根据当时的具体环境，制定出切合实际的激励措施。为了激励全体员工的士气，甚至可以不惜牺牲一小部分人的利益。曹操就是这样做的，或许这就是曹操被世人认为奸险恶毒的重要原因之一。

　　有一次，曹操率兵17万外出打仗，每天耗费的粮食数量很大，当时又正值饥荒之年，粮食接济不上。曹操想下令全军速战速决，但对手却闭门不出。曹军与对手相持了一个多月后，粮食眼看就要吃完了，只好写信给孙策求救，借了10万斛粮草，但即使这样，也无法满足全军所需。

　　一天，管粮官王垕来见曹操，禀报道："丞相，如今兵多粮少，应当怎么办？"

　　曹操说："你可以用小斛分发军粮，暂且救一时之急吧！"

　　王垕说："倘若士兵有怨言怎么办呢？"

　　曹操说："你就不用管这个了，我自有办法。"

　　王垕按照曹操的命令，以小斛分发军粮。很快，士兵们就有意见了。曹操派人去各营寨打探风声，大家怨声载道，都说吃都吃不饱怎么打仗啊，说丞相欺骗了大家。曹操马上把王垕召到帐中，对他说："我想向你借一件东西，这样才可以平息众怒，你可不要吝惜啊！"

　　王垕说："丞相你想找我借什么东西？"

　　曹操说："我想借你的人头，用以示众！"

　　王垕大惊失色，说："我实在无罪啊！"

　　曹操说："我也知道你没有罪，但是如果不把你杀掉，军心难以稳定啊。

你放心,你死后,你的妻儿子女我都会为你照顾,你就不必多虑了。"

王垕再想申辩时,曹操已经把刀斧手叫来,将他推出门外一刀斩了。然后曹操派人把王垕的人头悬挂在高杆上面,并贴出告示:"王垕故意用小斛散发粮米,盗窃官粮,谨按军法,斩头示众。"大家看了这个告示后怨气也消了。

之后曹操命令下属把军中所有的军粮、牛马拉出来宰杀了,还将美酒分发给士兵,让大家大吃一顿,吃饱喝足了,一举攻破敌人的城楼。

为了应付缺粮问题,曹操让王垕以小斛散粮,以至于触犯众怒。曹操又阴险地把刀子架在了主管散粮的王垕头上,嫁祸于人,以平息众怨。曹操这一招确实阴险,但在当时那种情形下,曹操能够在危机中找到激励广大士兵的妙方,最终使军队渡过难关,不得不说他的智谋高人一筹。

事实上,曹操那样做也是出于无奈,他明确表示知道王垕没有罪,而且答应帮他照顾好妻儿老小。当然,这不是为曹操辩解,而是说曹操在危机中懂得顾全大局,为此甚至不惜牺牲某些人的利益。

在现代企业管理中,管理者也有可能面对类似的危机,当然,如今的社会已不同于封建时代,不会动不动就滥杀无辜,而是说在战胜危机的时候,必要的时也需要牺牲局部利益。如果能够以局部利益换取整体利益,以小损失激励全体员工的斗志,度过危机,那么这样做也是值得的。当然,如果在不损害局部利益的前提下能激励全体员工的斗志、扭转危机,那是再好不过的。

威罗比·马柯米克先生是个独裁经营者,而且是同行中的精英。但是在他的管理之下,他一手创办的世界著名香料公司——马柯米克公司,终于走到了倒闭的边缘:除非裁员10%,否则公司无法实现收支平衡。祸不单行的是,就在这个时候,威罗比先生突然撒手人寰。

老马柯米克的侄子查理斯·马柯米克先生临危受命,出任公司的董事长。上任伊始,他召集全体员工开会,非常诚恳地说:"从今天开始,所有员工的工资增加10%,工作时间缩短。我们公司的命运完全担负在诸位的双肩上了,希望大家努力工作,力挽狂澜,拯救自己的公司。"

全体员工简直不敢相信自己的耳朵,一个个呆若木鸡,百思不得其解。因为危机就在眼前,在当时的恶劣情况下,将每个员工的薪水减掉10%都没办法帮助公司渡过难关,谁会想到新上任的董事长查理斯先生却给大家加薪10%呢?而且还大大缩短了工作时间。

很快员工们就明白了,查理斯先生的做法是为了表示他对全体员工的依赖,这使公司上下士气高涨。结果在短短的一年时间里,马柯米克公司就走出了亏损的困境。

如果说曹操的计谋高明,那么查理斯先生的做法更是高超,而且他的做法充分体现了对员工的尊重和重视,或许这就是时代的不同所造成的吧。作为公司的老板,在公司出现较大的困难时,很多老板在悲观失望中的思维定式是裁员减薪,殊不知这样做虽然能暂时减轻企业的压力,但也极大地伤害了员工原本脆弱的心理。当员工人人自危的时候,谁还有心思去专注地对待工作呢?

事实证明,当企业出现危机、陷入困境的时候,裁员减薪并不是必然的选择,查理斯·马柯米克先生的智慧在于,在危机面前,他反其道而行之,设法激励员工的士气,以期产生上下一心、同舟共济的效果。对公司来说,用10%的额外薪资成本换来了一笔无形的资产——企业的凝聚力、士气,这是无法用金钱衡量的。这与裁员减薪相比,孰优孰劣,不言而明。

公司的老板或管理者应该明白一个道理,那就是不要以为给员工多发奖金就能调动员工的积极性。因为人是很复杂的,想让他们为公司卖命地工作,管理者就需要施展更细微的激励手段,这样才可以让下属的需求获得充分满足,同时又能激发他们的工作热情,提高工作效率。

那么,企业管理者如何运用危机激励法有效激励员工呢?

1)向员工灌输企业前途危机意识

企业管理者要告诉员工,企业已经取得的成绩都只是暂时的,而且已经成为历史,在竞争激烈的市场大潮中,企业随时都有被淘汰出局的危险,要想避免这种命运,方法只有一个,那就是全体员工齐心协力,努力工作。唯有如此,才能使企业更加强大,永远立于不败之地。

2)向员工灌输他们的个人前途危机

企业的危机和员工的个人危机紧紧连在一起,因此,所有员工都要树立"人人自危"的危机意识,无论是企业管理者还是普通员工,都应该时刻具有危机感。管理者要让员工明白"今天工作不努力,明天就得努力找工作"的道理。员工一旦在这方面达成了共识,自然就会主动营造出一种积极向上的工作氛围。

3)向员工灌输企业的产品危机

企业管理者要让员工明白这样一个道理:能够生产同样产品的企业比比皆是,要想让消费者对本企业的产品"一见钟情""情有独钟",就必须使产品有自己的特色。所谓特色,就是可以提供给消费者别人无法提供的特殊价值,即"人无我有,人有我优,人优我特"。

4)危机激励不可随便乱用

对企业来说,危机激励就像一颗炸弹一样,虽然威力无比,却不可以盲目地投掷。否则,不但不能开发员工的潜能,还有可能将他们"逼入死角"。也就是说,虽然危机可以激发员工工作的积极性,但并不是所有员工都愿意面对这种危机。尤其是对能力较差的员工而言,危机就像一朵"带刺的玫瑰"一样,诱人却不可触及。危机会使员工感到自己的无助和无能。可想而知,当危机到来时,他们一定是企业里心情最糟糕的人。因此,作为管理者,不能随便使用危机激励法,而应该因人而异、区别对待。

危机作为一种压力,能促使员工利用他们全部的积极性和创造性解决管理者交代的问题,给他们更多的自信,鞭策他们不断运用自己的积极性把工作做好。因此,管理者要想有效地鞭策和激励员工,开发员工的积极性和创造性,最好的方式之一就是适当地给予他们危机。

第七章

10分钟读懂"统御"

——将帅的能力是胜利的决定性因素

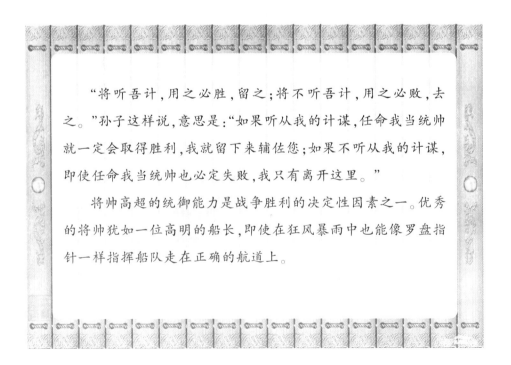

"将听吾计,用之必胜,留之;将不听吾计,用之必败,去之。"孙子这样说,意思是:"如果听从我的计谋,任命我当统帅就一定会取得胜利,我就留下来辅佐您;如果不听从我的计谋,即使任命我当统帅也必定失败,我只有离开这里。"

将帅高超的统御能力是战争胜利的决定性因素之一。优秀的将帅犹如一位高明的船长,即使在狂风暴雨中也能像罗盘指针一样指挥船队走在正确的航道上。

要想提高统御力,必须学会"强硬管束"

领导者想要提高自己的统御力, 除了要懂得以情驭人的 "温柔之法" 外,还应懂得强硬管束。对于一些实在不好管教、不受束缚的下属,完全可以"心狠手辣"一点,让他们要么离职走人,要么乖乖戴上紧箍咒。

在《三国演义》有这样的一个故事:

曹操屯兵日久,欲要进兵,又被马超拒守;欲收兵回,又恐被蜀兵耻笑,心中犹豫不决。适庖官进鸡汤。操见碗中有鸡肋,因而有感于怀。正沉吟间,夏侯惇入帐,禀请夜间口号。操随口曰:"鸡肋! 鸡肋!"惇传令众官,都称"鸡肋"。行军主簿杨修,见传"鸡肋"二字,便教随行军士,各自收拾行装,准备归程。有人报知夏侯惇。惇大惊,遂请杨修至帐中问曰:"公何收拾行装?"修曰:"以今夜号令,便知魏王不日将退兵归也:鸡肋者,食之无肉,弃之有味。今进不能胜,退恐人笑,在此无益,不如早归:来日魏王必班师矣。故先收拾行装,免得临行慌乱。"夏侯蔼曰:"公真知魏王肺腑也!"遂亦收拾行装。于是寨中诸将,无不准备归计。当夜曹操心乱,不能稳睡,遂手提钢斧,绕寨私行。只见夏侯蔼寨内军士,各准备行装。操大惊,急回帐召蔼问其故。蔼曰:"主簿杨德祖先知大王欲归之意。"操唤杨修问之,修以鸡肋之意对。操大怒曰:"汝怎敢造言乱我军心!"喝刀斧手,推出斩之,将首级号令于辕门外。

每个领导总会碰上一些"刺头"式的下属,这些人虽然有一些能力,但却因此而目中无人,无视公司的规章制度,特别是他们为公司做出显著的业绩时,往往表现得更加趾高气扬。虽然领导通过各种方式企图改变他们的态度,但结果却徒劳。

此时领导需果断下达对这类下属的处理决定,运用"杀鸡给猴看"的统御

谋略。那么对于领导者来说,使用这个策略的目的何在呢?总地来说,有两点:

第一,有助于树立领导者的威严,增强对下属的控制力。一旦领导的权威被所谓的"刺头儿"下属所破坏,那么以后不但驾驭不了这些"刺头"的下属,而且也无法管住其他的下属,造成有令不行的局面。

第二,有助于维护公司制度的严肃性。制度之所以制定,是要执行的。而执行制度就是为了保证企业的正常运转。一旦这些制度被一些下属所破坏,那么以后也很难执行了。照此发展下去,企业的运营势必会造成伤害。

从以上角度看,领导杀鸡给猴看是必需的。

任何时候、任何单位都有少数的"刺头"式员工,他们不服从管理、我行我素,有的还以敢与领导对抗而自鸣得意。对这样的人,管理者要敢下狠手,必要时需当机立断、严惩不贷。

日本伊藤洋货行的总经理岸信一雄是个经营奇才,但他居功自傲、不守纪律、屡教不改,董事长伊藤雅俊最终下决心将其解雇,惩一儆百,维护了企业的秩序和纪律。

业绩赫赫的岸信一雄突然被解雇,在日本商界引起了不小的震动,舆论界也以轻蔑尖刻的口气批评伊藤。

人们都为岸信一雄打抱不平,指责伊藤过河拆桥,将三顾茅庐请来的岸信一雄给解雇,是因为他的东西全部给榨光,已没有利用价值了。

在舆论的猛烈攻击下,伊藤雅俊却理直气壮地反驳道:"秩序和纪律是我的企业的生命,也是我管理下属的法宝,不守纪律的人一定要从重处理,不管他是什么人,为企业作过多大贡献,即使会因此减低战斗力也在所不惜。"

岸信一雄是由"东食公司"跳槽到伊藤洋货行的。伊藤洋货行以经营衣料买卖起家,所以食品部门比较弱,因此,伊藤才会从"东食公司"挖来一雄。"东食"是三井企业的食品公司,一雄对食品业的经营有比较丰富的经验和较强的能力,有干劲的一雄来到伊藤洋货行,宛如给伊藤洋货行注入了一剂催化剂。

事实上,一雄的表现也相当出色,贡献很大,10年间将业绩提高数十倍,使得伊藤洋货行的食品部门呈现出一片蓬勃的景象。

从一开始,伊藤和一雄在工作态度和对经营销售方面的观念就呈现出极大的不同,随着岁月流逝,裂痕愈来愈深。一雄非常重视对外开拓,常多用交际费,对下属也放任自流,这和伊藤的管理方式迥然不同。

伊藤是走传统保守的路线,一切以顾客为先,不太与批发商、零售商们交际、应酬,对下属的要求十分严格,要他们彻底发挥自己的能力,以严密的组织作为经营的基础。伊藤当然无法接受一雄豪放粗犷的做法,因此要求一雄改善工作方法,按照伊藤洋货行的经营方式去做。

但是一雄根本不加理会,依然按照自己的方法去做,而且业绩依然达到了水准以上,甚至有飞跃性的成长。充满自信的一雄,就更不肯修正自己的做法了。他居然还明目张胆地说:"一切都这么好,说明这路线没错,为什么要改?"

为此,双方的意见分歧愈来愈严重,终于到了不可调和的地步,伊藤看出一雄不会与他合作,于是把他解雇了。

在伊藤雅俊眼中岸信一雄就是那只"鸡",只有将他解雇才能真正做给那些"猴"看。

保持距离,才能树立权威

孙权对老臣张昭一向保持距离,一而再、再而三地不用他为丞相,尽管张昭一直是众望所归,也是东吴最大的氏族。一次两人发生争执,孙权干脆说:"吴国士人莫不入宫则拜我,出宫则拜君,我之敬君亦算到家了,要是这样一再当众折辱我,我倒有点担心万一失计怎么办?"一句话说得张昭良久无言。后来,孙权见老臣张昭一再反对自己与公孙渊结盟,并称病不朝,就命人将他家门口用土堵上,其不满之意尽在其中。

在这里,孙权对张昭保持适当距离,令他不得因自己是三朝元老就可以自命不凡,倚老卖老。心理学研究表明:焦虑过大会使人精神崩溃,焦虑过小会使人无动于衷,焦虑适中会使人不断努力。孙权弹压张昭,就是为了推动他不安于现状,不自我陶醉。

人性的弱点之一就是因为熟悉而失礼,不自觉地过界。俗话说:"没有规矩,难成方圆。"如果管理者对员工的态度过于亲密,就很容易使自己丧失威严,难以将管理落到实处。

日本八佰伴集团前总裁和田一夫在破产后痛心疾首地说:"在这次破产中,我学到的第二点就是不能因为是兄弟、一家人,管理上就松手,做出人事上的错误判断。如果五年前我就拿出勇气更换社长的话……我深切地体会到,在残酷的生意场上,温情是致命伤。对任何一个组织都是这样,人事上一旦讲了人情,将来就一定会出差错,甚至导致崩溃。"

从和田一夫的这番体会中,人们可以得出这样的结论:兄弟情谊、朋友义气是隐藏在组织管理中的一颗定时炸弹。

也许有人认为,管理者越是平易近人,越能和员工打成一片、称兄道弟,管理的效果就越好,其实不然。权威是管理者的标志,失去权威只会让管理者变得平庸而软弱,进而导致人心涣散。拥有权威才能显示出管理者的尊严和不凡,也才能拥有真正的追随者。

卓有成效的管理者从来不问一个员工跟自己是否合得来,他们考虑的是员工究竟贡献了什么。这就揭示出这样一个问题——适度距离管理。

著名经济学家亚当·斯密曾说过,来到公司的所有人都只有一个动力:纯粹的个人利益。这句话就道出了公司和员工的原始动力都是各自的利益。就其本质而言,管理者和员工的关系就是一种雇佣关系,管理者为员工提供利益,员工则追随其后。

因此,管理者和员工之间就必须保持适当的距离。讲到距离问题,有这样一个故事:一个寒冬的夜晚,有两只又冷又困的刺猬拥在一起取暖,由于它们身上长满了刺,根本无法靠在一起;可离得过远,又耐不住寒冷的折磨。最后,在不断的尝试下,它们终于找到了一个既暖和又不会被扎到的合适距离。管理者和员工之间的关系就像这两只刺猬,必须找到一个合适的距离,这样,你们的关系才会持久,管理者的权威才能树立。

圣人孔子说过一句话:"临之以庄则敬。"他在2000多年前就告诉统治者要用庄重严肃的态度对待民众,民众自然会尊敬你。

与员工保持距离并不是说不能和员工建立感情,相反,管理者应该和员工建立良好的人际关系。管理者和员工之间应保持一种亲密的、有距离的工作关系,让大家都明了规则后再处理工作,以此来避免员工之间不必要的猜疑、嫉妒和紧张。

距离适度的另一个要求就是管理者应保持适度的神秘感,管理者不能把所有的情况都向员工公开,不该他们知道的就绝不能让他们知道。这是让员工对管理者尊重的有效手段,也是树立管理者权威的重要表现。

总之,管理者若与员工的关系过于亲近,往往会带来许多麻烦,管理者只有适当、刻意地保持和员工的距离,才能避免不便,使员工意识到权力等级的存在,感受到管理者的支配力和权威,而这种权威对于管理者巩固自己的地位、推行自己的政策和主张也是绝对必要的。否则,员工就会因为轻视管理者的权威而怠惰、拖延,不利于开展工作。

因此,作为管理者要充分认识到这点,千万别和员工称兄道弟,而是要建立一种既紧密合作又泾渭分明的管理关系,这样才能充分发挥管理的效用。

管理者千万不要既想当员工的好朋友又想做一个称职的好主管,想两面兼顾只会里外不是人、吃力不讨好。你的员工会认为你的这种行为是典型的"两面派"做法,并对此怀恨在心。

要做到这点,关键就在于拿捏好和员工相处的"度",比较理想的做法有下面几点:

1)召集所有员工,用诚恳的语言告诉他们你作为一名主管所坚持的立场。也许你在某些方面可能会作出令他们不乐意接受的规定和要求,尽管你对此也并不赞同,但却不得不做。

2) 努力向你的员工表现你的能力和热情,坦率承认自己的错误,不懂就问。

3) 和员工保持距离,不要介入他们之间的是非,保证自己公平公正地对待每个人。

4) 不要摆出一副高人一等的姿态,这会导致你和员工关系的不和,不利于工作的开展。

一味的温和并不是好事

在管人理事中,人们一直提倡温和管理,领导要具有亲和力,如此才能得到下属的认可和热爱,尤其是在下属犯了错误的时候,要耐心开导而不是批评指责。但是一味的温和、过分的耐心也许并不是一件好事。就像一个孩子要有慈母还要有严父才能健康成长一样,单有慈母是他成长道路上的一个缺陷,甚至有可能导致其误入歧途。所以,在企业管理中,领导可以适当地运用斥责的方式鞭策个别下属的进步。

松下幸之助认为:下属身上最宝贵的莫过于他们的责任心和羞耻心。在企业经营中,为了调动下属的积极性,也可以适当地运用斥责的方式激励下属做出更好的成绩。他经常运用斥责来教导下属。他认为:有斥责才有进步,领导关心员工就要学会运用责骂这一手段。

吉诺鲍洛奇脾气暴躁,他发脾气时,毫无顾忌,直截了当,有什么说什么。他很有能力,精力充沛,智慧过人,但对下属的工作十分挑剔。一旦下属没有把事情办好,他就会对其横加指责。

一次鲍洛奇到一个即将开工的新工厂去检查工作。这时,离预定的开工时间还有3个星期,如果不能按时开工,将会给公司带来巨大的、无法弥补的损失。然而来到新厂的鲍洛奇竟怒不可遏,原来由于时间紧、任务重,鲍洛奇派到这家即将开工的新厂里工作的下属都是他的得力干将。但他看到下属个个一副狼狈不堪的样子——满脸疲惫、浑身是泥,顿时怒从心头起,更令他无法忍受的是新工厂还没有装好电灯,只有一个临时替用的电灯泡。于是鲍洛奇火冒三丈,厉声斥骂:"你们一个个无精打采,是干工作的样子吗?像你们这样的进度,公司不毁在你们的手上才怪呢!"斥责完之后,他一走了之。受到斥责的下属,自尊心颇受打击,他们加倍努力,夜以继日地拼命干,力争按期完成任务,赢得可贵的自尊。

　　鲍洛奇斥骂下属,总是因为下属的工作表现不佳。他斥责的目的,在于督促下属努力工作,是出于对公司事务的关心、对工作的负责。因此,下属总能理解他、原谅他,在他的斥责下,下属能够奋发向上、互相鞭策,因而公司发展迅速,很快就由一个家庭式小作坊成为一家拥有亿元资产的大公司。

对哪些员工可以使用斥责的技巧

　　1)有能力却不思进取的人

　　有些下属精力充沛、没有压力、不思进取,很容易满足现状,对于这种人,你就应该给他泼泼冷水,适当地指责,并且把一些重要的工作交给他。这时你可以这样对他说:"小李,这项工作就交给你了,我知道你平时工作记录不是很出色,但我希望你能尽心尽力地完成它。"听完这话后,小李肯定会有种不舒服的感觉,甚至会有不服气的感觉,他会把怒气转化到工作中,全心全力地去工作。

　　2)足够自信的人

　　因为只有自信的人在受到斥责的时候,才不会变得畏首畏脚、更加不敢往前走。有些下属虽然很有才华,但是有些自卑,总怕自己干不好,这时你若斥责他、狠狠打击他,会让他更加怀疑自己的能力。所以,对这种下属你采取行动时不要太鲁莽,要讲点方式方法。

　　3)心理承受能力好的人

　　有的下属的心理承受能力较差,自尊心很强,如果遭遇到了你的斥骂,他会认为自己没有脸面再工作了,一怒之下就会选择辞职,或者一蹶不振,那结果就适得其反了。所以,领导在斥责的时候,一定要考虑对方是不是一

个心理承受能力好的人,不要轻易斥责。

4)心态较好的人

责备的用意是希望指正对方某种方面的过失,而不是全面否定对方的人格。可是我们也知道,如果下属的心态不够好,就很容易把你的斥责当作是全盘否定,一旦出现这种情况,就适得其反了。所以,领导在责备指正下属时,除了要让下属明白你到底在做什么,还要考察对方的心态是否端正。如果不端正,则应该适可而止。

恩威并重,最高明的管理手段

管理者的影响力来自哪里?其实无非来自于两个字:一个是"权",一个是"威"。在很多人看来,管理的艺术就是"恩威并施",如何能让员工既爱又怕,既感觉到约束力,又能充分地发挥主观能动性,这几乎是所有管理者心底里最大的愿望。

"恩威并重"出自《三国志·吴书·周鲂传》"鲂在郡十三年卒,赏善罚恶,恩威并行",意思是恩惠和惩罚这两手政策并行使用。它强调的是:在实施控制时,既要施之以恩、施之以德,感化影响、说服指导,从而赢得部属的信赖;又要施之以威、施之以权,丧验所为、奖优罚劣,使部属有敬畏感。

古今中外的政治家、统治者,大都非常推崇恩威并重的管理艺术,对臣子、下属一方面施以恩惠,笼络人心,以使他们知恩图报、誓死效忠;另一方面,又极为严格地要求下属按照自己的意愿行事,稍有不符,就当面呵斥,甚至以武力和惩罚压制,以使自己的威严得以维护并更具威慑力。实践证明,这种管理艺术是极为奏效的。

可以说曹操就是一个很会笼络人心的管理者。当初他为了留住关羽,虽然被关羽过五关斩六将,也没有怪罪于他,算是给了关羽一个很大的人情。等到曹操赤壁兵败后,在华容道几乎束手就擒的时候,说起这段往事,再加上他和张辽苦苦地哀求,引得关羽起了不忍之心,终于给了他一条生路。

曹操的这个人情用在了最关键最危急的时刻,靠它挽回了一条性命,逃回了北方。可见,人情从古至今是多么的重要。

要发挥重赏驱动的威力,必须具备两个条件:第一,把赏罚结合起来。第二,恩威并施,注重感情因素的运用。曹操十分注重赏罚。宛城一战,曹操打败。事后他深刻地总结了经验教训,看出自己失败的主要原因在于对军队管理、执法不严,以致军心涣散、临阵退缩。为此,他重新制定了一套行军作战纪律,要求令必行、纪必严。

恩威并重虽然带有明显的封建色彩,但它却给了管理者一个有益的启示:作为一名管理者,既不能无恩于人,也不能无威于人,二者不管缺少哪一种,都不足以树立管理者的威信。

管理者高高在上,工作上不体恤下属的艰辛,生活上不关心下属的困难,情感上不过问下属的冷暖,这就完全背离了人性化管理的要求,是为不恩;管理者虽然谦恭低调,但却一味无原则地迁就下属,对下属的错误言行不予指正,逐渐助长下属的歪风邪气,致使他们不听指挥、不服管教、不受约束,是为不威。毋庸置疑,这两种极端都是要不得的。因此,管理者必须掌握恩威并重的管理艺术。

日本松下电器创始人松下幸之助认为,企业管理者对待下属,应该像慈母的手紧握钟馗的利剑一样,平日里给予无微不至的关怀,犯错误时给予严厉的批评或惩罚,恩威并施、宽严相济,这样才能提高管理者的威信,从而成功地驾驭下属。

松下幸之助说,慈母的手、慈母的心,是每一个管理者都应该具备的。对于自己的下属和员工,要真心地予以维护和关爱。因为他们是你的同路人,甚至是你的依靠。但同时还必须严厉,尤其是在原则和规章制度面前更应该严厉无比,分毫不让,对于那些违犯了规章制度的员工和下属,就应该举起钟馗剑,狠狠地砍下去,绝不姑息。

随身听是索尼公司最重要的电子产品之一。一次，一家分厂的产品出了问题，总公司不断收到客户的投诉。后来经过调查发现，原来是随身听的包装上出了点问题，但并不影响随身听的使用，分厂立即更换了包装，解决了客户投诉的问题。可是公司总裁盛田昭夫并没有就此罢手。

分厂厂长被叫到总公司的董事会议上，要求对这一错误作陈诉报告。在会上，盛田昭夫对他进行了严厉的批评，并要求公司上下引以为戒。这位厂长已经在索尼公司干了几十年，这是他第一次在大庭广众之下受到如此严厉的批评，所以他感到异常难堪和尴尬，禁不住失声痛哭起来。

会议结束后，他精神恍惚、有气无力地走出会议室，正考虑着准备提前退休。突然盛田昭夫的秘书把他叫住，热情地邀请他一块儿出去喝酒。在酒吧里，这位厂长不解地问："我现在是被总公司抛弃的人，你怎么还这样看得起我呢？"盛田昭夫的秘书回答说："董事长一点也没有忘记你为公司作的贡献，今天的事情也是出于无奈。会议结束后，他担心你为这事伤心，特地派我来请你喝酒。"

接着，秘书又说了一些安慰和鼓励的话，这位厂长极端不平衡的心态这才稍稍缓和了一些，喝完酒，秘书又把他送回家。刚一进家门，妻子迎上来对他说："你真是一个备受总公司重视的人！"

这位厂长听了感觉很奇怪，难道妻子也来挖苦自己？这时，妻子拿出一束鲜花和一封贺卡说："今天是我们结婚20周年的日子，你都忘记了！"

这位厂长更加疑惑不解了："可是这跟我们总公司又有什么关系？"原来，索尼公司的人事部门对每位员工的生日、结婚纪念日等重要节日都有记录，每逢这样的日子，公司都会为员工准备一些鲜花、礼品。只不过今年有些特别，这束鲜花是盛田昭夫特意为这位厂长订购的，并附上了他亲手写的一张贺卡，以勉励这位厂长继续努力。

盛田昭夫不愧为一个恩威并重的高手，为了总公司的利益，他对下属的错误不能有丝毫的宽贷，但考虑到这位厂长是位老员工，而且为索尼公司作过突出的贡献，为了有效地激励他改正错误，更加积极努力地为公司效力,又采取了请喝酒、送鲜花的方式对他予以安抚和鼓励。盛田昭夫这种恩威并重的管理方法,被很多人称为"鲜花疗法"。

那么,管理者如何做到恩威并施呢?

1)以人为本顺民意

管理者应该对下属多一些人文关怀,放下架子主动和下属多接触、多交流、多谈心,以清楚地了解他们的心理所需,并给予他们力所能及的帮助;切忌以领导自居,高高在上,对下属不闻不问,甚至拒人于千里之外。此外,管理者在作重要决策时要民主一些,主动征求下属的意见,以争取下属最广泛的理解和支持。

2)赏罚分明树正气

管理者如果有功不赏、有过不罚,必然无法鼓舞士气,激发下属工作的积极性,这样一来,整个企业团队就会逐渐丧失凝聚力和战斗力,必然导致政令不畅。因此,身为管理者,必须做到赏罚严明,赏要赏得众望所归,罚要罚得心悦诚服,这样才能树立起管理者的权威。

3)刚柔相济立威仪

对待下属,管理者应以亲善为主,面带微笑,让下属如沐春风。管理者如果总是冷若冰霜,一脸严肃,下属就会敬而远之。但是,管理者也不能做没有原则的老好人,对待下属的错误言行必须及时指出,晓之以理,动之以情。如果下属所犯的错误比较严重,必须予以相应的批评和惩罚。这样,管理者才会既有亲和力,又有不怒而威的威仪。

施威不忘善后,别让下属记恨

有的人丢不起面子,一旦感到受了羞辱,就会怀恨在心,伺机报复,所以领导者一定不要让下属记恨,尤其是在施罚这个容易招恨的事情上,领导者一定要注意公心执法,让下属心悦诚服,虽受罚而无怨。

无论以前还是现在,为人下属容易产生这样的心理:自己犯了错,不愿承认,不愿认输,努力保全面子,一旦受到领导惩罚,使其在众人面前脸面丢尽,那么这时便会对领导人记恨在心,甚至拿出"宁为玉碎,不为瓦全"的气概跟领导斗个天翻地覆。

一旦这种现象发生,不但下属心理畸变,无心工作,扰乱正常秩序,而且容易形成内部纷争,祸起萧墙,离心离德,从整体上削弱集体的竞争力。

领导者要想不招下属的怨恨,首先就不要让下属积怨。

要做到这一点,就要多听取下属的意见,多关注下属的反应,不能粗暴地对待下属,不能让下属的不满累积起来。

"水可载舟,亦可覆舟",下属就像水一样,如果领导者行为不端,致使民怨沸腾,可就有翻船的危险了!

要避免民怨过多,领导者就要做到以下几点:

(1)关注下属在工作上的意见,尽快解决可以解决的问题,消除下属可能产生的不满。

(2)关怀下属的生活,不要让下属因生活质量太差而怀恨在心。

(3)对下属以礼相待,尊重下属的不同意见,不羞辱下属的人格。

(4)领导做了错事,要勇于承担责任,敢于坦率认错,不可推诿责任给下属,不可使下属产生愤懑和委屈。

领导和下属要形成鱼水之情,水无鱼不活,鱼无水不存,两者要相互依存,相互尊重,切不可让下属积累不满,站到自己的对立面去。

下属记恨的多是领导者对他的惩罚,所以领导者必须公心执法,要让下属心悦诚服自愿接受惩罚。

诸葛亮是严罚而不招恨的典范。他挥泪斩马谡,马谡在头颅落地那一刻还在感激丞相没有把他满门抄斩,而答应善抚他的妻儿的恩情。

诸葛亮治理蜀国时不用严刑峻法,不纵容奸小,而是坚持公心执法,让受罚者心服口服。

史称诸葛亮执法甚严,参谋法正看不过去便忠告说:"以前汉高祖攻陷秦都咸阳时,公布《法三章》,受到苦于暴政的百姓欢迎。丞相何不也放宽法律,响应老百姓的期待？"

诸葛亮回答说:"你只知其一,不知其二,秦朝老百姓苦于无道的暴政,所以高祖放宽法律才受到老百姓的欢迎,得到天下。但蜀之前主刘璋既不施恩惠也不科刑罚,施行极其优柔寡断、见风使舵的政治。我为了改善这种混乱的风气,所以采用严法,有功的人就赏,有罪人就罚。治世要用大德,不能施小惠。刘璋每年都颁布大赦令,但老百姓不会珍惜,所以政治一塌糊涂。"

人家评价诸葛亮严罚而不招怨恨时说:"只要立功,无论身份多么卑微,诸葛亮必赏之;如果犯罪,无论地位多么高,诸葛亮必罚之,绝对没有私心。正是这一点能够凝聚人心,促进团结。"

治理时不在乎你严不严,而在乎你公不公。武侯祠前的对联说得好:"能攻心,则反侧自消,自古知兵非好战;不审势,则宽严皆误,后来治蜀要深思。"

一般人极爱面子,一旦感到受了羞辱,丢了面子,必然会千方百计伺机报复,否则,他就会感到一辈子做不起人,是谓"有仇不报非君子"。一件很小的事如果处理不好就会记恨在心,所以对下属一定要以礼相待,不要以为没有大事就心生懈怠,不要以为下属现在对你言听计从就没有心怀不满。不论下属的地位多么卑微,也不要轻侮他,因为"君子报仇,十年不晚"。但是,治理时也不能因害怕招下属记恨而不施惩罚,下属是否会心怀怨恨不在于你罚他重不重,而在于你的处罚是否公平。只要你持心公正,公心执法,下属是会心悦诚服的。

领导者在工作中,不免有生气发怒的时候。发怒,足以显示领导者的威严和权势,对下属构成一种令人敬畏的风度和形象。应该说,对那种"吃硬不吃软"的下属,适时发火施威,常常胜于苦口婆心。

上下级之间的感情交流,不怕波浪起伏,最忌平淡无味。有经验的领导者在这个问题上,既敢于发火震怒,又有善后的本领;既能狂风暴雨,又能和风细雨。

在平时工作中,适度适时地发火是必要的,特别是原则问题或在公开场合碰了钉子时,或对有过错的人帮助教育无效时,必须以发火压住对方。当领导人确实是为下属着想,而下属又固执不从时,领导发多大火,下属也会理解的。

但是,发火不宜把话说过头,不能把事做绝,那样的话就起不到说服的目的了,而应注意留下感情补偿的余地。领导人话一出口,一言九鼎,在大庭广众之下,一言既出,驷马难追,而一旦把话说过头则事后骑虎难下,难以收场。所以,发火不应当当众揭短,伤人之心,导致事后费许多力也难挽回。

发火应当虚实相间。对当众说服不了或不便当众劝导的人,不妨对他大动肝火,这既能防止和制止其错误行为,又能显示出领导人具有威慑性的力量。但对有些人则不宜真动肝火,而应以半开玩笑、半训斥的方式去进行。使对方不能翻脸又不敢轻视,内心有所顾虑——假如领导认真起来怎么办?

另外,发火时要注意树立一种被人理解的"热心"形象,要大事认真,小事随和,轻易不发火,发火就叫人服气,长此以往,领导者才能在下属心中树立起令人敬畏的形象。日常观察可见,令人服气的发火总是和热诚地关心帮助联系在一起的,领导者应在下属中形成虽然脾气不好,但心肠热的形象。

日常发火,不论多么高明总是要伤人的,只是伤人有轻有重而已。因此,发火伤人后,需要及时地善后处理,因为人与人之间,不论地位尊卑,人格都是平等的。妥当的善后要选时机,看火候,过早了对方火气正旺,效果不佳;过晚则对方积愤已久,不好解决。因此,以选择对方略为消气,情绪开始恢复的时候为佳。

正确的善后,要视不同的对象采用不同的方法,有的人性格大大咧咧,领导发火他也不会放在心里,故善后工作只需三言两语,象征性地表示就能解决问题。有的人心细明理,领导发火他能理解,也不需花大功夫去善后。而有的人则死要面子,对领导向他发火会耿耿于怀,甚至刻骨铭心,此时则需善后工作细致而诚恳。对这种人要好言安抚,并在以后寻机通过表扬等方式予以弥补。还有人量小气盛,则不妨使善后拖延进行,以天长日久见人心的功夫去逐渐感化他。

用铁的纪律约束每一个成员

春秋时期，齐景公派司马穰苴为将，率军抵御晋国和燕国的军队，并以宠臣庄贾为监军。庄贾因喝酒迟到，被司马穰苴按军法处斩，齐景公并未因此责怪司马穰苴，更在后来提拔他任大司马。汉文帝时，周亚夫驻军细柳（今陕西咸阳市西南），以防备匈奴入侵。汉文帝慰劳军队时，守门士兵严奉周亚夫之命，无军令之人不得出入营门、不得在营内驱驰，即使天子的车队也不例外。文帝并不认为自己受到冷遇，反而予以嘉奖。司马穰苴和周亚夫之后均取得了巨大的战绩。

著名的前苏联教育家马卡连柯曾说过："遵守纪律风气的培养，只有领导者本身在这方面以身作则才能收到成效。"作为一名领导，在规则和纪律面前，要身先士卒、以身作则，只有自己做好了榜样，才有资格去批评和引导那些没有遵守纪律的人。

领导者要以身作则遵守纪律

俗话说："正人先正己。"要求别人做到的，领导自己必须先做到，要求别人不做的，领导自己必须坚持不做。只有这样，才能给下属们积极的影响，使他们不敢轻易触碰纪律和规则的底线。

曹操就是这么做的，他治军严厉，多次下达和颁布各种命令，要求严明军纪。因为他非常清楚，一支队伍如果没有纪律，是无法战胜敌人的。在树立纪律意识方面，曹操能做到以身作则，实为不易。

有一次，曹操在行军的时候下达了一个命令：不得践踏农田，要保护农民辛苦种下的麦子。如果谁的马践踏了麦田，就要处以死刑。所以，经过麦田时，曹操的骑兵全部下马步行，一只手牵着马，一只手拿着武器，用兵器把麦子护住，小心翼翼地行走。曹操坐在马车上前行，结果马儿受惊了，一下子向麦田奔去，践踏了麦田。

当马儿停下来后，曹操立刻下马，把军法官叫来说："我的行为该当何罪啊？"军法官说："按照丞相的规定，应该是杀头罪。"曹操说："好吧，请你行刑吧。"

军法官怎么可能行刑呢？他喊道："那怎么可以呢，古代的传统是，刑不上大夫，礼不下庶人，法不施于尊者。丞相作为一军统帅，怎么能杀头呢？"这时候曹操的谋士荀彧说："主公，我们这次出战，怎么少得了主帅您呢？"

曹操说："那没办法，我先把头记在这里，让我戴罪立功，不过我必须受罚，那就割发代首！"说着曹操叫人拿来宝剑，割了一把头发，表示自己受过罚。然后，曹操传令，将他割发代首的事情传至三军，让大家引以为戒。

在《曹瞒传》中，作者说曹操是在做秀，是在骗取人心，以这个故事说明曹操虚伪、奸诈，认为踩了麦田要杀头，结果你却弄个头发下来。其实不然，曹操这样惩罚自己，也是很重的刑的。这叫髡刑，髡刑就是把头发剃掉。古人认为身体发肤受之父母，是不可以放弃的。因此髡刑是带有侮辱意味的刑罚。所以，曹操是受了刑的，这表明曹操以身作则、执法严明。

今天当我们读到这个故事时，不管曹操当时是不是做秀，他作为最高统帅，能做到以身作则，这种遵守纪律的精神，也值得我们学习。在一个团队内，职位越高影响力越大。因此，如果老板犯错了而不按照规定受罚，那么就会产生很坏的影响，员工会在心里表示不满。而曹操的做法是执法严明，给下属树立了一个正面的榜样。

在联想集团，董事长柳传志有许多传奇故事，其中有一则就是他严于律己、迟到罚站的。联想集团每周都会举行办公室例会，有一段时间，一些领导由于多种原因经常迟到，于是会议没法正常召开，大家只好坐在那里等领导来,这样浪费了很多宝贵的时间。

柳传志发现这个问题后,补充了一条会议纪律:凡迟到者,都要在门口罚站5分钟,以示警告。纪律颁布后,迟到现象得到了很好的纠正,被罚站的人也少了很多。

可是,有一次柳传志因为特殊情况迟到了,他走进会场后,大家都在等着看他怎样解释和面对。柳传志首先诚挚地向大家道歉并解释迟到的原因,然后他很自觉地站到大门口罚站5分钟,这件事很快就传开了,整个联想集团的员工都为柳传志5分钟罚站而喝彩,其效果也是不言而喻的。

柳传志的做法与当年曹操割发代首异曲同工,他们都是在用实际行动为大家做表率。面对自己犯的错,他们没有找借口搪塞,更没有只字不提逃避过去,而是勇敢地承认错误,然后按照定下来的纪律来惩罚自己。

作为公司的老板,公司的各种规定大都是老板与高级管理者共同制定出来的。如果这些规定只是给普通员工制定的,那么这无形中就是告诉员工:领导和员工是不一样的,在同样的错误面前,受到的"待遇"是截然不同的。这等于是把领导分为一派,把普通员工分为一派,这样就容易导致领导失去威信,不利于整个团队凝聚力的形成。如果你不希望公司出现这些不良后果,就要学会以身作则,为普通员工树立一个好的榜样。

在有着和谐氛围的公司里,领导从来不认为自己高人一等,他们和普通员工是平等的,当领导犯错了,员工敢于指出领导的错误。美国TBM公司董事长沃森身上发生过类似的事情。有一次,沃森陪同一个国家的王储参观工厂,走到门口时,被两位警卫拦住了:"对不起,先生,您不能进去,进入IBM的厂区需要佩戴蓝色的胸牌,进入行政大楼的工作人员佩戴的是粉红色的胸牌。您佩戴的是粉红色的胸牌,因此不能进入厂区。"

沃森的助理彼特对警卫叫道:"这是IBM的董事长沃森,你们难道不认识吗?现在我们要陪重要的客人参观,请你让开。"警卫说:"我们当然知道这是沃森董事长,但公司规定必须佩戴蓝色的胸牌,所以,我们必须按照规定办事。"

这件事给沃森很大的感触,他认识到自己作为领导,没有做好表率。因此他非但没有责怪警卫,还表扬他们,然后安排助理赶快更换了胸牌。

看看这些大公司的领导,他们对待公司的规定,从来都是一视同仁地遵守的。即便他们也违反过公司规定,但他们能及时认识到错误,并且会按照规定处罚自己,这种认错和守纪的意识,是值得我们学习的。

对于一个企业而言,如果没有制度和纪律,就必然会造成整个企业执行力的缺失,以及部门的内耗、操作系统的紊乱。所以,在一个企业里,敬业、服从、协作等精神永远都比任何东西重要。当然,这些品质不可能与生俱来。所以,对员工进行培训和灌输纪律意识显得尤为重要,就像军队不断要求每个人的着装和仪表一样,最后是要让所有人都明白:"纪律只有一种,这就是完善的纪律。"

当然,从学习规则、遵守纪律、树立纪律意识、刻意使自己的行为服从于纪律,到自觉把纪律变成自己的习惯,需要一个较长的过程,需要克服自身许多不完善之处。但只有把纪律变成习惯,才能具备持久的战斗力。

每一个企业员工都要具有强烈的纪律意识,在不允许妥协的地方绝不妥协,在不需要借口的时候绝不找借口——比如质量问题、对工作的态度等。

对组织而言,纪律就是有形的规章制度和无形的企业文化,属于约束行为的范畴。但是对管理者则有着更深一层的意义,纪律是管理者个人本身的管理品格。组织的运作需要有明确的规章制度作为行事规范,但是要让规章制度发挥效用,就需要管理者有以身作则、落实纪律的精神,一位没有纪律的管理者是无法有效地领导团队的。

在组织中,恪守纪律是管理者赖以执行职务的要素,它代表着管理者对工作的态度、对角色职务的尊重以及对组织的承诺。我们知道管理工作本身是极为复杂的过程,面对不同且快速变化的人与事,若是不能维持纪律的精神就容易迷失方向,影响团队目标的实现。许多管理者之所以会身陷经营困境,其主要原因就是个人及团队失去纪律的精神,处理事务无法持之以恒。

　　卡莉·菲奥丽娜女士在接任美国惠普科技公司总裁时，特别强调："新一代的领导方式不再是掌握信息，信息只是一种每个人都可以享用的工具。因此，惠普倡导一种新的领导方式，这就是制定一个框架让员工去自由发挥。当员工愿意主动承担企业所面对的问题时，就能引发他内心的热情与动力，激发出创新与思考，使得企业与员工都受益。但不可以逾越企业整体发展的全局框架，这种框架既代表着员工个人的发展空间，也代表着企业组织的纪律要求。"

　　纪律是组织促使创新变革发挥效益的关键。组织要保持成长的原动力，就必须持续进行创新与改革，要想在企业经营中持续改革，那么纪律就是不可或缺的要素之一。在改革中必然会遭遇到许多困难，这时需要的绝不只是能力，要能随变化而快速地采取行动，依靠的是个人及团队的纪律。唯有纪律才不会失去方向，才可以有效地成功应变。

　　对管理者而言，纪律除了有约束他人的部分外，更重要的还是自律。纪律从某种意义上讲就是实践自己的价值观，它是个人智慧、技能与修养的具体表现。纪律的目的不是限制他人，而是自我的要求，纪律的表现不只影响自己的角色定位，也牵动着与团队成员的关系。同时，纪律的扩散性及影响力，能由管理者个人扩散到团队全部，达到上行下效的效果。

　　纪律不仅可以避免犯错，也是成功的基础。优秀的管理者绝对不要轻视纪律的能量。只要团队每个成员都永远铭记着团队的律条，那么这个团队就拥有了美好的未来。

　　中国古代曾发生多次下层民众暴乱，将领往往打着杀富济贫的口号，深受底层广大民众的支持。但随着势力的扩大，将领难以约束普通士兵，就会出现军令不严、纲纪不明的情况，民众之师变成扰民之师，最后走向失败。应该说，孙子所提出的修道保法的主张，在任何时代都具有现实的意义。

惩罚是一种反向激励

员工违反了纪律,该怎么办?当然是要惩罚,惩罚的最高境界在于能让受罚者心存感激,并找到前进之路;处罚绝不是冷酷无情,只要运用得当,处罚完全可以和正面奖励一样激励人,甚至比正面奖励还要积极有效。

管理者在管理员工时常常会遇到这样一个难题:是以奖励为主,还是以惩罚为主。这主要涉及管理学中的X-Y理论。该理论是由美国著名行为科学家、人性假设理论创始人道格拉斯·麦格雷戈提出的,X理论即性本恶理论,该理论认为:人天生不喜欢工作,只要可能,他们就会逃避工作;由于人不喜欢工作,所以必须采取强制性措施或惩罚办法,迫使他们工作,以顺利实现组织目标;人只要有可能就会逃避责任,安于现状;大多数人都喜欢安逸,没有雄心壮志。Y理论即性本善理论,该理论认为:要求工作是人的本性;在适当条件下,人们不仅愿意,而且能够主动承担责任;个人追求满足欲望的需要与组织需要之间没有矛盾;人对于自己新参与的工作目标,能实行自我指挥与自我控制。

如果管理者认同X理论,激励员工时就会以奖励为主,通过奖励来激发员工的工作热情,提高员工的工作积极性;如果管理者认同Y理论,激励员工时就会以惩罚为主,通过严惩来规范员工的行为,使员工在制度规范的约束下专心致志地工作。事实上,在具体操作过程中,管理者往往需要奖惩并用、赏罚分明,才能起到有效的激励作用。但是当具体到一件事情当中,尤其是员工犯错误时,管理者则应该以惩罚为主要激励手段,因为不惩罚就不能起到杀一儆百的作用,不惩罚就不能体现企业规章制度的严肃性,不惩罚就不能显示管理者的威严。

但在现实的组织管理中,惩罚管理的现状却令人担忧。主要体现在以下几方面:

(1)企业惩罚手段呈现简单化和两极化。尽管大多数企业都将惩罚分为口头批评、一般处罚、严厉处罚、辞退几级,但在实施惩罚过程中,众多企业用的更多是批评和辞退两种。这种情况在外资企业尤为突出。这固然是由于口头批评与辞退易于操作和执行,而一般处罚和严厉处罚则较难确定标准及统一实施,但更反映了许多企业疏于管理,为了追求高效率而不惜将管理简单化的现实。

(2)员工对企业惩罚制度的满意度普遍较低。惩罚作为一种管理手段,若不能为被管理者认可,就是极不成功的,即使短期内奏效,也会埋下长期的祸根。"员工论事,先及人",往往使员工一时间不知自己错在哪里,等到恍然大悟时,怨恨和抵触情绪早已生根了,惩罚的教育功能也无从发挥了。

当然,我们所说的惩罚并不是单纯的惩罚,而是变惩罚为激励,变惩罚为鼓舞,让员工在接受惩罚时心怀感激之情,进而达到有效激励的目的。这就是惩罚的艺术性。

某企业发生过这样一件事情:一名员工工作非常积极努力,但就是有些自以为是,他认为自己负责的一项工作流程是应该改进的,但是他的主管和部门经理坚决反对他这样做,并且命令他严格遵守原来的工作流程。一天,这名员工私自改变了工作流程,主管发现后严厉批评了他,他不但没有接受,而且认为主管有私心,就和主管吵了起来。主管把问题反映到部门经理那里,部门经理也声色俱厉地批评了他,他还是不服。于是部门经理又把问题报告给了总经理。结果,总经理不但没有批评他,而且和他亲切交谈起来。在交谈过程中,总经理发现他很有想法,他说的那项工作流程的确应该改进,而且他们还聊出了很多现行工作流程和管理制度中存在的不足之处。就这样,总经理用朋友式的平等交流,让这名员工感受到了被重视和被尊重。结果自然皆大欢喜,这名员工不但主动承认了错误,心悦诚服地接受了处罚,而且一改往日自以为是的傲气,积极配合上级领导的工作,工作热情也大大提高了。

员工犯了错,给予处罚是理所当然的事。但怎么罚才更有效呢?并不能简单地一罚了之,还需要讲究点艺术性。故事中这位总经理的高明之处就在于:巧妙地变"罚"为"奖"。不仅让员工心悦诚服地接受了处罚,还纠正了员工的不良习气,大大提高了员工的工作热情。

在上述案例中,还隐含着一个管理者如何赢得人心的问题,也就是说,在必须处罚的前提下,管理者的惩罚方式一定要深得人心。故事中那位员工之所以心服口服地接受了处罚,最关键之处就在于他的意见被总经理采纳了,他的才能得到了总经理的肯定。这样一来,对他的处罚就比他心理预期的要轻得多了。这就相当于他准备拿100元买这次错误,结果却只掏了50元,他岂能不高兴、不感激呢?而且,在与总经理朋友式的交谈中,他认识到自己做错了,这是主动、积极地,而不是在领导的强权压力下消极、被动地改正错误,这不仅有利于他改正错误,而且不会留下"后遗症",杜绝了错误反弹的可能性。

此外,朋友式的平等交流还会使员工有被尊重感,有某种意义上的心理满足感,员工会感觉到这样的管理者可信赖,能解决实际问题,因此就会把自己内心的想法毫不保留地说出来,这就等于让员工积压已久的意见得到了倾诉,心理压抑感得到了解除,这样一来,员工岂有不高兴、不感谢之理呢?所以说,这种惩罚方式可谓一箭三雕:既达到了惩罚激励的目的,又赢得了员工的心,而且还有利于从根本上解决问题。

由此可见,要想让员工心悦诚服地接受处罚,一定要在处罚的外面包上一层柔软的、富有人情味的外衣。

某公司的处罚措施一直让员工们口服心不服,所以执行起来很有难度。于是,该公司决定重新制作处罚单。经过一番斟酌,公司总经理在原有的基础上把有关项目及形式做了合理改进后,又在处罚单上加上了一句话:"纠错是为了更好地正确前行。"而且还把标题"处罚单"三个字改成了"改进单",以减弱处罚在员工心理上造成的负面影响。处罚单印出来之后,大家都说这样的处罚单一定会比以前的效果好,因为以前的处罚单都是清一色的严肃面孔,一句多余的话都没有,如今在上面加上了一句富有人情味、教育性和启迪性的话,处罚单的面孔立即由严肃、冷酷,变得慈祥、柔和了。而且,当员工接到处罚单时,看到了这句话,心理上会产生一系列变化,由本能的反感、抵触、反抗到理解、认知、接受,再到改正错误,所以,把标题改为"改进单"再合适不过了。

实践证明,这种小小的改进意义重大,员工不但对处罚没有抵触心态,而且工作错误率大大降低了。

这就是处罚的艺术。处罚原本是反面教育,这样一改,就变成了正面教育:鼓励员工改正错误,激励员工向正确的方向前进。

具体执行惩罚时,管理者必须首先认识到惩罚是一种教育手段,合理的惩罚教育才能取得较好的教育效果。其次,还必须始终坚持公平性原则、适度性原则,面对因懒散、失职或渎职所造成的不良后果时,控制反感和恼火的情绪,保持理智冷静的态度,作出合情合理的判断和决策,使错罚相当。此外,还应注意以下几个原则:

惩微原则

古人常说:"勿以善小而不为,勿以恶小而为之。"人的微小善举,不一定要给予正式的奖励;然而,人的微小恶行,却不能不给予某种形式的惩罚。因为人们的不当行为,一般总有个量的逐步积累过程,应将问题解决在萌芽阶段,防微杜渐,甚至在问题还未出现前就预测到可能的倾向,及早采取措施,尽可能少地依赖惩罚措施。即使必须惩罚,也要遵循惩微性原则。优秀的管理者总是能做到未雨绸缪,在部属滑向泥坑前,及时设立"禁止通行"的黄牌,或者对初犯者予以适当的批评、惩责,以免将来病重时下猛药。所以,管理者应注意各类小问题的发展及其对众人的影响,要重视"惩微"以"杜渐"。

沟通原则

惩罚总发生在员工的不当行为之后,要惩罚他,必须了解他做了什么错事,违反了什么规定,更要弄清楚他为什么违反这个规定。比如一个一向工作认真的文秘近期总是打错字或迟到,管理者就有必要在做出惩罚之前和她进行有效沟通,弄清情况,查明原因。若她的错误源于可以原谅的原因,但为了严肃纪律,表明公司制度的公正而不得不罚,此时,也会使她口服心服。

及时原则

根据中止原理,当员工的错误行为开始出现时就给予及时的惩罚,这样错误的行为就会与惩罚所起的焦虑、恐惧等经验相连接,那么员工就不得不中止行为,惩罚也会相应结束。这样员工会清楚地认识到:惩罚的引起与结束都是自己的行为造成的,以后就会避免出现类似行为。如果在员工不当行为发生之后很久才施以惩罚,就会使他不十分清楚受罚的原因,甚至有些员工还会认为是管理者对他个人有意见而故意找碴。

反馈原则

惩罚只教人们不做什么,而没有教人们去做什么。因此,管理人员在实行惩罚的同时必须给员工指明替代性行为,当员工作出了管理层所希望的替代行为时,最重要的是管理人员及时地给予反馈,对此进行正面强化。如果员工受公司派遣外出学习,但未能较好地完成学习任务,如未能通过结业考试,公司罚他自负一半费用,同时限期完成学习任务,达到结业要求,若此员工如期完成任务,那么另一半费用则由公司负担。当一项惩罚措施执行之后,并不以此为对某个人不良行为管理的结束,而是管理者向员工指出了"限期改正"这样的替代行为,并对这种替代行为符合要求的程度给予及时的反馈。

综合原则

惩罚过程涉及的因素一般包括:执罚的方式、惩罚的类型、被罚者的态度等,在实践中要综合地协调和处理各要素之间的关系,使之发挥系统的最大功能。

适度挑拨,激起良性竞争

儒家传统认为仁者无敌,与这种理想主义色彩极浓的看法相比,孙子这类经过战火淬炼的有识之士固然重视修明政治,但决不放弃用武力来打击敌人,他们更强调现实的效果。

三国时郭嘉认为袁绍有十败,而曹操有十胜,其中就谈到:"桓帝和灵帝以来,纲纪废弛。袁绍仍以宽治国,曹操却能以猛纠弊;袁绍是非混淆,曹操法度严明。这是法制方面曹操所占的优势。另外,袁绍用人多用亲戚故旧,曹操则唯才是举。袁绍好名嫉贤,只关心亲近之人,对普通百姓并不关注;曹操则以诚待人,善待众生。这是曹操在国家仁政方面优于袁绍。"因此,郭嘉断定曹操在战争中会取得胜利。

在现代企业中,领导为保持企业活力,在适当的条件下,要适时适度地在下属之间进行挑拨以激发冲突,从而为企业赢得一些良性的竞争,保持企业经营活力。从某种程度上说,这种良性的竞争是需要的,而且是必不可少的。

谁说冲突都是不利的

20世纪40年代中期以来,人们普遍认为冲突是有害无益的,它不利于组织中正常活动的进行,只能起到破坏作用,因此要采取措施加以避免。但是,近些年来,这种观念有了很大程度的改变,冲突并不一定会导致不幸,有些冲突可能成为有利于组织工作的积极动力。

尽管没有一个明确的方法来评估是否需要增加冲突,但以下十条会对你有所帮助。如果你对其中的一个或多个问题的回答是肯定时,便表明需要激发冲突。

√你是否被"点头称是的人"所包围?

√你的下属害怕向你承认自己的无知与疑问吗?

√决策者是否过于偏重折中方案以至于忽略了价值观、长远目标或组织福利?

√管理者是否认为他们的最大乐趣是不惜代价维持组织单位中的和平与合作效果?

√决策者是否过于注重不伤害他人的感情?

√管理者是否认为在奖励方面,得众望比有能力和高绩效更重要?

√管理者是否过分注重获得决策意见的一致?

√员工是否对变革表现出异乎寻常的抵制?

√是否缺乏新思想?

√员工的离职率是否异常低?

另外,良性的冲突会增加人们互动的机会,是提供统一认识的前提,使内在矛盾外显,为组织消除内部不平衡、协调人际关系奠定基础,从而成为组织中的积极动力,而且其中一些冲突对组织或组织单元的有效运作是绝对必要的。毕竟,在一个企业中,有时一些意见上的分歧是十分必要的。如果人们认为持异议或不赞同是一种很自然的事情,并且不把争论看作一种威胁而是看作一种健康的行为,那么你的部门会因此受益匪浅。因为,如果我们对什么都保持一致,就不会有挑战,不会有创造性,也不会有相互的学习和提高。

利用下属竞争好胜的心理激起良性竞争

宋岩是一家公司的领导,近来他属下的一家子公司的下属总是完不成定额。原因是,子公司的下属分为白班和夜班两组,平时这两组人员常常发生冲突,谁也不把谁放在眼里,在工作上他们也是不断较劲儿,看到白班的下属工作散漫、不认真,上夜班的人当然也就不会吃亏,不会去卖命工作,而是比白班更散漫。这样下去,工作自然很难完成。

该公司的领导几乎用尽了一切办法——劝说、训斥,甚至以解雇相威胁,但无论他采用什么办法都无济于事,下属还是完不成任务。鉴于此,宋岩决定亲自到该公司处理这件事。

宋岩在该公司领导的陪同下到公司巡视。这时,正好是白班下属要下班、夜班下属要接班的时候。宋岩问一位下属:"你们今天炼了几炉钢?""5炉。"下属回答道。

宋岩听了下属的话，一句话也没说，拿起笔在公司的公告栏写了"5"字，然后就离开了。夜班下属上班时，看到公告栏上的"5"字，感到很奇怪，不知道什么意思，就去问门卫，门卫把领导到公司视察写下"5"字经过讲述了一遍。

次日早晨，白班下属看到公告栏上的"6"字后很不服气，心里想：这不是明摆着给我们难堪，让我们下不来台吗？于是大家一起努力，到晚上交班时，白班下属在公告栏上写上了"8"字。

时间一长，下属的最高日产量竟然达到了16炉，是过去日产量的3.2倍。结果这个平日落后公司的产品质量很快就超过了其他公司。

宋岩利用人的好胜心理，用无言的挑拨，激起了下属之间的良性竞争，不仅巧妙解决了该公司完不成定额的问题，还使下属处于自动自发的状态，最终促进了企业的健康发展。

作为企业的领导，对待冲突不可放任不管，也不可采取全部抑制的态度。由于传统的人际管理模式存在着许多弊端，企业要真正成为一个团结一致同舟共济的整体，就必须建立一种新的人际冲突的管理模式。在这种模式中，人力资源管理部门起主导作用。人力资源部门不仅要积极预防人际冲突的产生，还要积极处理冲突，更要激发良性冲突，抑制消极性后果的产生，推动积极性后果的产生。

领导该如何适时激发冲突

那么，领导怎样适时适度地激发冲突，就是积极引导良性冲突，采取措施防止恶性竞争的出现呢？

具体有以下方法：

(1)创建正确完善的业绩评估机制。以实际业绩为根据来评价下属的能力，不可根据其他下属的意见或是领导的好恶来评价下属的业绩。评判的标准尽量要客观，避免主观臆断。

(2)创建公开的沟通交流体系。让下属多接触、多交流,有话当面说,开诚布公地表达自己心中的想法,以利于消除误解和隔阂,增进友谊和团结。

(3)严惩那些为了谋一己之利而用各种手段攻击同事、破坏部门正常工作秩序的下属,不要让一粒老鼠屎坏了一锅汤。

此外,遇到下手个人之间的冲突,领导最好是单独私下里听双方的陈词,但不要急于表态肯定谁或否定谁,避免火上浇油激化冲突。

驾御矛盾,掌握全局

下属有矛盾是正常的。作为一个企业管理者来说,处理下属的矛盾有多种方法,必须分清情况,灵活对待。

凡是需要管理的地方,都会有矛盾存在。更何况企业家面对的下属。出现一些矛盾,出现一些纠纷,都是正常的。处理下属的矛盾,必须坚持这样一个原则:有利于企业工作。

在坚持这个原则的前提下,可以有多种方法:

一是积极化解矛盾

企业中,几个副总之间也好,副总与部门经理之间也好,科室领导之间也好,有矛盾是避免不了的,但绝不能影响工作。

如果分管财务的副总,不顺利给其他副总报账;分管生产的副总,看不到一张生产进度报表。出现这种情况,企业的管理就很麻烦了。把私人成见拿到工作上,是绝对不允许的。

这个时候,作为一个企业管理者,要尽量做好他们的工作,尽量让他们言归于好。

孙权就是这样做的。

孙权从18岁开始当一把手,一直到70岁从皇帝的位置上死去,在位52

年。他一生中，经历了无数的沟沟坎坎，他最大的特点，就是会管人。

孙权一直在想办法化解凌统与甘宁之间的矛盾。

要化解他们俩的矛盾实在太难了。因为他们之间不是一般的矛盾，而是有着不可调和的仇恨。

建安八年十一月，孙权带兵伐黄祖。凌统的父亲凌操作为大将，带兵杀入夏口，被当时黄祖的大将甘宁一箭射死。当时，凌统才十五岁。

甘宁投奔孙权以后，以自己的智勇善战，甚得孙权赏识。凌统从父亲手中接过战刀，在孙权手下，出生入死，屡建功勋，也是孙权的爱将。

甘宁投奔孙权不久，在一次宴会上，凌统在席上大哭而起，拔剑直刺甘宁，幸被众将救下。孙权对凌统说："那个时候，各为其主，战争中出手伤人，也是各尽其力。现在既然为一家人，何必再提旧仇？务必看在我的面子上，不要争斗。"

凌统说："杀父之仇，我怎么能不报？"仍然怒视甘宁。

孙权一边劝解，一边让甘宁带兵去守夏口。同时，加封凌统为承烈都尉。

甘宁对孙权的良苦用心颇为感激，就带兵到夏口去了。凌统见孙权亲自相劝，又加官进爵，也只得含泪而止。

但凌统须臾也没有忘记对甘宁的仇恨。

赤壁之战后，孙权带兵进攻合肥。一次在皖城大犒三军，庆功筵席上，凌统见甘宁多受追捧，不禁怒上心来，拔下部下腰中的佩剑，走到席中间，说："筵席上没有乐器，我来舞剑助兴。"甘宁当然知道凌统之意，就纵步而出，说："我来使戟为乐。"吕蒙一见这个场面，心知不妙，就提刀进入他二人中间，说："你们都不如我的刀巧。"有意把他们分开。

孙权听人报说筵席上的事后，慌忙骑马赶来，把他们喊开。凌统见孙权亲自赶过来，怨气难平，哭拜于地。

第二天，凌统上阵与曹操部将乐进厮杀，曹操的部将曹休放暗箭射中凌统坐骑，一下把凌统掀下马来。乐进挺枪来刺凌统，甘宁见情况危急，一箭射过去，正中乐进门面，从而救了凌统一命。

凌统回到阵上，拜谢孙权。孙权说："放箭救你的人，是甘宁啊。"凌统转身又拜甘宁,说道:"没想到你能如此宽宏大量。"遂与甘宁结为生死之交。

见凌统与甘宁再无争执,孙权由衷地感到高兴。他们俩都是难得的战将,俩人如果闹起来,无论谁死谁伤,对孙权都是莫大的损失。

二是面对矛盾"和稀泥"

对企业人员之间的矛盾,只要无伤于工作,就没必要分个子丑寅卯出来,化解矛盾毕竟是个得罪人的事。

清官难断家务事,有很多矛盾是无法抹平的。企业内部人员之间的矛盾,也可能由来已久,也可能积怨很深。要从根源上去解决,既费时间,也费精力。调解不好,不是一方不满意,就是双方都不满意,反落了一身臊。

有些小问题、小矛盾,今天你的鼻子,明天我的眼睛,反映过来以后,作为企业管理者,要轻描淡写,尽量说一些台面上的话。让他们求大同存小异,而不能斤斤计较,睚眦必报。同事们相处,有什么不能原谅的呢?

这个办法就是"和稀泥"。吕布就是"和稀泥"的高手。

袁术准备去小沛擒杀刘备,他担心雄居徐州的吕布相助刘备,就送了二十万斛军粮给吕布,然后,派大将纪灵带了几万人马去攻打刘备。

刘备见袁术的部队来攻,赶紧写信向吕布求助。

吕布很为难。吃了人家的嘴软,拿了人家的手软,毕竟刚得到了袁术送来的厚礼,总不能嘴一抹就翻脸吧。不救刘备也说不过去,这徐州还是从刘备手里夺下来的,更重要的一点,袁术杀了刘备以后,保不准会乘机攻打徐州,唇亡齿寒,假途灭虢,吕布对袁术也不能不防。

吕布决定出兵。出兵不能帮袁绍,也不能帮刘备。

吕布想了一个主意。他把部队开到城外,然后派人把刘备请到中军帐里坐下。刘备刚坐下,却见袁术的大将纪灵也进来了,刘备心中大惊。纪灵进来以后,发现刘备坐在那里,更是惊魂出窍。纪灵转身就往外走,被吕布像提小鸡似的提了进来。

纪灵对吕布说:"你想杀我吗?"吕布摇摇头,说:"不是。"纪灵又指着刘备说:"那是想杀他?"吕布又摇摇头说:"也不是。"纪灵满腹狐疑,他看着吕布说:"那你是什么意思呢?"

吕布说:"我这一生,不好争斗,唯好解斗。我为你们俩家解和。"纪灵说:"怎么个解法。"吕布说:"我劝你们俩家休兵罢战,交由天意裁决。"

吕布说着,喊人把自己的方天画戟拿过来,插在离中军帐一百五十步远的地方,然后对纪灵和刘备说:"我如果一箭射中戟上的小枝,你们两家各自撤兵回家;如果射不中,你们各自回去准备战斗。哪一家不听上天的裁决,我就与另一家联合对敌。"

吕布搭上箭,扯满弓,一箭射去,正中戟上小枝。三家人马,轰然叫好。

吕布是个滑头,他解决问题的办法,假称天意,实际上心中有数,就是把画戟再挪十步,对吕布来说也是一碟小菜。

这是化解矛盾的太极推手,企业家们都可以学一学。

三是利用矛盾制衡

下属们有矛盾,对企业管理者来讲,不一定是坏事。千万别犯傻,认为下属团结得像铁板一块儿,才会有利于工作。

下属们有矛盾,就会互相监督,从这个角度讲,是一桩大好事。

凡是大战略家,都是利用矛盾的高手。

曹操作为一个大战略家,就是驾驭矛盾的行家。

赤壁兵败之后,曹操准备带兵回许都,曹仁问曹操下一步如何安排。曹操说:"荆州由你来管,襄阳由夏侯惇把守。合肥最为紧要,我安排张辽为主将,李典、乐进为副将,合力保守。有什么紧急情况,要飞马向我报告。"

曹操对合肥守将的安排,大有深意。

张辽与李典之间的矛盾早已公开化,在魏军里是人尽皆知的事。

曹操带兵灭了张鲁之后,正在考虑下一步是否攻打西川的时候,听到张辽报说,孙权带兵来攻打合肥。

曹操赶紧写了一封信,飞马传与张辽。曹操在信上写道:"如果孙权来攻合肥,请张、李二将军出战,乐将军守城。"

曹操实在是太高明了。曹操手下有很多文武双全的大将，他都没有用来守合肥，却让张辽带一个有矛盾的副将，守在抗拒孙权的前线。他是有用意的。

第一，利用矛盾制衡。合肥处在与孙权对抗的前哨，如果几个守在合肥的大将，团结在一起，针插不进，水泼不进，说不定哪一天，就会在孙权的糖衣炮弹下倒戈。出现这个局面，对曹操来说，可就损失惨重了。张辽与李典有矛盾最好，可以互相监视。

第二，利用矛盾守城。曹操让张辽和李典出战，让乐进守城是有意安排的。张、李二人都要出城对敌，不管是输是赢，都可以退进城里。如果张或李任一个守城，见对方战败，如果闭门不纳，那问题可就大了。再者，如果守城之将出降孙权，就更要命了。

第三，利用矛盾驾驭。既然他们之间有矛盾，就只会唯自己之命是从，谁也不敢轻举妄动，指挥起来也就更顺畅。

测试 你是否善于管理冲突

在企业中，发生冲突几乎是必然的。发生冲突的原因很多：员工个性差异，信息沟通不畅，利益分配不均，个人价值观与企业价值观不协调等。过多的冲突会破坏组织功能，过少的冲突则使组织僵化，因此有必要对冲突进行科学有效的管理。通过下面的测试来看看你是否善于冲突管理吧！

1.你认为对企业内的冲突：

A.都有必要进行管理

B.无法全部管理，只要看到就会处理

C.大多数可以忽视，只管理重要的冲突

2.你对冲突的态度是：

A.冲突是负面的，因此要严加控制

B.该处理就处理，多一事不如少一事

C.合理保持冲突水平，鼓励建设性冲突

3.在冲突预防中,你对员工的个人处事风格、员工间搭配和员工与岗位的搭配:

A.没有注意

B.有所注意

C.十分重视

4.在处理与别人的冲突时,你会:

A.直接而紧急地处理

B.先弄清对方的想法

C.先反省自己,再弄清对方的思路,发现解决的办法

5.对于内部价值观的统一问题,你会:

A.觉得束手无策

B.尽量统一价值观来减少冲突

C.用文化来统一价值观,也鼓励不同意见的创新

6.对一些无法解决或者问题严重的冲突,你会:

A.暂且搁置,等待时间的缓冲

B.采取相应的隔离措施

C.如果冲突无法解决,只能严肃处理冲突主体

7.当同一部门的两个成员发生激烈冲突时,你的处理方式为:

A.回避

B.找这两个人谈话

C.将这两人调开,其中的一人安排到另外部门

8.面对一触即发的紧张局面,你的协调方式为:

A.马上着手解决矛盾

B.分别进行单个沟通

C.着眼于冲突的感情层面,先不急于解决问题

9.当发生冲突时,如果自己有错,你会:

A.保全自己的颜面

B.淡化自己的错误

C.有原则地迁就对方,化解冲突

10.在制定激励政策、福利政策与绩效考评时,你是否关注公平、平等:

A.没有刻意关注

B.有所关注

C.十分关注,因为员工的不公平待遇往往是冲突的根源

测评结果:

选A得1分,选B得2分,选C得3分,最后将分数加总。

24~30分:你善于冲突管理,善于做思想工作,针对不同的冲突状况去灵活处理,同时也注意保持冲突的良性水平,这一点正是现代冲突管理方式有别于传统冲突管理的地方。

18~23分:你有一定的冲突管理能力。作为管理者,你既要洞察冲突发生的可能性,又要正确对待已经发生的冲突,尽量缓和与避免破坏性冲突的发生,积极引导和发展建设性冲突,合理地解决问题,使冲突结果向好的方向转化。

10~17分:看来,你还需增加冲突管理意识,加强在实际工作中处理冲突的能力。研究企业冲突的产生原因及其控制方法,是企业管理中一个十分重要的课题,作为领导者,应对这个课题给予充分重视。